U0015066

本師釋迦牟尼佛 偈讚

俱胝圓滿妙善所生身

成滿無邊眾生希願語

如實觀見無餘所知意

於是釋迦尊主稽首禮

南無本師釋迦牟尼佛

法稱論師

法稱論師 偈讚

法理摧非法

威名昭三界

語日破惡說

頂禮法稱足

歷世妙音笑大師

大慈恩譯經基金會館藏　張綵維、王成靜闔家迎請　陳施洋攝影

歷世妙音笑大師 祈請文

佛前佛子維摩詰

印度境內月稱等

此域遍智妙音笑

轉世相襲誠祈請

妙音笑因類學

造論／妙音笑·語王精進大師

總監／真如　　主譯／釋如法　　主校／釋性忠

大慈恩·月光國際譯經院

ཀུན་མཁྱེན་ཏགས་རིགས་མཐའ་དཔྱོད

《妙音笑因類學》譯場成員

承　辦／大慈恩‧月光國際譯經院‧第四譯場（五大論前行系列）

授義：哲蚌赤巴仁波切、大格西功德海、如月格西

總監：真如老師

主譯：釋如法

主校：釋性忠

審義：釋性浩

參異：釋性說

校對：妙音佛學院預一班、預科122班

行政：釋性回

檀越：陳懿、張茹、王成靜闔家

五大論譯叢總序

　　佛典浩瀚深邃，其智慧與慈悲千百年來穿越歷史，凝眸當代。為生命者，無不希望除苦，無不希望得到快樂，而除苦引樂之方便，雖多如牛毛，細不可數，然立足於解決眾生因無明障蔽而產生的生死之痛，指出所有痛苦皆可除，所有快樂皆可得者，唯佛陀爾。

　　最徹底無餘地去除痛苦之法，所有的快樂皆能修成之法，即是三藏要義，為法寶。以佛為師，依其教法而修學，浩浩然千古不變，高僧大德輩出於世，燦如日月，美如星河，抒寫出人類對於幸福追求的頌歌，千經萬論，如金鼓鳴響史冊，法音流轉，三千驚歡，群蒙得潤。

　　佛陀為了利益一切有情而發菩提心，三大阿僧祇劫積聚資糧，終成正覺，其間四十九載宣說法要孜孜不倦。佛法弘傳至今兩千餘年，漫長歲月中，無量有情依仰著佛陀宣說的教法，而得到從人天善果到不可思議成就的種種饒益。因此寂天佛子說：「療苦唯一藥，眾樂出生處，聖教願恆住，受供養承事。」至尊法王宗喀巴大師也曾說過：「世尊事業中，語事為最勝。又復因於此，智者隨念佛。」佛陀的教法，實是欲解脫者唯一舟航，是欲竭生死海者殷殷渴盼的無死甘露，是這個世上最為珍貴稀有的無價寶藏。

　　為導眾生，世尊示現十二事業，成道之後，由於所化機根性不同，宣說了八萬四千法蘊。而八萬四千法蘊又可以攝入三轉法輪之中。初轉法輪有《法輪經》等，以小乘行者為主要所化機，而宣說四諦等等的內涵；中轉法輪有《大般若經》等，以大乘中觀師為主要所化機，宣說諸法無相的內涵；

後轉有《解深密經》等，以大乘唯識師為主要所化機，宣說了三無自性性等的內涵。世尊般涅槃之後，阿難、鄔波離、大迦葉尊者，分別結集世尊的語教經律論三藏，一代釋迦教法，於焉集成而傳於世。

　　三藏雖傳，然而後世學人，如何從浩瀚的佛語當中，抉擇出一條所有補特伽羅都必經的成就之路？佛陀所說的法要，如何化為行持的準則？佛法當中的猶如金剛鑽石般璀璨的核心見地——無我空見，其正確的闡述為何？如何闡述？次第為何？三藏當中所說的種種法相，其嚴密的定義為何？佛法當中種種的立宗，應當以怎樣的理路去研習、證成？後世歷代教法傳持者，雖隨著眾生的根機，分別形成了有部、經部的小乘論宗，及中觀、唯識的大乘論宗，然而無不遵循著這些重要的議題，深入地探討佛語而製疏造論。龍樹菩薩、聖天菩薩、馬鳴菩薩、清辨論師、佛護論師、月稱論師、月官論師、獅子賢論師、觀音禁論師、寂天佛子、無著菩薩、世親菩薩、安慧論師、功德光論師、釋迦光論師、聖解脫軍、陳那菩薩、法稱論師、天王慧論師、釋迦慧論師等等，這些祖師們留與後人的論著，為我等學人開示佛語的密意，指示趣入三藏的光明坦途，為探索三藏要義者前路的燈塔、頭頂的星辰。因此諸大論師們被譽為開大車軌師，或持大車軌師、贍洲莊嚴，成為難以數計的學人隨學的光輝典範。

　　當印度的正法如日中天之時，遠在漢地的高僧，為了探尋佛法的真義，而前往西域者，不知凡幾。如五世紀初的法顯大師、法勇大師，七世紀的玄奘大師、義淨大師等，或走陸路，翻越雪山臥冰而寢，攀爬數日無處立足的峭壁，不顧生命，勇悍穿行千里無人的沙漠。或走海路，相約同志數十人共

行，臨將登船，餘人皆退，唯己一人奮勵孤行。古來的求法高僧，以寧向西行一步死，不向東土半步生的毅志，終將三藏傳譯漢土。而藏地自七世紀以來數百年間，諸如吞彌桑布札、惹譯師、瑪爾巴譯師、寶賢譯師、善慧譯師，也都是冒著熱病瘴毒，將生死置之度外，前往印度求法。於是才將三藏經續及諸大論師的論著，大量傳譯至藏地。由於先輩譯師們追求正法的偉大行誼，佛陀的教法，才能廣佈於遙遠的國度，而形成如今的北傳、藏傳佛教。

時遷物移，印度佛法至十二世紀令人痛心地消失殆盡。如今，保留著最完整的印度祖師佛法論著的語系，已不是印度本土的梵文，也不是巴利語系，而是藏語。藏族譯師，經過近千年的努力，譯出的印度祖師論著多達三千多部，約二百函。不計禮讚部及怛特羅部，也有近七百部。藏族譯師，不僅譯出了大量的印度祖師論著，諸大教派各成體系，對於這些論藏做了深入地研習。其中顯教法相的部分，以噶當、薩迦二派諸師為主要傳持者。至十四世紀，宗喀巴大師降世，廣學經論註疏，結集各派之長，為諸大論典作了詳明的註解，尤就其甚深難解之處，清晰闡釋，為學人奉為頂嚴。其高足賈曹傑、克主傑、根敦主巴，也依著宗喀巴大師之說，而造論著述，為格魯派後學奉為準繩。宗喀巴大師創建甘丹寺祖庭之後，至第三代法台克主傑大師，始創建法相學院，漸漸在諸大論著之中，確立《釋量論》、《現觀莊嚴論》、《入中論》、《俱舍論》、《戒論》為主軸，從而含攝其餘眾論的學習體系。其後三大寺中各學派的論主——色拉杰尊巴、班禪福稱、袞千妙音笑等，又依宗喀巴大師父子的著作，再造五部大論的著釋，而形成三大學

派。至五世勝王時期，成立正式的五部大論格魯大考的哈朗巴格西考核制度，五部大論的研習制度，從此完備，延續興盛了數百年，並且擴及四川、青海、甘肅、雲南、拉達克、內蒙、外蒙等區域。涵蓋了這麼廣大的地區，經歷了這麼多的世代，五部大論的修學體系，令人驚歎地成為這世界上最為完備的佛法修學體系。

五部大論中，以《釋量論》作為首先學習的內容。法稱論師所造的《釋量論》對於因明之學做了詳盡的闡述。《藍色手冊》中，就記載有「成辦一切士夫義利的前行就是量論」的說法。學人先學習《釋量論》的內容，訓練自己的理路，如造一艘大船，可乘之航行無邊大海。一旦熟練地掌握理路論式，以及各種法相，即可運用這些辨析的方式貫穿整個五大論的學習。因此，《釋量論》成為五部大論中第一部學習的論典。由於《釋量論》的內容極為艱難，藏地的祖師們慈悲開出了《攝類學》、《因類學》、《心類學》三科，作為《釋量論》的前行課程，以幫助後學進入精彩的思辨聖殿，以窺真理之光。進而廣展雙翼飛越難點高峰，而遊於甚深理之虛空。

五部大論中的第二部《現觀莊嚴論》，為五部大論中的主體核心論典。《現觀莊嚴論》為至尊彌勒所造，闡述經中之王《般若經》，是學習般若的快捷方便。《現觀》透過三智、四加行、果位法身等八事，來開闡《般若經》中所隱含的三乘行者修行的完整次第。在正規的學程中，必須經過六到八年的時間來研習本論。並且在前行課程中，學習七十義、地道、宗義，過程中學習附帶的專科《二十僧》、《辨了不了義善說藏論》、《十二緣起》、《禪定》。至此，學人猶如入海取寶，琳瑯滿目，美不勝收，心船滿載智慧

寶藏。

五部大論中的第三部《入中論》，為應成派的月稱菩薩闡述中觀空見的論典，專門闡述龍樹菩薩解釋《般若》顯義空性的《中論》，為五部大論中，探討大乘空見最主要的論典。猶如皓月當空，朗照乾坤，為諸多探討空性者，指示正道，令離疑惑及怖畏，萬古深恩，令人銘感五內。《中觀》常與《現觀》合稱，被並列為五部大論中最為重要的兩部，交相映輝，光灑三千。

五部大論中的第四部論著《俱舍論》，為世親菩薩所造的小乘對法論著。此論對於佛法中的種種法相，做了全面性的歸納及細緻探討。猶如收藏百寶之室，若能登堂入內，大可一覽天上天下眾多珍奇。

五部大論中的最後一部《戒論》，為功德光論師對《根本說一切有部毘奈耶》的攝要，詮說共乘別解脫戒的內涵。皎潔戒光，通透論典，令人一閱，遍體遍心清涼，實為濁世不可多得的解脫妙藥。

諸多教授五部大論的師長都曾傳授這樣的教授：五部大論以詮說總體修行次第的《現觀》為主體，以《釋量論》作為學習《現觀》的理路，以《中觀》作為《現觀》中空見的深入探討，以《俱舍》作為《現觀》的細分解說，以《戒論》作為《現觀》的行持。學習《釋量論》重在論辯；學習《現觀》重在廣泛閱讀，架構整體佛法次第綱要；學習《中觀》重在體悟空性正見；學習《俱舍》重在計數法相；學習《戒論》重在持守律儀。至尊上師哈爾瓦‧嘉木樣洛周仁波切，在《法尊法師全集序》中，也以五部大論如何含攝經律論三藏要義、大小二乘要義、三轉法輪要義、四部宗義要義、二勝六

莊嚴論著要義五個角度，闡述格魯派學制為何以五大論作為顯乘修學的主體內容。從這些內容當中，我們可以認識到，五部大論對於令學人掌握整體佛法修學，有著怎樣的超勝之處。

漢藏兩地，各經近千年的佛經翻譯歷史，二者璀璨的成就，可謂相得益彰。漢地的《大毘婆沙論》、《大智度論》、《四阿含經》，為藏地所缺。而漢地則在五部大論的翻譯以及闡述方面，未如藏地完備。如《現觀莊嚴論》，在法尊法師之前，漢土幾不聞此論。因明部分，漢地先前只有《因明正理門論》等少數論著，至於《集量論》、《釋量論》、《定量論》等，也是到了法尊法師時才譯出的。《中論》雖早有漢譯，且有《青目釋》、《般若燈論》等印度釋論及本土三論宗的著述，然瑜伽行自續派及中觀應成派的論典，猶多付之闕如。《俱舍》一科的論著，漢地較為完備，然印度釋論如《王子疏》、《滿增疏》，藏地論著如《欽俱舍釋》等，於漢土亦不無補益。律論方面，由於漢藏兩系所傳系統不同，因此藏地所依的一切有部律，漢地除了有義淨大師譯的《根本說一切有部毘奈耶》之外，並沒有一切有部律的論著。這方面，藏系中的印藏論著，同樣可以完善漢系中的空缺。

五部大論相關的藏譯印度論著，合計起來，至少有一二百部。這些印度論著傳入藏地之後，歷代藏地祖師為之註釋，其論典更是在千部之上，其中不乏有眾多數十萬字的巨製大論。蒙族在五部大論的學修方面，與藏族難分上下，而蒙族對於五部大論著有註釋的論著，也都以藏文形式保存著。總合藏文五部大論體系論著的數量，幾乎與漢地現有的《大正藏》相等。如此巨大而珍貴的寶藏，數百年來就非常活躍地流傳於藏地，卻不為比鄰的漢人所

知。直到近代，法尊法師譯出數部重要的論著，如《釋量論》、《集量論》、《現觀莊嚴論》、《辨了不了義善說藏論》、《入中論》、《入中論善顯密意疏》、《入中論善顯密意鏡》、《阿毘達磨俱舍釋開顯解脫道論》等，漢土的有情方有機緣得以見聞此諸教典。法尊法師為藏譯漢的譯師先驅，引領著我們。

　　恩師^上日^下常老和尚，經過多年親身的修學歷程，深刻地體悟到，學習佛法，絕不可逾越聞思修三者的次第。而要修學圓滿的佛法，必須在最初階段，對教典進行完整的聞思。因此恩師對廣大的信眾學員，致力弘揚《菩提道次第廣論》，對於內部的僧團，更是從一九九四年起，開始招收沙彌，延請師資，教令學習古文、藏文，作為未來學習五部大論、翻譯經典的準備。二零零四年恩師示寂至今，福智僧團的學僧們，依舊秉持著恩師的遺願，十餘年如一日，艱辛地完成五部大論的學程。並且在寺院中，開設了十多個藏文五部大論的學習班級，近期也開始翻譯，以中文的方式教授五部大論。雖然，如今我們開始起步所翻譯的教典，只是滄海一粟，但卻也是宏偉譯經事業的巨輪莊嚴啟動。譯師們滴滴心血凝聚譯稿，寒暑往來，雖為一句經文，皓首窮經亦無憾。在此祈請上師三寶加持，龍天護祐，相信藉由祖師佛菩薩的願力、僧眾們的勇猛精勤力，這些廣大的教典，能成為漢地有緣眾生的豐盛法宴！以濟生死貧窮，以截人法二執苦根，三界火宅化為清涼無死佛國，是吾等所盼！

2017 年 10 月 15 日 真如於加拿大敬書

སྤེལ་བརྗོད།

༄༅།། ཞི་ལྷན་དགེ་སྦྱུན་ཐུབ་བསྟན་ཆོས་སྦྱིང་དགོན་པ་ཕྱག་འདེབས་པ་པོ་དགེ་དགས་པ་བསྟན་འཛིན་ བྱམས་ཆེན་ལགས་ཀྱི་དགོངས་བཞེད་དུ་དགོན་པ་འདིར་རྗེ་ཡབ་སྲས་དང་། ཀུན་མཁྱེན་འཇམ་དབྱངས་ བཞད་པ་ཡབ་སྲས་ཀྱི་ཡིག་ཆའི་སྙིང་ནས་མཚན་ཉིད་ཀྱི་བཤད་གྲྭ་འཇུག་རྒྱའི་ཐུགས་འདུན་ཡོད་པ་ལྟར་ བཤད་གྲྭ་བཙུགས་ནས་ལོ་ངོ་བཅུ་གསུམ་རིང་། བསྒྲུབས་གྲུ་འཛིན་གྲྭ་ནས་དུ་མ་འཛིན་གྲྭའི་བར་ཚོད་པ་ སོང་ཟིན་ཅིང་། བློ་གསར་བ་རྣམས་ལ་མཚན་ཉིད་རིགས་ལམ་སྦྱང་བ་ལ་ཐུགས་རིགས་ཀྱི་རིགས་ལམ་ སྦྱང་བཞིན་ཏུ་གལ་ཆེ་བས་ད་ལམ་ཀུན་མཁྱེན་ཆེན་པོ་འཇམ་དབྱངས་བཞད་པའི་རྟོ་རྗེའི་གསུང་ཕྱགས་ རིགས་ཀྱི་རྣམ་བཞག་ཅུང་གསལ་ལེགས་བཤད་གསེར་གྱི་སྤེལ་མཛེས་ཞེས་པ་དང་། ཕྱགས་སྲས་དག་ དབང་བགྲ་ཤིས་ཀྱི་གསུང་ཚོམ་ཕྱགས་རིགས་ཀྱི་རང་ལུགས་མཐའ་དཔྱོད་བློ་གསལ་མགས་པའི་མགུལ་ རྒྱན་འགྲོ་བའི་སྤྱིང་གི་སྨུན་པ་སེལ་བར་བྱེད་པ་ཀུ་མུ་ཏའི་ཁ་འབྱེད་ཅེས་པ་བསྒྱུར་ཟིན་ཅིང་། གཟིགས་ དགེ་ཁག་རིས་པས་རྒྱ་བོད་ཤན་སྦྱར་ཏུ་དཔར་སྐྲུན་ཞུ་འཆར་ཡོད་གས་ལ་རྗེས་སུ་ཡི་རང་དང་ལེགས་སོའི་ བསྔགས་བརྗོད་དང་ཕྱགས་འདུན་བཞིན་འགྲུབ་པའི་སྨོན་འདུན་ཞུ་རྒྱ་བཅས་འབས་སྤྱངས་མཁན་ཁྲིའི་ མིང་འཛིན་པ་སྐྲ་མང་མཁན་བྱར་གཞུང་པ་བློ་བཟང་བསྟན་པས

哲蚌赤巴仁波切　序

　　臺灣格魯派正法林佛學院創建者，殊勝善士日常法師，希望依循宗大師父子，以及遍智妙音笑大師父子之教典，而在該寺建立法相學院。

　　依其心願而建立起學院，至今經過了十五年，已完成攝類學班級至毘奈耶班級之辯論課程。

　　新慧初學者學習法相理路過程中，學習因類學理路，極端重要。所以此次譯出遍智妙音笑金剛之著作《略顯因類學論述‧善說金鬘莊嚴論》，與其心子賽倉‧語王吉祥大師之著作《因類學自宗辨析‧明慧智者頸嚴除眾生心闇君陀花開》，並計畫逐步出版此書之漢藏對照本。對此等深感隨喜讚歎，並願此等皆如願成就！

　　　　具哲蚌寺住持之名，果芒僧院退位住持，雄巴洛桑丹霸撰文於 2019 年 12 月 1 日

編輯凡例

一、本書以印度果芒僧院 2012 年版《妙音笑因類學》（簡稱印度果芒本）
為底本，並以拉卜楞寺古版長函本（簡稱拉寺本）、印度新德里 1972
年版長函本（簡稱新德里本）、青海版長函本（簡稱青海本）、印度果
芒僧院 2015 年出版《妙音笑大師全集》中的因類學辨析（簡稱妙音笑
大師全集本）四種版本作為參考。藏文部分，亦以印度果芒本為底本，
考以上述另外四種版本而釐定最終用字。

二、本書所譯法相名詞，主要依據玄奘大師之翻譯用詞，及其他漢傳古譯法
相詞彙。

三、因明之學起於印度，漢傳與藏傳因明論典皆源自於梵文因明論著。然傳
譯過程漢藏譯師或各有側重，以致梵文中同一法相詞彙，漢語藏語中描
述方式偶有不同，翻譯時為呈現藏傳因明體系精深嚴密之邏輯思維，部
分法相名詞斟酌改依藏文直譯。例如漢傳因明論著中提及「同品」、
「異品」，在藏傳因明學中與「宗、因、喻」之「宗」有密切關聯，並
對此有專章深入論述。為如實呈現其關聯性與完整內容，漢譯時便依藏
文直譯為「順宗」、「不順宗」。

四、文中大量上下引號等標點為原文所無，為翻譯過程加入，旨在幫助讀者易於分辨、理解正文。

五、本書雖經反覆審校，然詞義舛誤，掛一漏萬之處難以避免，懇請博雅碩學，十方大德不吝斧正是幸！

校勘體例說明

一、本書依據之版本介紹

1. **（底本）印度果芒本**：印度哲蚌寺果芒僧院圖書館於 2012 年印製出版。

2. **拉寺本**：原為西藏具德吉祥果芒僧院所立背誦內容，復於具德拉卜楞寺重新校訂後出版。

3. **新德里本**：1972 年至 1974 年，由語自在善妙以取自拉卜楞寺的木刻版為底本，重新印製於新德里。

4. **青海本**：由具淨戒洲以取自拉卜楞寺及塔爾寺的木刻版為底本，並且對比、校正後重新印製成書。

5. **妙音笑大師全集本**：取自於 2015 年印度哲蚌寺果芒僧院圖書館出版之《妙音笑大師全集》。

二、校勘原則

1. 凡漢文無法顯示版本歧異者，概不出校。

2. 印度果芒本於義理有誤，依他本修正者。

例：**因為非理疑惑即是彼的緣故**　印度果芒本、妙音笑大師全集本作「因為非理疑惑即是其意涵的緣故」；青海本、拉寺本作「因為非理疑惑即是彼的緣故」。此處「彼」於藏文中並非作「意涵」解。故印度果芒本、妙音笑大師全集本應誤。

3. 他本異於印度果芒本，且於義理明顯有誤者。

例：**而除遣觀待於有法的一面而不成立等** 青海本作「而是除遣觀待於有法的一面而不成立等」；印度果芒本、拉寺本、妙音笑大師全集本皆作「而除遣觀待於有法的一面而不成立等」。青海本多一「是」字，應誤。

4. 他本異文善於印度果芒本者。

例：**分為相違自性可得四者** 青海本、拉寺本作「分為相違的自性可得四者」；印度果芒本、妙音笑大師全集本皆作「分為相違、自性可得四者」。就義理而言，以前者為佳，故依前者改之。

5. 各本有異於印度果芒本，然於義理皆無誤，難以定奪優劣對錯者。

例：**因為其存在的話其遍存在的緣故** 印度果芒本、拉寺本作「因為其存在的話，遍其存在的緣故」；青海本、妙音笑大師全集本作「『因為其存在的話其遍存在』存在的緣故」。二者文義皆通，僅出校以供讀者參考。

6. 各本皆無差異，然於義理似有錯誤，須存疑或更正者。

例：**未遮除妄分別所作趣入某些成立聲音是無常的不順宗的增益** 拉寺本、印度果芒本、妙音笑大師全集本、青海本皆作「未遮除妄分別所作趣入某些成立聲音是無常的順宗的增益」。然分別「所作趣入某些成立聲音是無常的順宗」的覺知並非妄分別的增益，因為所作是能趣入某些成立聲音是無常的順宗。懷疑版本有誤，故依原意改正。

妙音笑因類學 目錄

妙音笑因類學

略顯因類學論述・善說金鬘莊嚴論

༄༅།།རྟགས་རིགས་ཀྱི་རྣམ་བཞག་ཉུང་གསལ་ལེགས་བཤད་

གསེར་གྱི་ཕྲེང་མཛེས་ཞེས་བྱ་བ་བཞུགས་སོ།།

第一章

皈敬頌與抉擇詞的論述

導讀

　　這一小段講述了本論的皈敬與抉擇詞的總體內涵。

　　在論典的開頭首先皈敬上師與怙主妙音，一方面是因為論藏所述以慧學為主，而妙音文殊為智慧本尊，首先皈敬文殊，以明此論主要闡述慧學，這是依循藏地翻譯的禮敬傳統。禮敬上師與怙主妙音，亦為視上師本尊為無二之祈禱，是隨順甚深尊長瑜伽的修持。皈依學處中說，「隨作何事，有何所須，皆當供養啟白三寶」，造論亦如是，透過禮敬上師本尊，將獲無邊福德，令造論順緣增長，逆緣消除，此是論首皈敬的目的及作用。

　　抉擇詞，也就是「因」的異名。在漢語當中，「因」一字可指因果的「因」，與成立一個結論，作為原因、理由的「因」二種意思。意涵雖截然不同，然而二者同名為因，無法就譯名而作分別。此處所說的因，是指證成的原因。在量學當中，又作抉擇詞。

　　一個新而無欺誑的心識，可歸納為現量與比量。現量不觀待於思擇，直接映現其對境而了知。但是常人的現量對境，僅限於色聲香味觸等物質以及自心活動的心識；此外許多無法直接現見的事物，就必須靠比量了解。然而比量無法明現其對境，必須依靠理由、原因，經過思考推斷，成立結論才能了知。因類學中，便是主要闡述比量所依據的理

由、原因。

一個成立立宗的正因論式，總共分為三個段落：一、所諍事或有法；二、所立法；三、抉擇詞或因。所諍事，又名有法，與所立法結合起來就構成了宗。例如「聲無常」，聲是有法，而無常是所立法，「聲是無常」便是宗。對於一個未了解聲是無常者，僅僅告訴他聲音是無常，如果不說原因，無論說再多次，也無法令其確實了解聲音是無常。要讓一個人從不知道聲音是無常，達到知道聲音是無常，便須告訴他原因，引導他思考推論。

一個能夠成立出立宗的原因，必須具足若干條件，這正是本章節所要闡述的內容。

要確立一個正確的立宗，其正確、真實的原因——抉擇詞所必須具足的條件，在量學當中以三點總括：宗法、隨品遍、反品遍。符合這三個條件的因，就稱為正因。本段當中，妙音笑大師引據了陳那菩薩的《量理門論》，法稱論師的《釋量論》、《定量論》、《正理滴論》等文，來證成此內涵。

如同前述，所謂的宗，係指有法與所立法相合的聚體，如以聲音為有法，以無常為所立法，聲音為無常即是有法與所立法相合的聚體，亦即是宗。當一個人承許聲音是無常時，也可以說這個人立下了聲音是無常的宗。但是此處「宗法」的宗，並非真實的宗，而是專指論式中的欲解有法。由於欲解有法屬於宗的一個部分，所以將之假名為宗。而「宗法」的法，則是指特法、特徵。例如聲音是無常、是所作、是因、是果等等，那麼無常、所作、因、果，就都是聲音的特法、特徵。因此宗法

指的就是欲解有法的特法，換句話說，宗法即意指「因」在論式當中，欲解有法是他。

　　例如「聲音有法，是無常，因為是所作的緣故」這個論式，聲音作為欲解有法，而所作作為因時，聲音是所作，即表示「所作」這個因，在這個論式當中，為欲解有法的特法——欲解有法是他，因此所作在成立聲音是無常時，是成立聲音是無常的宗法。

　　如果用攝類學的觀念來看的話，一個論式中的因成立的意涵與一個論式的宗法很類似。不過，宗法的定義中仍有許多嚴格的條件，後文將會慢慢地說明，在此就先略而不提了。

　　真實的抉擇詞所應具備的第二、第三個條件為隨品遍及反品遍。《釋量論》中將這二者攝作「彼分所遍」。彼是指假名為宗的欲解有法，欲解有法之分指欲解有法的特法，在此特指所立法。「所遍」指為所立法所周遍、涵蓋之義。

　　例如以所作為因而成立聲音是無常時，無常是彼分，而由於所作遍是無常，因此所作是被無常所涵蓋，於是所作便是成立聲音是無常的彼分所遍。相當於在攝類學的概念中，當一個論式中的因周遍是所立法時，這個論式的因多半即是彼分所遍。不過，在因類學當中，彼分所遍還是有較嚴格的條件，詳見後文，此不盡述。

　　彼分所遍有兩個面向，一個是隨品遍，本論中或作「被定解唯於順宗中存在」，或「被定解於與彼共通中存在」，其中的順宗或與彼共通，指的都是隨順該論式所立法敘法的事物，如言「聲有法，是無常，因為是所作的緣故」，則凡是無常者皆是該論式的順宗。

　　一個因唯於該順宗當中存在，即是順著論式的敘法，此因的範圍遍是此所立法的範圍之義，從另一個面向來說即是反品遍。反品遍，於論中或作「被定解於唯於不順宗中不存在性」，或「被定解於與彼沒有共通中不存在」。不順宗，或與彼沒有共通，指的都是順宗的反面。如將無常作為所立法時，不順宗即指凡是非無常的事物。反品遍或「被定解於唯於不順宗中不存在性」，其義即指順著論式的敘法，不是該所立法的範圍遍不是該因的範圍。這點與隨品遍可以說是一體兩面。

　　必須特別一提的是，玄奘大師等古代譯經大德漢譯的因明論著當中，對於「被定解唯於順宗中存在」、「被定解於唯於不順宗中不存在性」的定解，皆譯作「定」，如言「同品定有性」。其定字取決定，也就是必定、周遍之義。而藏傳一系的譯著及釋論中則作「定解」，意為以量定解。

　　由於此處所言及的論式，皆是一個已經了解正確立宗的前諍者，對於一個未了解正確立宗而將要了解的後諍者所敘述的正因論式，因此這個論式如果對於後諍者而言要成為正因論式，不僅該論式的因本身要是成立的，並且符合周遍的內涵，這個內涵還必須為後諍者所定解。如果因實際上雖然成立，但這個道理不為敘述論式的對象——後諍者所定解，那麼這個論式對於後諍者而言，依舊不是一個真實的論式。而嚴格的定義中，如果敘述論式的前諍者自己未定解其意涵，就算他敘述的論式道理都是正確的，這個論式依然不能算是正因論式。因此，這個「定」字，在漢藏兩系的古譯法當中，有明顯不同的理解。

皈敬頌與解說抉擇詞的論述

敬禮上師與怙主妙音

承彼，在此[1]解說以理[2]決擇[3]一切法的抉擇詞[4]的論述，《量理門

---

1 **承彼，在此** 大善知識功德海認為，此處「彼」是指陳那菩薩所著《集量論》，及法稱論師的《七部量論》。而在講授一世蔣木樣大師所著《現觀莊嚴論辨析．開顯般若波羅蜜多一切內義大寶明炬論》時，另有提出該論中的「承彼，在此」的「彼」意指皈敬與立誓造論二者。如月格西也認為，「承彼」的「彼」是指最初的皈敬。而對於「在此」的解釋，兩位善知識一致認為是指將要論述的《因類學辨析》，亦即本論。依照第一種解釋，此句意指本論所詮內容源自於《集量論》與《七部量論》；若依第二種解釋，則是指承接先前的皈敬，接下來即將進入本論正文。

2 **理** 大格西功德海解釋說，此處的理，指四種正理：觀待道理、作用道理、證成道理、法爾道理。

3 **決擇** 藏文為「གཏན་ལ་འབེབས་པ」，意為確定，斷定。與今白話文中通用的「抉擇」有別。古漢語中無抉擇一詞，但用決擇，而「決」有確定決斷之意。今所通用的抉擇，則為觀察選擇之意，未必為斷定。藏文此詞為決擇意，非抉擇，宜辨明。

4 **抉擇詞** 藏文為「གཏན་ཚིགས」，與宗、因、喻的「因」同義，故有譯本直接譯之為「因」。གཏན意為決擇、斷定，ཚིགས本意為節、段，此則指文詞句讀。意謂在論式當中，用以決擇的那段詞句。依據如月格西解釋，此處抉擇詞的「詞」，不可當作一般的文詞，而是特指有段落性質的斷句，無論是正因論式、應成論式，多分為三段，而原因則會被敘述於第三段，故稱原因為抉擇詞。而哲蚌赤仁波切則認為，此ཚིགས為ཚིག的古文寫法，可作一般的文詞解。抉擇詞為用以斷定之詞，然於是時猶未斷定，仍處於抉擇中，故作抉擇而不作決擇。

論》中說[5]：「抉擇詞就是三相。何謂三相？是指宗法、被定解唯於順宗中存在，又被定解唯於不順宗中不存在性。」解說這個意涵時，《釋量論》中說[6]：「宗法[7]、彼分所遍[8][1]的抉擇詞。」又《定量論》

5　**《量理門論》中說**　《量理門論》，因明論典，全名《入量理門論》，簡稱《理門論》，藏文署名陳那菩薩著。漢譯本有唐玄奘譯《因明入正理論》。而在大師之後又有二位譯師再將此漢文本譯成藏文，論名皆作《因明入正理論》。引文見唐玄奘大師譯《因明入正理論》作：「因有三相，何等為三？謂遍是宗法性，同品定有性，反品遍無性。」參見《藏漢大辭典》冊下，頁2687、2691（張怡蓀編，北京：民族出版社，1993）；《大正藏》冊32，頁11（大藏經刊行會編，台北：新文豐出版社，2000）；《中華大藏經丹珠爾》對勘本冊97，頁442（北京：中國藏學出版社，2001。以下簡稱《丹珠爾》對勘本）。

6　**《釋量論》中說**　《釋量論》，因明論典，為七部量論中，有如主體的三論之一，共4品，法稱論師著。漢譯本有法尊法師譯《釋量論》。作者為二勝六莊嚴之一，7世紀時出生於印度南方，許多密續中皆授記為普賢菩薩化身，所著釋論能無倒闡述佛語密意。師自幼聰敏，十八歲即通達外道宗義。後有緣聽聞少許佛經，因而生起對聖教之信解，依法護論師出家，精研三藏。又從自在軍論師聽聞三次《集量論》，首次即完全通曉自在軍之意，第二次則通曉《集量論》作者陳那論師之密意，第三次又進一步發現自在軍論師承許有誤之處，並啟白論師，論師大喜，指示師造《集量論》的解釋，即是此《釋量論》。此論主要闡述因明，並涵蓋人法無我見及菩薩廣大行等內涵，為佛教因明學代表著作。引文法尊法師譯作：「宗法彼分遍，是因。」參見《菩提道次第廣論四家合註白話校註集》冊1，頁112、165（以下簡稱《校註集》）。引文見《釋量論略解》頁2（僧成大師著，法尊法師譯，台北：佛教出版社，1984）；《丹珠爾》對勘本冊97，頁469。

7　**宗法**　正因的性相——是三相的其中一者。「宗」指假立的宗，在此指欲解有法，「法」則指欲解有法的特法，在此特指該論式的因。

8　**彼分所遍**　「彼」字所指為前述之「宗」，實際上在此則是指具有「宗」這個名稱的欲解有法；「分」指欲解有法的特法，也就是該論式的所立法。因此，「彼分所遍」指的是被所立法涵蓋，而涵蓋的對象是該論式的因，由此顯示「隨品遍」與「反品遍」的意涵。

中說[9]：「被定解於所比度[10]中存在，以及被定解於與彼共通中存在、被定解於與彼沒有共通中不存在。」《正理滴論》中說[11]：「三相的因，是指被定解於所比度中存在性，被定解唯於順宗中存在性，被定解唯於不順宗中不存在性。」

9　《定量論》中說　《定量論》，因明論典，為七部量論中有如主體的三論之一，共3品，法稱論師著，尚無漢譯。法稱論師著述本論，具有兩個目的：一是當時多有毀謗陳那菩薩不解推理者，為遮止此等諍論人之苦因而造；二是有眾多所化機不堪《釋量論》之深廣內涵，相應較概略收攝的正理真諦，故為攝受此等有情而造。此論詳盡闡述推理八事，並廣泛探討他義比量的內涵。參見《定量論廣釋》頁4、5（賈曹傑大師著，台北：佛陀教育基金會，2010）；《藏漢大辭典》冊下，頁2258。引文見《丹珠爾》對勘本冊97，頁651。

10　所比度　一般來說，所比度和宗、所立三者是同義異名。在此特指欲解有法。

11　《正理滴論》中說　《正理滴論》，因明論典，七部量論中如主體般的三論之一，共3品，法稱論師著，漢譯本有今人楊化群由藏譯漢《正理滴論》、王森由梵譯漢《正理滴論》。此論省略了廣泛的破立，主要闡述《集量論》當中之異門、定義、支分、譬喻等內涵。引文楊化群譯作：「具三相之因者，謂於所推論比度之事上必須具備，於同品上定有，於異品上遍無。」王森則譯作：「因三相者，謂於所比，因唯有性。唯於同品有性。於異品中，決定唯無。」參見《校註集》冊1，頁112。引文見《集量論釋略抄等四種合刊》頁108、124（陳那菩薩等造論，呂澂等譯，台北：新文豐出版社，1987）；《丹珠爾》對勘本冊97，頁813。

第二章

因的性相等

導讀

本節解說因的性相等等。

因與抉擇詞是同義的。一個正確、真實的抉擇詞，如上所述，必須具備三相，正因也是如此。但是如果不言及其正確性，單純就「因」而言的話，則只要在某個論式中被敘述為因，那它就是因。因此，「被敘述為因」便是「因」的性相。所以，無論這個事物存在不存在，只要它被敘述為因，它就是因。所以任何事物都是因，就連兔子角也是因。

而當成立某個立宗時，如成立聲音是無常，成立它的正因與成立它的因，這二者的差別也是如此。成立聲音是無常的正因，必須具備成立聲音是無常的三相，但是只要有人將它敘述為成立聲音是無常的因，那它就是成立聲音是無常的因。因此，所有存不存在的事物，只要講得出來，都是成立聲音是無常的因。

成立聲音是無常的因，範圍是無限大的；而成立聲音是無常的正因，雖有相對嚴格的條件，但是能夠成立聲音是無常的正因相對而言還是較多的。至於當一個論式，已經指定以哪個因來成立聲音是無常的時候，那麼這個論式的因就只會有一個，也就是所指定的那個因。如言：「聲音有法，是無常，因為是所作的緣故。」這個論式的有法、所立法、因三者都已明確陳述出來。這樣的論式，被稱為以所作因成立聲音

是無常的論式，這樣的論式，其因只會有一個，那就是「所作」，不會再有其他任何的因。因此本節當中才作出了這樣的結論：是無我的話，都是成立聲音是無常的因；但是，是無我的話，不遍是以所作因成立聲音是無常的因。讀者當明辨這二者差異的原因所在。

解說因的性相等

其中分為三科：一、解說因的性相；二、解說支分；三、解說具功德與具過失的宗因喻三者[12]。

第一科：被敘述為因是因的性相。是無我的話遍是因，因為兔子角是因的緣故。應當如此，因為兔子角是被敘述為因的緣故。如果說因不成立的話，兔子角有法，他應當是被敘述為因，因為他是被敘述為「聲音有法，是無常，因為是他的緣故」這個論式的因的緣故。應當如此，因為「聲音有法，是無常，因為是他的緣故」這個論式存在的緣故。應當如此，因為是無我的緣故。

被敘述為以所作因成立聲音是無常的因，是以所作因成立聲音是無常的因的性相。是無我的話不遍是彼，因為是彼的話，遍是與所作為一的緣故。

---

12 **解說具功德與具過失的宗因喻三者**　本論應為未完本。因此論中雖列出此科，但正文中無相對應的內容。

第三章

宗法的觀待事——
欲解有法

導讀

　　一個論式的因要成為正因，必須要同時是宗法、隨品遍與反品遍。而一個論式的因要成為宗法，該論式就必須要有無過欲解有法。只要沒有欲解有法，就無法成為宗法，因此提到欲解有法是宗法的觀待事。

　　一個完整的論式，都會有所諍事——有法，以及所立法、因。然而所諍事，也就是有法，卻未必就是欲解有法。

　　所謂的欲解有法，在因明中有兩種不同嚴格程度的條件。若按本論的觀點，只要有人了解該論式的有法的所指事物是該論式的因所指事物之後，對於該論式的有法所指事物是否是該論式的所立法所指事物仍未了解而想要進一步了解，這樣的有法即是欲解有法。而在賽倉大師的《賽倉因類學自宗》當中，則提出了另一個更為嚴格的條件，在上述條件之外，還必須是在定解該論式的有法之後，還有人對於該論式的有法所指事物是不是該論式的因所指事物尚有待於定解才行。

　　要了解這點，首先得先知道，不同的法之間，有時有著認知的必然次第；有的雖然沒有認知的必然次第，但稍有難易的差別；有些則兩者之間沒有認知上的難易度，但至少是兩個不同的法；有的則為同一個法，例如聲音，了解聲音自然便是了解了聲音，不會再疑慮聲音是不是聲音。總歸而言，大致有上述四種狀況。

　　兩個法之間有著認知上的必然次第的，多為名相、性相關係的兩個法。如言大腹器與瓶子，剎那性與無常。大腹器與剎那性為性相，瓶子與無常為名相。不了解該性相之前，是不可能理解該名相的。因此了解該名相時，必定已經理解了該性相。因此在正因論式當中，只有可能以性相作為因而去成立名相，不可能以名相為因而去成立性相。因為知道了性相，有可能心中還沒將該事物與其名稱連繫在一起，但是如果了解了名相，就必定得了解其意涵、性相，否則談不上了解該名相。

　　既然在認知上有這樣必然的先後次第，所以如果以聲音作為所諍事而敘述：「聲音有法，是無常，因為是剎那性的緣故」這個論式，那麼由於剎那性是性相，較易理解，而無常是名相，較難理解，所以以聲音作為這個論式的所諍事時，聲音即是這個所諍事的欲解有法。因為當了解聲音是剎那性之後，對於聲音是不是無常，仍可能尚未了解而想要進一步了解。

　　但是如果反過來說：「聲音有法，是剎那性，因為是無常的緣故。」那麼聲音就不是該論式的欲解有法，因為當了解聲音是無常時，就必定已經了解聲音是剎那性，因此就沒有知道某事是無常之後，還進一步想要探索某事是剎那性的可能性，這就是為什麼沒有欲解有法，就不可能有正因的原因。

　　同樣的，如果該論式的所立法與因是同一事，也不會有欲解有法。如言：「聲音有法，是無常，因為是無常的緣故。」之所以要對一個人敘述論式，必定是因為對方還不了解這個論式的宗、所立，所以組織起一個論式，透過該論式的因令其了解。「聲音是無常」既然是對方所不

了解的，又怎能透過告訴他「聲音是無常」而令其了解「聲音是無常」？如果對方理解了該論式的有法是該論式的因——聲音是無常，那他就已經理解到了該論式的宗——聲音是無常，因此所立法與因舉為同一事的論式，必然沒有欲解有法，也因此，該論式的因也必定不是正因。

宗法的表面字義為「宗的法」，也就是該論式的所諍事所指事物是該論式的因所指事物，或者該論式的所諍事所指事物具有該論式的因所指事物。但在因明學上還賦予了更深一層的內涵：其所諍事必須是欲解有法。有些論式具足了「該論式的所諍事所指事物是該論式的因所指事物」，卻不具足「具有欲解有法」這個條件。如上述的兩個論式：「聲音有法，是剎那性，因為是無常的緣故」，以及「聲音有法，是無常，因為是無常的緣故」，其實都符合宗法字面上的意涵，但是不具足深一層的條件。

有些法之間雖然沒有認知的必然次第，但稍有難易的差別。譬如無常與所作，這兩者是同義，而且不存在真正的一定要先了解哪一者才能了解另一者的限定，但是就一般人而言，所作的意涵為「從自己的因緣所生」，這比較容易理解；而無常的意涵為剎那性，要了解這個意涵相對困難。所以，在設立論式的時候，無論說：「聲音有法，是無常，因為是所作的緣故」，或者說：「聲音有法，是所作，因為是無常的緣故」，嚴格來說，這兩個論式都有欲解有法，兩個論式的因也都具足正因三相。但是，對一般人而言，由於無常難解，所作易解，以無常成立所作，是一個不順暢的認知次第。因此在了解無常與所作這二法時，一

般會先理解所作，再以所作為因成立某法是無常。

當然，也有不同的二法，對一般人而言，完全不存在認知難易度，就如「因」與「果」二者同義，「能生」、「所生」二者同義，要說哪一者比較難以了解，似乎無由分辨起。因此在敘述論式時，無論是說「聲音有法，是因，因為是果的緣故」，或者說：「聲音有法，是果，因為是因的緣故」，這兩種論式不僅都具有欲解有法，該論式的因也都是正因，而且也沒有哪一種論式在理解的次第上較為通順或不順。

所以，一個論式要避免沒有欲解有法，最重要的重點就是不能將名相立為因而去成立其性相或意涵，也不可以將一個法同時安立為因與所立法。當然，也應避免以較難理解的事物作為因去成立較容易理解的事物。因為在因類學當中，正因論式的本意即是以正因令對方了解一個他所不了解的事物，既然是要讓對方理解，就應該儘量選擇較容易理解的方式才是，不能說只要因成立、有周遍，具有正因三相就好了，這並不符合安立論式的本意。

此外，在本節當中，妙音笑大師特別提到一個重點，當一個正因論式已經確立何為所諍事、所立法、因的時候，該論式的所諍事、有法，或說欲解有法就只能是所敘述的這個事物。如言「聲音有法，是無常，因為是所作的緣故」，這個論式既然已經將聲音敘述為有法，而將之作為欲解有法，那麼這個論式的有法除了聲音之外，別無其他。諸如聲音的非反等等，雖然與聲音同義，與聲音只差幾個字，但都不能作為該論式的欲解有法。如果一個論式的有法可以隨意改換，會產生種種過失，詳見論中駁難，茲不重述。

　　如同前述介紹間接所立法時所言，在本節中順帶提到，以成立聲音是無常為例，當以所作作為因時，一旦成立聲音是無常，同樣也就成立了聲音是剎那性。因為無常是名相，了解無常時，必定了解了它的性相，因此以所作因成立聲音是無常時，該論式的所立法就有無常與剎那性二者。但是，在尚未明指以什麼因來成立聲音是無常，僅說成立聲音是無常時，就不能說成立聲音是無常的論式的所立法有無常與剎那性二者。因為此時剎那性是正因，所以只有無常是該論式的所立法。此時如果說剎那性是成立聲音是無常的所立法，那麼在該論式當中，剎那性就會成為既是正因又是所立法。當所立法與正因是同一個事物時，那麼該論式就不可能有欲解有法，該論式若無欲解有法，則該論式的因就不是宗法，既然不是宗法，如何成為正因？因而陷入既是正因又不是正因的自相矛盾。因此，不能因為承許剎那性是以所作因成立聲音是無常的所立法，就說剎那性是成立聲音是無常的所立法。在沒有確認以何因成立聲音是無常時，只能說剎那性是成立聲音是無常的正因，不能說剎那性是成立聲音是無常的所立法。

解說宗法的觀待事──欲解有法

　　第二科、解說支分，分為二科：一、解說正因；二、解說相似因。
第一科分為三科：一、解說正因的觀待事；二、解說性相；三、解說支
分。第一科分為二科：一、解說宗法的觀待事──欲解有法；二、解說
周遍的觀待事[13]的意涵及其異門。第一科分為三科：一、解說無過欲
解有法的性相；二、解說事相；三、解說能立的正理。

　　第一科：被緣為「他既是被執為以所作因成立聲音是無常的有
法」，又是「以量定解他為所作之後，仍處於欲解他是無常的補特伽
羅可能存在」的共同事，這是以所作因成立聲音是無常的欲解有法的
性相。

　　以所作因成立聲音是無常的欲解有法，與成立彼的所諍事、成立
彼的比度事三者同義。

　　第二科、事相：聲音是彼的事相。聲音的非反與所聞二者都不是
彼。

　　第三科、能立：所知有法，這二者應當不是成立彼的欲解有法，

13　**周遍的觀待事**　指該論式的隨品遍、反品遍能否成立必須觀待的事物，即該論式的所立法。

因為這二者不僅不是成立聲音是無常的無過欲解有法，甚至也不是成立彼的有法的緣故。

如果說因不成立的話，聲音的非反有法，應當是成立聲音是成立法的無過欲解有法，因為是成立聲音是無常的無過欲解有法，而且成立聲音是成立法的正因存在的緣故。如果承許的話，那麼聲音的非反有法，應當是成立法，因為是成立聲音是成立法的無過欲解有法的緣故。不能如此承許，因為是遮破法的緣故。如果說因不成立的話，聲音有法，他的非反應當是遮破法，因為是他的事物存在的緣故。

另外，聲音的非反有法，應當不是成立聲音是成立法的無過欲解有法，因為是成立彼的宗法的緣故。周遍，因為是成立彼的九種不成立抉擇詞其中一者的話，必須不是成立彼的宗法的緣故[14]。應當如此，因為《釋量論》中說[15]：「有法立為抉擇詞本身，則不能成為能

---

14 **是成立彼的九種不成立抉擇詞其中一者的話，必須不是成立彼的宗法的緣故** 上文提到「聲音的非反有法，應當不是成立聲音是成立法的無過欲解有法，因為是成立彼的宗法」，如果對此回答不遍，即代表承許聲音的非反既是該論式的宗法，又是該論式的無過欲解有法；亦即既是因，又是所諍事。既然如此，聲音的非反就成為該論式的「事因不異而不成立的抉擇詞」，因為同時是該論式的因和所諍事。而「事因不異而不成立的抉擇詞」，是九種不成立抉擇詞之一，這九者共同的特徵，就是該論式的宗法都不成立。透過說明「凡是該論式的九種不成立抉擇詞之一，就必須不是該論式的宗法」，就能成立「凡是該論式的宗法，一定不是該論式的無過欲解有法」。藉此自宗也指出，一旦承許某個事物是某一個論式的宗法與所諍事，最終將不得不承認該事物不是該論式的宗法，因而落入自相矛盾的處境。

15 **《釋量論》中說** 法尊法師原譯作：「有法為因事，能知不成故。」妙音笑大師將此處的「因事」解釋為因的體性，即因本身，而「能知」同樣也是指抉擇詞。為配合藏文原文，此處的「因」改譯作抉擇詞。此段之義為：當一個論式的有法同時作為該論式的有法和抉擇詞本身時，這個論式的因就必定不是正因。而克主傑大師在《釋量論廣註理海》中解釋這段原文時，則提出另一種解釋，將「事」字解作「直接」，如此則此段文義為：「若將有法直接當作抉擇

知的緣故」的緣故。周遍，因為「有法」顯示所諍事；「立為抉擇詞本身」是說當這個所諍事被敘述為因時，或立為抉擇詞的體性時，「能知」是說這麼敘述的抉擇詞；「則不能成為……的緣故」是說這麼敘述的所諍事與因二者是事因無異而不成立的抉擇詞的緣故。

另外，所聞有法，應當是成立聲音是名相的無過欲解有法，因為是成立聲音是無常的欲解有法，而且成立聲音是名相的正因存在的緣故。第一個因已經直接承許了，第二個因應當如此，因為具足假有三法即是彼的緣故。應當如此，因為這是成立彼的唯獨成立名言的正因[16]的緣故。如果承許前面的宗，那麼所聞有法，應當是名相，因為是成立聲音是名相的無過欲解有法的緣故。不能如此承許，因為是性相的緣故。

另外，所聞有法，應當不是成立聲音是無常的無過欲解有法，因為是成立彼的宗法的緣故。應當如此，因為這是成立彼的九種具宗法的抉擇詞中的不共不定抉擇詞[17]的緣故。應當如此，因為《宗法輪

詞，則不能成為正因。」兩種解釋方式的意涵其實相同。

16 **唯獨成立名言的正因**　為正因從所立的角度分出的一種正因。而此處的名言特指名相。意即該因所成立的直接所立當中唯有名相。例如以剎那性因成立聲音是無常的正因──剎那性，其所成立的直接所立當中唯有聲音是無常，並無聲音是剎那性。

17 **成立彼的九種具宗法的抉擇詞中的不共不定抉擇詞**　九種具宗法的抉擇詞中，有兩組正抉擇詞、兩組相違抉擇詞、四組共通不定抉擇詞和一個不共不定抉擇詞。因為其共同的特徵是都具足宗法，所以都稱作具宗法的抉擇詞。其中不共不定的抉擇詞，是指該論式的宗法成立，周遍或反面的周遍雖然看似也成立，但是受持該論式的聽者，只能證達其宗法，而無從證達其周遍或反面的周遍，這樣的因即是不共不定抉擇詞。

論》中說[18]：「中間是不共不定」的緣故。

有人說：「剎那性有法，應當是被執為成立聲音是無常的直接所立法的事物[19]，因為是被執為以所作因成立聲音是無常的直接所立法的事物的緣故。」回答不遍。

那麼對你而言，是被執為以所作因成立聲音是無常的直接所立法的事物的話，應當必須是被執為成立聲音是無常的直接所立法的事物，因為是以所作因成立聲音是無常的正因的話，必須是成立聲音是無常的正因的緣故。三輪！[20]

如果承許前面的宗，剎那性有法，應當不是被執為成立聲音是無常的直接所立法的事物，因為是成立聲音是無常的正因的緣故。應當如此，因為是成立彼的唯獨成立名言的正因的緣故。應當如此，因為他是無常的性相的緣故。

假設有人說：「剎那性不是被執為以所作因成立聲音是無常的直

18　**《宗法輪論》中說**　《宗法輪論》，因明論典，全名《抉擇詞論》，又名《因輪論》、《宗法九句》，陳那菩薩著，全文共11偈，尚無漢譯。本論以偈頌體闡述因明學中九句因之意涵，並可透過九宮格的方式加以呈現，如同論中所云：「上下兩方為正，側邊兩組相違，四隅四共不定，中間不共不定。」參見《藏漢大辭典》冊下，頁1763、1764。引文見《丹珠爾》對勘本冊97，頁465。

19　**被執為成立聲音是無常的直接所立法的事物**　被執為某個論式的直接所立法的事物並不局限於所知，凡是無我，都會是被執為某一個論式的直接所立法的事物。因此，此處的「事物」也包含「無」在內。

20　**因為是以所作因成立聲音是無常的正因的話，必須是成立聲音是無常的正因的緣故。三輪！**　這個論式的因，不是一段有周遍的話，也不是以子矛攻子之盾的推演式的詰難，因為嚴格說來，他宗並沒有表達這樣的觀點。因此這段只是自宗推想他宗之所以會成立前宗背後的理由，而講出來給他宗聽而已。這在辨析中屬較特殊的體例。

接所立法的事物。」剎那性應當是被執為以所作因成立聲音是無常的直接所立法的事物，因為被執為以所作因成立聲音是無常的直接所立法的事物所屬的性相名相二者都存在的緣故。應當如此，因為所作是成立聲音是無常的俱成名義二者的正因[21]的緣故。應當如此，因為是成立彼的俱成名義二者的正因的事物存在的緣故。因為《定量論》中說[22]：「因與能遍不可得，是二者的抉擇詞[23]。」又《應理論》中說[24]：「透過因與能遍不可得，能理解無實事與無實事的名言二者」的緣故。

又有人說：「無常的非反是被執為以所作因成立聲音是無常的直接所立法的事物。」

其他人說：「所作應當是成立聲音是無常的遮破正因，因為既是被執為以所作因成立聲音是無常的直接所立法的事物，又是遮破法的共同事存在的緣故。」回答不遍。

如果承許的話，那麼所作有法，應當不是成立聲音是無常的成立

---

21 **俱成名義二者的正因** 為正因從所立的角度分出的一種正因。此處的名義二者特指名相及性相二者。意即該正因能同時成立名相及性相兩種所立。例如以所作因成立聲音是無常的正因——所作，即能同時成立聲音是無常及聲音是剎那性兩種所立。

22 **《定量論》中說** 引文見《丹珠爾》對勘本冊97，頁695。

23 **因與能遍不可得，是二者的抉擇詞** 「因與能遍不可得」即因不可得因與能遍不可得因。「二者」在此特指名相與性相二者。因此此段文意為：因不可得因和能遍不可得因都是俱成名義二者的抉擇詞。

24 **《應理論》中說** 《應理論》，全名《定量論釋》，因明論典，法勝阿闍黎著，尚無漢譯。作者生平不詳。引文見《丹珠爾》對勘本冊104，頁1475。

正因，因為是成立彼的遮破正因的緣故。應當如此，因為既是被執為以所作因成立聲音是無常的直接所立法的事物，又是遮破法的共同事存在的緣故。應當如此，因為無常即是彼的緣故。應當如此，因為無常是遮破法的緣故。應當如此，因為這是非遮的緣故。應當如此，因為空與無常的聲音是遮遣詞的道理是相同的緣故。因為《釋量論自釋》中說[25]：「所謂『空』與『無常』等的那些聲音，是否定如同覺知所假立而結合的行相——增益，而作為名言」的緣故。

　　如果承許根本論式的宗，所作有法，應當不是成立聲音是無常的遮破正因，因為是成立彼的成立正因的緣故。應當如此，因為是成立彼的自性正因的緣故。周遍，因為是成立彼的果與自性正因二者其中一者的話，必須不是成立彼的遮破因的緣故。因為《自釋》中說[26]：「其中二者是成立實事，一者則是遮破法的抉擇詞[27]」的緣故。

　　有人說：「成立彼的有法存在的話，成立彼的無過欲解有法遍存在。」那麼成立聲音是聲音的無過欲解有法應當存在，因為成立聲音是聲音的有法存在的緣故。如果說因不成立的話，聲音有法，成立他是聲音的有法應當存在，因為他存在的緣故。如果說不遍的話，聲音

25　**《釋量論自釋》中說**　《釋量論自釋》，因明論典，共1品，法稱論師著，尚無漢譯。此論係作者針對《釋量論》第一品作解釋，故名。引文見《丹珠爾》對勘本冊97，頁990。

26　**《自釋》中說**　此處《自釋》即《釋量論自釋》。引文見《丹珠爾》對勘本冊97，頁902。

27　**其中二者是成立實事，一者則是遮破法的抉擇詞**　其中二者是指果及自性兩種正因；一者則指不可得正因。文中的成立實事意即成立有，而此處的有特指成立為主。因此，前二種正因是直接成立成立為主的成立正因，後者則是直接成立無遮的遮破正因。

有法，他存在的話，成立他是聲音的有法應當遍存在，因為他是無我的緣故。如果承許的話，那麼以量定解聲音之後，對於聲音是不是聲音存疑的補特伽羅應當存在，因為聲音是成立聲音是聲音的無過欲解有法的緣故。不能如此承許，因為是以量定解聲音的補特伽羅的話，必須是以量定解聲音是聲音的補特伽羅的緣故。

又有人說：「成立彼的無過欲解有法存在的話，成立彼的宗法遍存在。」那麼以聲音因成立聲音是無常的宗法應當存在，因為以聲音因成立聲音是無常的無過欲解有法存在的緣故。應當如此，因為聲音是以聲音因成立聲音是無常的無過欲解有法的緣故。應當如此，因為聲音既是被執為以聲音因成立聲音是無常的所諍事，以量定解聲音是聲音之後仍處於欲解聲音是無常的補特伽羅也存在的緣故。

如果說第一個因不成立的話，所知有法，聲音應當是被執為以聲音因成立聲音是無常的所諍事，因為聲音是被執為「聲音有法，是無常，因為是聲音的緣故」這個論式的所諍事的緣故。如果說因不成立的話，聲音有法，他應當是被執為「他有法，是無常，因為是他的緣故」這個論式的所諍事，因為「他有法，是無常，因為是他的緣故」這個論式存在的緣故。應當如此，因為是無我的緣故。

如果說第二個因不成立的話，以量定解聲音是聲音之後仍處於欲解聲音是無常的補特伽羅應當存在，因為以所作因成立聲音是無常的這個真實後諍者即是彼的緣故。應當如此，因為彼是以量定解聲音是所作之後，仍處於欲解聲音是無常的補特伽羅的緣故。應當如此，因為是這樣的真實後諍者的緣故。

如果承許根本論式的宗，聲音應當不是以聲音因成立聲音是無常的宗法，因為這是成立彼的所諍事的緣故。周遍，因為當這個法是成立彼的所諍事與因二者時，必須是成立彼的事因無異而不成立的抉擇詞的緣故。應當如此，因為「有法立為抉擇詞本身」等等的意涵存在的緣故。

第四章
所立法的論述

導讀

　　正因的三相當中，後二者為隨品遍與反品遍，二者統稱為周遍。該論式中的因若是隨品遍等，就表示該論式的因必須是該論式的所立法，或必須具有該論式的所立法。如果沒有所立法的話，無從論起是否是隨品遍，因此稱所立法為周遍的觀待事。

　　就如同「被敘述為因」為因的性相，所有存不存在的一切，都可以被敘述為因，所以所有有無的一切都是因。同樣的，被執為所立法的事物，是所立法的性相，所有存不存在的一切，都可以被執為所立法，因此所有有無的一切都是所立法。

　　上一段導讀中提到，一個正因論式中，如果以名相作為所立法，而以該所立法的性相作為正因的話，那麼該論式的所立法只會有一個，那就是字面上的這個所立法。而這樣的論式，被稱為唯獨成立名言的正因論式。而一個正因論式中，如果以名相作為所立法，並以該所立法的性相以外的另一事物作為正因的話，這個正因就會一次成立兩個所立法，一個是該論式的那個所立法，一個是該所立法的性相。這樣的論式稱之為俱時成立名義二者的正因論式。

　　論中還提到直接所立法。譬如以所作為因而成立聲音是無常時，無常與剎那性是該論式的直接所立法，無常的非反與剎那性的非反則是其

間接所立法。但未確認是以何法作為因,單獨說成立聲音是無常時,剎那性則非成立聲音是無常的直接所立法,因為此時剎那性是該論式的正因,在證達聲音是無常之前就會先證達聲音是剎那性,因此「聲音是剎那性」便不能作為該論式的所立,自然剎那性也不能是該論式的所立法,沒有任何一法會同時是成立聲音是無常的所立法與正因。

解說所立法的論述

第二科、解說周遍的觀待事的意涵及其異門，分為二科：一、解說周遍的觀待事——所立法；二、解說周遍的觀待事的異門——順宗、不順宗。第一科分為三科：一、性相；二、支分；三、能立。

第一科：被執為所立法的事物，是所立法的性相。是無我的話，遍是所立法，因為兔子角是所立法的緣故。應當如此，因為彼是被執為所立法的事物的緣故，而這是因為彼是被執為成立聲音是兔子角的所立法的事物的緣故。如果說因不成立的話，兔子角有法，他應當是被執為成立聲音是他的所立法的事物，因為他是無我的緣故。被執為成立聲音是無常的所立法的事物，這是成立聲音是無常的所立法的性相。

第二科：其中從聲音詮說類別的角度可分為成立彼的直接所立法及成立彼的間接所立法兩種。被執為成立彼的直接所立法的事物，這是成立彼的直接所立法的性相。無常即是彼的事相。被執為成立彼的間接所立法的事物，這是成立彼的間接所立法的性相。剎那性即是彼的事相。

第三科、能立：有人說：「非常法是被執為成立聲音是無常的間

接所立法的事物。」那麼彼有法，應當是被執為成立彼的所立法的事物，因為是被執為成立彼的間接所立法的事物的緣故[28]。如果承許的話，那麼彼有法，應當是被執為成立聲音是無常的正因的直接所立法的事物，因為如此承許的緣故[29]。如果承許的話，那麼他是被執為以彼法因成立聲音非常法的正因的直接所立法的事物的話，應當必須是被執為以彼法因成立聲音是無常的正因的直接所立法的事物，因為如此承許的緣故。

如果承許的話，那麼非常法有法，他應當是被執為以「不是法與非剎那性的共同事」因成立聲音是無常的正因的直接所立法的事物，因為他是被執為以「不是法與非剎那性的共同事」因成立聲音非常法的正因的直接所立法的事物的緣故。如果承許的話，那麼被執為以「不是法與非剎那性的共同事」因成立聲音是無常的正因的直接所立法的事物應當存在，因為非常法即是彼的緣故。不能如此承許，因為成立彼的隨品遍不成立的緣故。

如果說因不成立的話，兔子角有法，應當是無常，因為不是法與非剎那性的共同事的緣故。如果說因不成立的話，兔子角有法，應當是法，因為是法與非剎那性的共同事的緣故。不能如此承許，因為是

28　**應當是被執為成立彼的所立法的事物，因為是被執為成立彼的間接所立法的事物的緣故**　貢唐智慧海大師提到，這個應成的周遍僅僅是前譯者所承許的，因為自宗認為間接所立法只是所立法從聲音詮說類別的角度所分出的一個支分而已。

29　**彼有法，應當是被執為成立聲音是無常的正因的直接所立法的事物，因為如此承許的緣故**　他宗沒有這麼說，直接推也推不出來，這也只是自宗尋思他宗，推想他應該也會這麼承許而已。

決定無[30]的緣故。

　　被執為以所作因成立聲音是無常的所立法的事物，這是以所作因成立聲音是無常的所立法的性相。其中分為成立彼的直接所立法及間接所立法兩種。像無常與剎那性是第一者，這二者的非反是第二者。

30　**決定無**　藏文為「མེད་རེས」，與「無」所指相同。

第五章

順宗、不順宗
的論述

導讀

　　本節解說周遍的觀待事的異門——「順宗」與「不順宗」。

　　提到隨品遍與反品遍時，量學教典解釋道：「被定解於順宗中存在性、被定解於不順宗中不存在性。」因此要了解隨品遍與反品遍，就必須先了解順宗與不順宗。

　　「順宗」與「不順宗」當中的「宗」，與「宗法」的「宗」字，都不是真正的宗，而只是假立的宗。真正的宗，是有法與所立法的聚合體，亦即所立。宗法的宗，與順宗的宗，這二者都只是真正的宗的其中一部分，前者是指該論式的欲解有法，而後者則是指該論式的所立法。也正因為是宗的一部分，依此而假立為宗。

　　順宗的「宗」字，是指該論式的所立法，而所謂的順宗，即是順應著所立法的敘述方式而存在者。敘述方式有兩種，一種是敘述是非，一種是敘述有無。前者是描述是或非，後者描述的則是有或無。例如「聲音有法，是無常，因為是所作的緣故」這個論式，「是無常」就是是非的敘述方式，順著這種敘述方式，凡「是無常」者，都是該論式的順宗；反之，凡不是無常者，即是該論式的不順宗。至於「有煙的彼山有法，有火，因為有煙的緣故」這個論式為例，「有火」是敘述有無，順著這種敘述方式，凡有火者即是該論式的順宗，凡無火者，即是該論式

的不順宗。

所謂的隨品遍，是指該論式的因，唯於順宗中存在，如言：「聲音有法，是無常，因為是所作的緣故。」該論式的因，若是該論式的隨品遍，那麼所作就必須唯獨存在於無常的範圍之內，凡是所作就必須是無常。該論式的因，若是該論式的反品遍，那麼所作就必須必定不會出現在「非無常」的範圍內，凡不是無常，就必須不是所作。

順宗與不順宗真實的意涵如上，但是順宗與不順宗的字詞解釋又有另一重理解。因此真正的順宗與符合順宗字詞解釋的事物，是不一樣的。

順宗的字面意涵，係指與所諍事共同隨順於該論式的成立方式，而同屬該論式的所立法的範圍。若以前述「聲音有法，是無常，因為是所作的緣故」這個論式為例說明，所作與有法——聲音二者就必須同樣都是無常，才符合順宗的字面意涵。在這個論式中，真正的順宗與符合順宗字詞解釋的事物沒有差別。但是如果論式換作：「聲音有法，是常法，因為無為法的緣故。」這時候，要符合該論式的順宗字詞解釋，就成了不可能的事。因為要符合該論式順宗的字詞解釋，就必須是「與聲音一樣都是常法」，但是聲音本身既然不是常法，無論舉什麼例子，都不可能「與聲音同樣都是常法」。但是該論式的順宗畢竟還是存在的，如虛空即是該論式的順宗，因為虛空是常法。

所以，對應到各種不同的論式來看，只要符合該論式順宗的字詞解釋，就一定是該論式的順宗，但是是該論式的順宗，卻不一定符合該論式順宗的字詞解釋。

不順宗的狀況卻剛好相反。對應到各種不同的論式中的話，是該論式的不順宗，就一定符合該論式不順宗的字詞解釋，而符合該論式的字詞解釋，卻不一定是該論式的不順宗。例如「聲音有法，是常法，因為是無為之法的緣故」這個論式，虛空符合了該論式的不順宗字詞解釋，不是「他與聲音同樣都是常法」這樣的論式，無論舉什麼例子，結論都會成為不是「他與聲音同樣都是常法」。因此無論他是不是這種論式的不順宗，都會符合該論式不順宗的字詞解釋。

順宗與所立法關係甚大，但是不可以將這二者混為一談。以「聲音有法，是無常，因為是所作的緣故」這個論式為例，該論式的所立法，只能列舉「無常」、「剎那性」，除此之外，其他任何事物都不是該論式的所立法。但是只要是無常，都是該論式的順宗。因此該論式的順宗的範圍大於該論式的所立法的範圍，有許多事物是該論式的順宗，但是不是該論式的「順宗」的「宗」——所立法。這些差別之處時常為人所誤解，因此大師在文中作了明晰的辨析。

另外一提的是，在科判當中，原列有解說同喻異喻，但是在文中並沒有如科判所列而撰文解說。

解說順宗、不順宗的論述

　　第二科、解說周遍的觀待事的異門——順宗、不順宗，分為二科：一、正說；二、順帶解說同喻[31]、異喻[32]。第一科分為四科：一、解說性相；二、解說支分；三、解說詞句的解釋與趣入[33]；四、解說成立的正理。

　　第一科：與成立彼的所立法的成立方式為相順不空，這是成立彼的順宗的性相。其中又有就「敘述是非」而言[2]及就「敘述有無」而言二者。與成立聲音是無常的所立法的敘述方式為相順不空，這是成立聲音是無常的順宗的性相，這與無常二者同義。如果就敘述有無而言的話，成立彼的順宗不必與被當作成立彼的所立法的事物同義，因

31　**同喻**　舉出一個事物為例，藉此證得該論式的隨品遍，這樣的事物即是該論式的同喻。例如透過瓶子，可以了解凡是所作必是無常，因此瓶子即是以所作因成立聲音是無常的同喻。

32　**異喻**　舉出一個事物為例，藉此證得該論式的反品遍，這樣的事物即是該論式的異喻。例如透過無為的虛空，可以了解凡是常法必是非所作，因此無為的虛空即是以所作因成立聲音是無常的異喻。此處雖列出同、異喻的科目，然無對應的正文。

33　**詞句的解釋與趣入**　意指符合字面上的解釋。例如青蛙是在水中出生，因此符合了水生的字面解釋。但因水生一詞於印度及西藏中，皆為蓮花之異名，所以青蛙雖然符合其字面之解釋，但並非水生。

為煙不是火的緣故。

與成立彼的所立法的敘述方式為相順空，這是成立彼的不順宗的
性相。這與非無常二者同義。

第二科、支分，分為三種：一、成立彼的無不順宗；二、餘不順
宗；三、相違不順宗。兔子角是第一者，所知是第二者，常法是第三
者。第一、兔子角有法，應當是成立彼的無不順宗，因為是成立彼的
不順宗，而且是無的緣故。兩個因都成立，因為是決定無的緣故。

第二、所知有法，應當是成立彼的餘不順宗，因為是成立彼的不
順宗，而且是無常以外的事物的緣故。第一個因成立，因為是常法的
緣故。第二個因成立，因為是非無常所屬的法的緣故。

第三、常法有法，應當是成立彼的相違不順宗，因為是成立彼的
不順宗，而且與無常相違的緣故。兩個因都成立，因為是與常法為一
的緣故。

第三科、成立彼的順宗的詞句解釋與趣入有三句型，因為是成立
彼的順宗，而於成立彼的順宗的詞句解釋中存在[3]的句型；是成立彼
的順宗，而於成立彼的順宗的詞句解釋中不存在的句型；二者俱非的
句型，三者皆存在的緣故。

第一個因成立，因為瓶子即是彼的緣故。應當如此，因為瓶子是
成立聲音是無常的順宗，而且於成立彼的順宗的詞句解釋中存在的緣
故。如果說第一個因不成立的話，瓶子有法，應當是成立彼的順宗，
因為是無常的緣故。第二個因成立，因為他與聲音二者於無常為同法
的緣故。應當如此，因為聲音與他二者是無常的緣故。

第二個因成立，因為無為的虛空是成立聲音是常法的順宗，而且於成立彼的順宗的詞句解釋中不存在的緣故。第一個因成立，因為是常法的緣故。第二個因成立，因為他與聲音二者於常法為不同法的緣故，而這是因為他是常法，而且聲音是無常的緣故。

第三個因容易理解。

成立彼的不順宗的詞句解釋與趣入也有三句型，因為是成立彼的不順宗，而於成立彼的不順宗的詞句解釋中存在的句型；不是成立彼的不順宗，而於成立彼的不順宗的詞句解釋中存在的句型；二者俱非的句型，三者皆存在的緣故。

第一個因成立，因為瓶子即是彼的緣故。應當如此，因為這是成立彼的不順宗，而且於成立彼的不順宗的詞句解釋中存在的緣故。如果說第一個因不成立的話，瓶子有法，應當是成立彼的不順宗，因為是無常的緣故。第二個因成立，因為他與聲音二者於常法為不同法的緣故，而這是因為聲音與他二者是無常的緣故。

第二個根本因成立，因為虛空即是彼的緣故。應當如此，因為這不是成立彼的不順宗，然而於成立彼的不順宗的詞句解釋中存在的緣故。如果說第一個因不成立的話，彼有法，應當不是成立彼的不順宗，因為是成立彼的順宗的緣故。應當如此，因為是常法的緣故。如果說第二個因不成立的話，彼有法，應當於成立彼的不順宗的詞句解釋中存在，因為他與彼二者於常法為不同法的緣故。應當如此，因為他是常法，然而聲音是無常的緣故。

第三個因容易理解。

解說順宗不順宗是否直接相違：雖然順宗是與不順宗直接相違，但不順宗不是與順宗直接相違，因為不順宗不存在的緣故。

第四科、能立：瓶子有法，應當是成立聲音是無常的順宗，因為是無常的緣故。如果承許的話，彼有法，應當是「成立彼的順宗」這個詞句中的宗，因為是成立彼的順宗的緣故。回答不遍。

如果承許的話，瓶子有法，應當是成立聲音是無常的所立法，因為是「成立彼的順宗」這個詞句中的宗的緣故。周遍，因為「成立彼的順宗」這個詞句中的宗是當作成立彼的所立法，而就敘述是非與敘述有無二者之中的敘述是非而言的話，於是彼為意涵相順的事物，立名為順宗；就敘述有無而言，於有彼為意涵相順的事物，立名為順宗的緣故。應當如此，因為《量經》中說[34]：「於所比度中存在，以及於與彼相順中存在、唯於與彼不相順中不存在。」又其《自釋》中說[35]：「所謂『宗』，這也就是所立法」的緣故。

---

34 《量經》中說 《量經》，因明論典，全名《集量論》，共6品，陳那菩薩著，漢譯本有法尊法師譯《集量論頌》。該論為陳那菩薩由於悲愍眾生慧力羸弱，而攝集過去零散所著因明釋論之一切要義，編述成本論。過程中遭一外道徒多番障礙，幾乎棄捨發心，幸得文殊菩薩親臨攝受，終完成這部佛教因明學經典著述。本論主要闡述推理八事：真實現前識、相似現前識、真實比量、相似比量、真實成立語、相似成立語、真實能破、相似能破。其中每品皆先闡述自宗，再駁斥他宗。本論有諸多印度、西藏祖師為之撰寫註疏，為後世學者尊稱為《量經》，即量理的經典著作。引文今人法尊法師譯作：「所比同品有，於無性為性。」參見《道次第上師傳承傳》頁85～87（永津智幢大師著，台北：佛陀教育基金會，2006）；《貢德大辭典》冊3，頁56（圖滇桑竹著，台北：佛陀教育基金會，2013）。引文見《法尊法師文集》冊3，頁105（楊德能等主編，北京：中國藏學出版社，2017）；《丹珠爾》對勘本冊97，頁8。

35 《自釋》中說 此處《自釋》即《量經自釋》，因明論典，共6品，陳那菩薩著，漢譯本有法尊法師譯《集量論略解》。引文今人法尊法師譯作：「皆名品故。彼所立法。」見《法尊法師

另外，瓶子有法，應當是成立聲音是無常的所立法，因為是「成立彼的順宗」這個詞句中的宗的緣故。周遍，因為「成立彼的順宗」這個詞句中的宗，是當作成立彼的所立法的緣故。應當如此，因為「所作於成立聲音是無常的順宗中存不存在」這個詞句中的宗，是當作成立彼的所立法的緣故。應當如此，因為成立彼的周遍係屬境的宗，是當作成立彼的所立法的緣故。應當如此，因為是成立彼的周遍係屬境的宗、成立彼的周遍係屬境的所立、成立彼的周遍係屬境的所比度三者其中一者的話，必須是成立彼的所立法的緣故。

應當如此，因為是「成立聲音是無常的抉擇詞能不能成立所立」的所立或宗的話，必須是聲音與無常的聚合義的緣故。應當如此，因為成立聲音是無常時的「宗」字所趣入事有三種不同的變化方式，而且以所作因成立聲音是無常的宗法的宗，是當作成立彼的無過欲解有法；「唯與以所作因成立聲音是無常的順宗敘法相順而存在性為量所定解」這個詞句中的順宗的「宗」，是當作成立彼的周遍係屬境的宗與成立彼的所立法的緣故[4]。

第一個因成立，因為《定量論》中說[36]：「被定解於所比度中存在，以及被定解於與彼共通中存在、被定解於與彼沒有共通中不存在。」又《大應理論》中說[37]：「所比度的名言有三種」的緣故。

文集》冊3，頁160；《丹珠爾》對勘本冊97，頁133。

36　**《定量論》中說**　引文見《丹珠爾》對勘本冊97，頁651。

37　**《大應理論》中說**　《大應理論》，即《定量論釋》，和《應理論》為同一部論。此段蓋取其大意，非錄原文。見《丹珠爾》對勘本冊104，頁1204。

　　第二個因成立，因為《釋量論自釋》中說[38]：「宗指有法。」又《正理滴論》中也說[39]：「所比度在此是指具足欲解的差別的有法。」其相關段落的《應理論》中說[40]：「『所比度在此是指』等云，是當決擇抉擇詞的性相時，有法即是所比度」的緣故。周遍，因為此時的所比度與所立、宗三者是異名的緣故。

　　第三個因成立，因為前論中說[41]：「周遍的境是指所立法」的緣故。

　　另外，是「成立彼的順宗」這個詞句中的宗的話，應當必須是成立彼的所立法，因為「成立彼的順宗」這個詞句中的宗，是被當作成立彼的所立法的事物，而其中有總反體[42]與事反體[43]二種，因此是當作總反體而與彼意涵相順，因而說為順宗的緣故。因為《正理滴論》

38　**《釋量論自釋》中說**　引文見《丹珠爾》對勘本冊97，頁901。

39　**《正理滴論》中也說**　引文今人楊化群譯作：「所比度之事者，於此指欲了知之各別有法。」王森則譯作：「此中所比，謂即有法。於此具有所欲比之差別義。」見《集量論釋略抄等四種合刊》頁108、124；《丹珠爾》對勘本冊97，頁813。

40　**《應理論》中說**　此處的《應理論》實為《正理滴論廣釋》，該論又稱《小應理論》，因明論典，共3品，法勝阿闍黎著，尚無漢譯。引文見《丹珠爾》對勘本冊105，頁134。

41　**因為前論中說**　前論為《大應理論》，此引文為妙音笑大師擇要引之，見《丹珠爾》對勘本冊104，頁1204。

42　**總反體**　意指此事物的本體，而不是特指該事物的某一別相。例如瓶等雖是無常，但並非是無常本體，因此不是總反體，只有無常本身才是其總反體。

43　**事反體**　任何是此事物的法，皆是該事物的事反體。例如金瓶銅瓶等屬於是瓶子的事物，因此都是瓶子的事反體。

中說[44]：「相順於所立法的總的意涵即是順宗」的緣故。周遍，因為這段教典中的「所立法的」是說成立彼的所立法；「總」是說其總反體；「相順於……意涵」是說與彼意涵相順，並說透過將這些總合起來而安立為順宗，相順於總的意涵便名為「順宗」的緣故。應當如此，因為《小應理論》中說[45]：「說到『總』是將別相排除之義。這既是所立，也是總體，因此是總，與彼意涵相順即是順宗」的緣故。

　　另外，「成立彼的順宗」這個詞句中的宗，應當是當作成立彼的所立法，因為「成立彼的隨品遍係屬境的順宗」這個詞句中的宗，與「成立彼的反品遍係屬境的不順宗」這個詞句中的宗二者，都是當作成立彼的所立法的緣故。應當如此，因為「成立彼的能立抉擇詞能不能成立所立」的所立或宗，是當作成立彼的有法與法二者的聚合義的緣故。應當如此，因為成立聲音是無常時的「宗」字所趣入事有三種，而且「宗」字趣入成立彼的有法與法二者的聚合義，作為其實名[46]；「宗」字趣入二種周遍係屬境的所立法，與宗法境——欲解有法二者，作為其假名[47]的緣故。

44　**《正理滴論》中說**　此段蓋取論文大意，非錄原文。引文今人楊化群譯作：「同品者，謂概與所成立之法相符之事。」王森則譯作：「言同品者，謂所立法均等義品。」見《集量論釋略抄等四種合刊》頁124；《丹珠爾》對勘本冊97，頁813。

45　**《小應理論》中說**　此段蓋取其大意，非錄原文。見《丹珠爾》對勘本冊105，頁135。

46　**實名**　名稱的一種。某個事物一開始的名稱，而且透過此名又能專門了解到該事物，這樣的名稱即是該事物的實名。例如：將萬獸之王稱之為獅子的聲音，就是萬獸之王的實名。

47　**假名**　名稱的一種。用與某事物相似或相關的另一事物，作為該事物的後起之名，此即是該事物的假名。例如：將勇士稱之為獅子的聲音，即是此人的假名。假名又可分為：以相關的事物

因為《大應理論》中說[48]：「所比度的名言有三種，對於能立的所立法與有法的總是真實的，對於周遍境的所立法，與抉擇詞的境——有法是假立的」的緣故。周遍，因為「對於能立的所立法與有法的總是真實的」是說「宗」字趣入法與有法的聚合義，作為其實名；「周遍境的」云云，是說趣入另外二者，作為其假名的緣故。

有人說：「成立聲音是無常的所立法的總，應當是『成立聲音是無常的順宗』這個詞句中的宗，因為『成立彼的順宗』這個詞句中的宗，是當作成立彼的所立法的總，而將與其意涵相順的事物安立為順宗的緣故。應當如此，因為《正理滴論》中說[49]：『相順於所立法的總的意涵即是順宗』的緣故。」回答不遍，因為那是指被當作成立聲音是無常的所立法的事物——總體的無常，而將與彼意涵相順的事物安立為成立彼的順宗，這是教典意涵的緣故。

如果承許的話，無常的總應當也是「成立聲音是無常的順宗」這個詞句中的宗，因為如此承許的緣故。如果承許的話，彼有法，應當是成立聲音是無常的所立法，因為如此承許的緣故。不能承許前面的宗，因為「成立彼的順宗」這個詞句中的宗，雖然是指無常，但是彼的別——瓶子等等也不會被安立為彼的緣故。因為《大應理論》中

為由而起的假名和以相似的事物為由而起的假名兩種。其譬喻依序為：將陽光稱為太陽的聲音，以及將胖得像桶子的人稱為桶子的聲音。

48　《大應理論》中說　此段蓋取其大意，非錄原文。見《丹珠爾》對勘本冊104，頁1204。

49　《正理滴論》中說　此段蓋取論文大意，見前註44。

說[50]：「不要執為『所立法的總』，而是說這個所立法是『總』」的緣故。

有人說：「是無我的話，應當不遍是順宗，因為有不順宗的緣故。應當如此，因為瓶子是不順宗的緣故。應當如此，因為這是成立聲音是常法的不順宗的緣故。」回答不遍。

因成立，因為是無常的緣故。不能承許前面的宗，因為存在的話遍是順宗，而且不存在的話也遍是順宗的緣故。第一個因成立，因為瓶子是順宗的緣故。應當如此，因為這是成立聲音是無常的順宗的緣故。應當如此，因為是無常的緣故。第二個因成立，因為兔子角是順宗的緣故。應當如此，因為這是成立聲音是補特伽羅無我的順宗的緣故。應當如此，因為是無我的緣故。

有人說：「不順宗有法，應當是順宗，因為是成立聲音是補特伽羅無我的順宗的緣故。如果承許的話，彼有法，應當存在，因為是順宗的緣故。」回答不遍[5]。

有人說：「應當有不順宗，因為有異喻的緣故。應當如此，因為有結合不順法的真實成立語[51]的緣故。」回答不遍。應當如此，因為「凡常法遍非所作，譬如無為的虛空，聲音是所作」這個成立語即是

50　《大應理論》中說　引文見《丹珠爾》對勘本冊104，頁157。

51　**結合不順法的真實成立語**　例如「凡是常法遍是非所作，譬如無為的虛空，聲音也是所作」，這是「聲音有法，是無常，因為是所作的緣故」此一論式的結合不順法的真實成立語。該成立語中，「凡是常法遍是非所作，譬如無為的虛空」二句能夠令聞者直接了解以所作因成立聲音是無常的反品遍，「聲音是所作」一句能夠令聞者直接了解以所作因成立聲音是無常的宗法，所以是以所作因成立聲音是無常的結合不順法的真實成立語。

彼的緣故。

　「如果承許前面的宗，無為的虛空有法，應當是異喻，因為是成立聲音是無常的異喻的緣故。」回答不遍。應當如此，因為那是成立彼的結合不順法的真實成立語的真實異喻的緣故。

　不能如此承許，因為那是同喻的緣故。應當如此，因為那是成立聲音是所知的同喻的緣故。應當如此，因為那是以堪為覺知的境因成立聲音是所知的同喻的緣故。應當如此，因為那是以堪為覺知的境因成立聲音是所知的結合順法的真實成立語的同喻的緣故。應當如此，因為是「凡是堪為覺知的境遍是所知，譬如無為的虛空，聲音也是堪為覺知的境」這個結合順法的真實成立語[52]的同喻的緣故。

　解說正因的性相：「是三相」，為正因的性相，因為《量經》中說[53]：「自義，是指由三相因而見到意涵」的緣故。有三相，因為宗法、隨品遍、反品遍三者即是彼的緣故。

　三相別分為六科：一、性相；二、支分；三、能立的量；四、定解隨之進退的量[54]；五、解說根本的意涵；六、破除當前的疑惑。

---

52 **結合順法的真實成立語**　例如：「凡是所作遍是無常，譬如瓶子，聲音也是所作」，這是「聲音有法，是無常，因為是所作的緣故」此一論式的結合順法的真實成立語。該成立語中，「凡是所作遍無常，譬如瓶子」二句能夠令聞者直接了解以所作因成立聲音是無常的隨品遍，「聲音也是所作」一句能夠令聞者直接了解所作因成立聲音是無常的宗法，所以是所作因成立聲音是無常的結合順法的真實成立語。

53 **《量經》中說**　引文今人法尊法師譯作：「自義，三相因見義。」見《法尊法師文集》冊3，頁136；《丹珠爾》對勘本冊97，頁8。

54 **定解隨之進退的量**　即證達該論式的隨品遍和反品遍的量。對於「隨之進退」有兩種理解方

第一科：與成立彼的無過欲解有法敘法相順而存在性為量所定解，這是成立彼的宗法的性相。與成立聲音是無常的無過欲解有法敘法相順而存在性為量所定解，這是成立聲音是無常的宗法的性相。與以所作因成立聲音是無常的無過欲解有法敘法相順而存在性為量所定解，這是以所作因成立聲音是無常的宗法的性相。

如此安立性相的方式是合理的，因為《定量論》中說[55]：「被定解於所比度中存在，以及被定解於與彼共通中存在、被定解於與彼沒有共通中不存在。」又《小應理論》中說[56]：「於所比度中存在性」，是以上述根本頌及釋論成立的緣故。

唯與成立彼的順宗敘法相順而存在性為量所定解，這是成立彼的隨品遍的性相。唯與成立聲音是無常的順宗敘法相順而存在性為量所定解，這是成立聲音是無常的隨品遍的性相。唯與以所作因成立聲音是無常的順宗敘法相順而存在性為量所定解，這是以所作因成立聲音是無常的隨品遍的性相。

性相的安立方式是如此，因為《正理滴論》中說[57]：「被定解唯

式：第一種是存在於因果、總別、相係屬等互相觀待的關係中，此有則彼有，稱為「隨之趨進」；此無則彼無，稱為「退」。例如《菩提道次第廣論》中的「故大乘者，隨逐有無此心而為進退。」而第二種理解方式，是此因存在於順宗，稱為「隨之趨進」；此因不存在於不順宗，稱為「退」。此處是指第二種理解方式。

55 《定量論》中說　見前註9。

56 《小應理論》中說　此段蓋取其大意，非錄原文。見《丹珠爾》對勘本冊105，頁131。

57 《正理滴論》中說　引文今人楊化群譯作：「於同品上定有。」王森則譯作：「唯於同品有性。」見《集量論釋略抄等四種合刊》頁108、124；《丹珠爾》對勘本冊97，頁813。

於順宗中存在性。」又《定量論》中說：「於與彼共通中存在。」又《理門論》中說[58]：「被定解唯於順宗中存在性是一相。」以及澤大里也說[59]：「趣入『被定解也唯於順宗中存在』。」又《應理論》中說[60]：「被定解唯於順宗中存在性是一相。」又大班智達潛隱解脫源的《推理語》中也說[61]：「『定解唯於與宗相順中存在』具有隨品之名，為第二相」的緣故。

由於與成立彼的直接所立法的義反體相係屬之力，而與成立彼的不順宗敘法相順而不存在性為量所定解，這是成立彼的反品遍的性相。結合事例的話，由於與成立彼的直接所立法的義反體──無常相係屬之力，而與成立聲音是無常的不順宗敘法相順而不存在性為量所定解，這是成立聲音是無常的反品遍的性相。

因為《量經》中說[62]：「唯於無所比度中不存在。」又《定量

58　《理門論》中說　此段蓋取論文大意，非錄原文。漢譯本相應段落見唐玄奘大師譯《因明入正理論》作：「同品定有性。」見前註5。

59　澤大里也說　澤大里，阿底峽尊者的密乘上師之一（約10世紀），即勝敵婆羅門。曾得文殊菩薩直接傳授灌頂，因而獲得於一切明處通達無礙之智慧，著述眾多顯密教典。為假相派的中觀論師。引文出自《童蒙入推理論》，因明論典，共3品，尚無漢譯。參見《東噶藏學大辭典》頁1761（東噶洛桑赤列編，北京：中國藏學出版社，2009，以下簡稱《東噶辭典》）；《貢德大辭典》冊3，頁536。引文見《丹珠爾》對勘本冊106，頁910。

60　《應理論》中說　引文見《丹珠爾》對勘本冊104。

61　《推理語》中也說　《推理語》，因明論典，大班智達潛隱解脫源著，共3品，尚無漢譯。作者生平不詳。引文見《丹珠爾》對勘本冊106，頁959。

62　《量經》中說　此段蓋取論文大意，非錄原文。法尊法師譯作：「所比，於無性為性」見《法尊法師文集》冊3，頁105；《丹珠爾》對勘本冊97，頁8。

論》中說[63]：「於無所比度中不存在。」又《正理滴論》中說[64]：「被定解於不順宗中不存在性。」以及澤大里也說[65]：「反品遍是趣入『被定解於不順宗中也不存在性』。」又《推理語》中也說[66]：「不是順宗，即是不順宗，凡是被定解於彼中不存在性，就是具有反品遍之名，為第三相」的緣故。

　　略作辨析：有人說：「與成立聲音是無常的有法敘法相順而存在性為量所定解，這是成立聲音是無常的宗法的性相。其意涵亦即聲音是他，在聲音有法之上是他，是他的話遍是無常。」那麼無常有法，應當是成立聲音是無常的宗法，因為聲音是他，在聲音有法之上是他，是他的話遍是無常的緣故。第一、第二個因成立，因為聲音是他的緣故。如果說第三個因不成立的話，無常有法，是他的話應當遍是他，因為他是無我的緣故。

　　如果承許的話，無常有法，應當不是成立聲音是無常的宗法，因為是成立彼的九種不成立的抉擇詞其中一者的緣故。應當如此，因為是成立彼的因法無異而不成立的抉擇詞[67]的緣故。如果說因不成立的

63　**《定量論》中說**　此段蓋取其大意，非錄原文。見《丹珠爾》對勘本冊97，頁651。

64　**《正理滴論》中說**　引文今人楊化群譯作：「於異品上遍無。」王森則譯作：「於異品中，決定唯無。」見《集量論釋略抄等四種合刊》頁124；《丹珠爾》對勘本冊97，頁813。

65　**澤大里也說**　引文出自《童蒙入推理論》，見《丹珠爾》對勘本冊106，頁910。

66　**《推理語》中也說**　引文見《丹珠爾》對勘本冊106，頁960。

67　**因法無異而不成立的抉擇詞**　論式中由於無欲解而不成立的抉擇詞的一種，當某個事例同時被安立為某個論式的因與所立法時，該事例即是該論式的因法無異而不成立的抉擇詞。

話，無常有法，他應當是以他因成立聲音是他的因法無異而不成立的抉擇詞，因為他是補特伽羅無我的緣故。

另外，聲音有法，應當是成立聲音是無常的宗法，因為是與成立聲音是無常的有法敘法相順而存在性為量所定解的緣故。應當如此，因為聲音是他，在聲音有法之上是他，是他的話遍是無常的緣故。每個因都成立，因為是與聲音為一的緣故。

如果承許的話，聲音有法，應當不是成立聲音是無常的宗法，因為是成立彼的事因無異而不成立的抉擇詞的緣故。如果說因不成立的話，聲音有法，他應當是以他因成立他是無常的事因無異而不成立的抉擇詞，因為他是無我的緣故。

另外，聲音有法，他應當是以他因成立他是無常的事因無異而不成立的抉擇詞，因為他是被敘述為成立彼的所諍事與因二者的緣故。

又有人說：「他是以與成立聲音是無常的欲解有法相互為異的方式，而與成立聲音是無常的欲解有法敘法相順而存在性為量所定解，這是成立彼的宗法的性相。」那麼無常有法，應當是成立聲音是無常的宗法，因為他是以與成立彼的欲解有法相互為異的方式，而與成立彼的欲解有法敘法相順而存在性為量所定解的緣故。應當如此，因為他是與聲音相互為異，而且聲音是他，在聲音有法之上是他，是他的話遍是無常的緣故。後面那些因已成為你的承許。第一個因成立，因為他是與聲音為異，聲音是與他為異的緣故。

如果承許的話，那麼無常有法，應當有以他因成立聲音是無常的無過欲解有法，因為他是成立彼的宗法的緣故。如果承許的話，那麼

彼有法，以量定解聲音是他之後，對於聲音是不是無常仍存疑的補特伽羅應當存在，因為有以他因成立聲音是無常的無過欲解有法的緣故。不能如此承許，因為以量定解聲音是無常的話，對於聲音是不是無常遍不存疑的緣故，而這是因為是無我的緣故。

又有人說：「有以他因成立彼的無過欲解有法，而且他是以與聲音相互為異的方式，而與成立彼的欲解有法敘法相順而存在性為量所定解，這是成立聲音是無常的宗法的性相。而『聲音是他，在聲音有法之上是他，是他的話遍是無常』，僅此就是敘法相順而存在的意涵。」

那麼無常有法，他應當是與成立聲音是無常的欲解有法敘法相順而存在，因為聲音是他，在聲音有法之上是他，是他的話遍是無常的緣故。如果承許的話，那麼無常有法，他應當具足與成立彼的欲解有法敘法相順而存在的意涵，因為他是這個詞句中的這個存在的緣故。如果承許的話，那麼彼有法，他應當不是成立彼的三種觀待於意涵而不成立的抉擇詞[68]其中一者，因為他具足與成立彼的欲解有法敘法相順而存在的意涵的緣故。三輪！周遍，因為「與成立彼的欲解有法敘法相順而存在」的「存在」這一詞，除遣那些觀待於意涵而不成立的

---

68 **成立彼的三種觀待於意涵而不成立的抉擇詞** 《正理莊嚴論》中提出，觀待於論式中的意涵而不成立的抉擇詞可分為不成實而不成立，及無異而不成立的抉擇詞兩種。《七部量論莊嚴除心意闇》、妙音笑大師所著《釋量論辨析》及賽倉大師的《賽倉因類學自宗》中，皆另外提到事因無係屬而不成立的抉擇詞，因此總計有三種。

緣故[69]。

因為《大應理論》中說[70]：「透過說『存在』這個字詞」乃至「而除遣。」又《推理語》中說[71]：「透過說『存在』這個字詞除遣不成立[6]，就像『聲音是無常，因為是眼識所執取的緣故』。」以及澤大里的《童蒙入推理語》中說[72]：「透過說『存在』這個字詞除遣不成立」的緣故。

另外，《正理滴論》中說[73]的「於所比度中存在性」這個詞句中的「存在」，應當不會除遣觀待於意涵而不成立，因為「與以所作因成立聲音是無常的欲解有法敘法相順而存在」這個詞句中的「存在」，不會除遣觀待於意涵而不成立的緣故。如果承許前面的宗，那麼《小應理論》中說[74]的「『存在』這個字詞，除遣『因為是眼識所執取的緣故』等等的不成立」這段教典的意涵應當不合理，因為立宗合理的緣故。

69　**除遣那些觀待於意涵而不成立的緣故**　意即遮斷那些觀待於意涵而不成立的抉擇詞的緣故。

70　**《大應理論》中說**　引文內容於妙音笑大師所著《釋量論辨析》中作《小應理論》所出，《小應理論》相應段落見《丹珠爾》對勘本冊105，頁132。

71　**《推理語》中說**　此段蓋取其大意，非錄原文。見《丹珠爾》對勘本冊106，頁958、959。

72　**《童蒙入推理語》中說**　此段蓋取其大意，非錄原文。見《丹珠爾》對勘本冊106，頁910。

73　**《正理滴論》中說**　引文今人楊化群譯作：「謂於所推論比度之事上必須具備。」王森則譯作：「謂於所比，因唯有性。」見《集量論釋略抄等四種合刊》頁108、124；《丹珠爾》對勘本冊97，頁813。

74　**《小應理論》中說**　此段蓋取其大意，非錄原文。見《丹珠爾》對勘本冊105，頁132。

另外，這應當不合理，因為澤大里等解釋說：透過說「存在」而除遣觀待於意涵而不成立；透過說「性」而除遣觀待於有法的一面而不成立[75]；透過說「定解」而除遣觀待於覺知而不成立[76]的緣故。應當如此，因為「與以所作因成立聲音是無常的欲解有法敘法相順而存在性為量所定解」這個詞句中的「存在」除遣觀待於意涵而不成立；「性」除遣觀待於有法的一面而不成立；透過說「定解」而除遣觀待於覺知而不成立的緣故。

第一個因成立，因為《童蒙入推理語》中說[77]：「透過說『存在』而除遣不成立」的緣故。

第二個因成立，因為《正理滴論廣釋・饒益弟子》中說[78]：「『唯』除遣觀待於一面而不成立。」又《小應理論》中說[79]：「透過說『性』而除遣諸多觀待於有法的一面而不成立」的緣故。

---

75 **觀待於有法的一面而不成立** 為觀待於意涵而不成立的抉擇詞之一。若該論式的因無法涵蓋該論式的有法，此因則成為該論式的觀待於有法的一面而不成立的抉擇詞。例如勤作所成無法涵蓋聲音，因為容有非勤作所成的天然風聲和雨聲等。所以勤作所成即是成立聲音是無常的觀待於有法的一面而不成立的抉擇詞。

76 **觀待於覺知而不成立** 三種不成立的抉擇詞之一，可分為懷疑而不成立和無欲解而不成立的抉擇詞兩種。

77 **《童蒙入推理語》中說** 此段蓋取其大意，非錄原文。見前註72。

78 **《正理滴論廣釋・饒益弟子》中說** 《正理滴論廣釋・饒益弟子》，後文亦作《律天疏・饒益弟子》，因明論典，共3品，律天阿闍黎著，尚無漢譯。據說作者師從夜摩梨，而夜摩梨則是法稱論師的直傳弟子，其餘生平不詳。參見《佛教史大寶藏論》中文頁183。此段蓋取其大意，非錄原文。見《丹珠爾》對勘本冊105，頁23。

79 **《小應理論》中說** 此段蓋取其大意，非錄原文。見《丹珠爾》對勘本冊105，頁132。

　　第三個因成立，因為透過說這個詞句中的「定解」一詞，而除遣觀待於疑惑的覺知而不成立等等的緣故。應當如此，因為《推理語》中說[80]：「透過說『定解』而除遣眾多存疑而不成立。」以及澤大里也說[81]：「透過說『定解』而除遣存疑而不成立等等」的緣故。

　　若要敘述是宗法的能立，所作有法，應當是成立聲音是無常的宗法，因為有以他因成立聲音是無常的無過欲解有法，而且他是與成立彼的欲解有法敘法相順而存在性為量所定解的緣故。第一個因成立，因為聲音即是彼的緣故。如果說因不成立的話，聲音有法，他應當是以所作因成立聲音是無常的無過欲解有法，因為他被執為成立彼的有法，而且以量定解他是所作之後，仍處於欲解他是無常的補特伽羅存在的緣故。如果說第一個因不成立的話，聲音有法，他應當被執為成立他是無常的有法，因為他被執為「他有法，無常，因為是所作的緣故」這個論式的有法的緣故。應當如此，因為他是無我的緣故。第二個因成立，因為以所作因成立聲音是無常的真實後諍者[82]即是彼的緣故。

　　如果說前面的第二個因不成立的話，所作有法，他應當是與成立聲音是無常的欲解有法敘法相順而存在性為量所定解，因為他是與成

80　**《推理語》中說**　此段蓋取論文大意，非錄原文。見《丹珠爾》對勘本冊106，頁959。

81　**澤大里也說**　引文出自《童蒙入推理論》，此段蓋取其大意，非錄原文。見《丹珠爾》對勘本冊106，頁910。

82　**以所作因成立聲音是無常的真實後諍者**　指已證達以所作因成立聲音是無常的三相，但仍懷疑聲音是不是無常的後諍者。

立彼的欲解有法敘法相順，而且他具足這個詞句中的「存在」的意涵；他具足「存在」之後的「性」的意涵；他具足「為量所定解」的意涵的緣故。

第一個因成立，因為以他因成立彼的敘述方式為敘述是非，成立方式為成立是非；聲音是他，在聲音有法之上是他的緣故。

周遍，因為敘法相順的意涵，若就敘述是非而言，是解作「這個被當作成立彼的有法的事物是這個因，在這之上是這個因」；若就敘述有無而言，是解作「這個被當作成立彼的有法的事物之上有這個因，這個有法中有這個因」的緣故。應當如此，因為其意涵存在的緣故。

如果說第二個因不成立的話，所作有法，他應當具足這個詞句中的「存在」的意涵，因為他不是成立彼的任何一種觀待於意涵而不成立的抉擇詞的緣故。應當如此，因為既不是成立彼的事因無異而不成立的抉擇詞，也不是成立彼的因法無異而不成立的抉擇詞，也不是成立彼的無因體性而不成立的抉擇詞，也不是成立彼的無有法體性而不成立的抉擇詞的緣故。

如果說第一個因不成立的話，所作有法，應當是與聲音為一，因為是以所作因成立聲音是無常的事因無異而不成立的抉擇詞的緣故。周遍，因為成立彼的事因無異而不成立的抉擇詞的意涵，是解作將同一法敘述為有法與因二者的緣故，而這是因為彼有一意涵的緣故[83]。

---

83 因為成立彼的事因無異而不成立的抉擇詞的意涵，是解作將同一法敘述為有法與因二者的緣故，而這是因為彼有一意涵的緣故　意為：這個事物既然有其意涵，不舉出這個意涵，則別無

應當如此，因為是無我的緣故。

第二個因成立，因為他存在，他不是與被當作成立彼的所立法的事物為一的緣故。周遍，因為其意涵必須是將同一事物敘述為因與法二者的緣故。

第三個因成立，因為他是成立彼的因，而且他不是無的緣故。周遍，因為成立彼的無因體性而不成立必須是將一個不存在的事物敘述為因的緣故。

第四個因成立，因為是被當作成立彼的有法的事物的話，遍是有的緣故。周遍，因為這必須是一個不存在的事物的緣故。

如果說前面的第三個根本因不成立的話，所作有法，他應當具足這個詞句中所說「性」的意涵，因為他不是成立彼的觀待於一面而不成立等，任何一種觀待於意涵而不成立的抉擇詞的緣故。周遍，因為說「唯」或「性」是為了除遣觀待於意涵而不成立的緣故。因為律天論師所造的《正理滴論廣釋・饒益弟子》中說[84]：「透過『唯』而除遣於一面[7]不成立」的緣故。

另外，所作有法，應當是與成立聲音是無常的欲解有法敘法相順而存在性，因為唯是與成立彼的欲解有法敘法相順而存在的緣故。應當如此，因為這是單獨與成立彼的欲解有法敘法相順而存在的緣故，

其他選擇。謂即其意涵即此，不必更作他想。

84 《正理滴論廣釋・饒益弟子》中說　此段蓋取論文大意，非錄原文。見《丹珠爾》對勘本冊105，頁23。

而這是因為不是成立彼的任何一種觀待於一面而不成立的抉擇詞的緣故。應當如此，因為聲音是他，在聲音的有法之上是他，是聲音的話遍是他的緣故。

如果前面的第四個根本因不成立的話，所作有法，他應當具足「與成立聲音是無常的欲解有法敘法相順而存在性為量所定解」這個詞句中的「為量所定解」的意涵，因為成為「他是以他因成立聲音是無常的宗法者」的真實後諍者[85]，在以量定解他與成立聲音是無常敘法相順而存在性之後，仍可能處於欲解聲音是無常的緣故。應當如此，因為容有以量定解聲音是他之後，仍處於欲解聲音是無常的補特伽羅的緣故。

周遍，因為這個詞句中的「為量所定解」的意涵，是解作成立彼的真實後諍者是否以量定解，不是解作總體的量與總體的補特伽羅是否以量定解的緣故。應當如此，因為宗法的四種特法的意涵理應如此，是至尊父子的密意的緣故。因為《定量論廣釋》中說[86]：「『被

---

85 因為成為「他是以他因成立聲音是無常的宗法者」的真實後諍者　此段意指對於該論式的真實後諍者而言，他成為是以他因成立聲音是無常的宗法。

86 《定量論廣釋》中說　《定量論廣釋》，因明論典，全名《定量論廣釋善顯密意》，賈曹傑大師著，尚無漢譯。作者是格魯父子三尊之一，公元1364年生於後藏娘堆區。十歲出家，法名盛寶（དར་མ་རིན་ཆེན་）。爾後親近諸大善知識研習《釋量》、《現觀》、《俱舍》及《毘奈耶》等教典。特別依止當時西藏大班智達仁達瓦（རེ་མདའ་བ་），聽受諸多顯密教典傳承，成為其七位得意弟子之一。在遊歷後藏薩迦等地諸大辯經場時，曾針對十部論中難解的觀點各各立宗答辯而獲勝，美名遍揚。後不久即值遇宗大師，於是懇求盡壽依止，大師應允，自此長隨大師，聽受道次第等眾多顯密教授，無遺漏地牢記於心，能隨即作出筆記。宗大師示寂前夕，賜予大師尖頂僧帽及披肩，象徵授予甘丹寺法台之位。從此十三年間，以講說及修持二門教導弟子，公元1432年在拉薩布達拉示寂，世壽68歲。著有《入菩薩行論廣釋‧佛子正道》、《現觀莊嚴論

定解於所比度中存在性」這個詞句的力量」，乃至「四者依次除遣於所比度中畢竟無、雖然於彼存在但處於非能遍的意涵過失，以及處於如此懷疑的覺知過失等」的緣故。

有人將這個「唯」或「性」一詞，說在「存在」之前而說：「與成立彼的欲解有法性敘法相順而存在為量所定解，或與成立彼的欲解有法敘法相順性而存在為量所定解其中一者，安立為成立彼的宗法的性相。」那麼是成立聲音是無常的宗法的話，應當必須是成立聲音是無常的不共不定抉擇詞，因為將「唯」或「性」一詞說在「存在」之前是合理的緣故[8]。周遍，因為如果這說在「存在」之前的話，是成立彼的宗法的話，必須是成立彼的不共抉擇詞的緣故。

又有人不說「唯」或「性」而說：「與成立彼的欲解有法敘法相順而存在為量所定解，是成立彼的宗法的性相。」那麼夜間葉子合捲而睡眠有法，應當是成立樹木具有心的宗法，因為是與成立樹木具有心敘法相順而存在為量所定解的緣故。應當如此，因為與成立樹木具有心敘法相順而存在的緣故。

如果承許前面的宗，彼有法，應當不是成立彼的宗法，因為是成立彼的九種不成立抉擇詞其中一者的緣故。應當如此，因為是成立彼的觀待於有法的一面而不成立的抉擇詞的緣故，而這是因為《小應理

心要莊嚴疏》、《寶性論大疏》等諸多重要釋論。參見《道次第上師傳承傳》，頁386～394。引文見《定量論廣釋》頁356。

論》中說[87]：「透過說『性』而除遣觀待於有法的一面而不成立等[9]，譬如以夜間葉子合捲而睡眠成立樹木具有心」的緣故。

又有人說：「他是成立彼的七種不成立抉擇詞其中一者的話，以他因成立彼的這一道論式的因應當遍不成立，因為他是成立彼的這一道論式的七種不成立抉擇詞其中一者的話，以他因成立彼的宗法遍不成立的原因存在的緣故。」回答不遍。

那麼所作的因有法，以他因成立所作的因所屬的藍色是無常的這一道論式的因應當不成立，因為是成立彼的這一道論式的七種不成立抉擇詞其中一者的緣故。應當如此，因為是成立彼的因法無係屬而不成立的抉擇詞的緣故。應當如此，因為他不是與無常相係屬的緣故。應當如此，因為既不是與彼為同一本性的係屬，也不是與彼為依之而生的係屬的緣故。應當如此，因為是無常的因的緣故。

87　《小應理論》中說　此段蓋取論文大意，非錄原文。見前註79。

第六章

隨品遍的論述

導讀

　　此章解說及辨析正因三相之中的隨品遍。

　　隨品遍，在攝類學中指的是一個論式中因與所立法周遍的關聯性。例如：「聲音有法，是無常，因為是所作的緣故」，該論式的因遍是該論式的所立法，因此該論式是合乎隨品遍的。而一般在應成論式中論及隨品遍時，如以上述的論式為例，便會描述為「是所作的話，遍是無常」，但是這並不是因類學當中正因三相裡所說的隨品遍。

　　正因三相當中所說的隨品遍，就是指符合隨品遍性相的「因」本身，而非指因與所立法之間的關聯。例如「聲音有法，是無常，因為是所作的緣故」，該論式的因──所作，本身即是隨品遍。所以因類學中的隨品遍並不是指「是所作的話，遍是無常」這件事。攝類學當中所說的隨品遍，只是這裡所說的隨品遍的一個面向而已。

　　攝類學中提到的隨品遍，只注重一個點：因與所顯法是否有周遍。而一個正因論式的隨品遍，在周遍之上還必須有一個前提：該因與該所立法相係屬。

　　許多論式具有周遍，但是該論式的因與所立法卻未必相係屬。例如「聲音有法，是無常，因為是無常的緣故」這個論式，其中的因與所立法是同一個事物，因此雖然有周遍，卻不相係屬。另外又如「無常的因

有法，是無常，因為是無常的因的緣故」這個論式，該因為該所立法的因，因此雖然有周遍，卻不相係屬，如言：「聲音有法，是無常，因為是一與異二者的緣故」，該因與該所立法全無關聯，因此雖然有周遍，卻不相係屬；例如「兔子角有法，是無，因為量所不緣的緣故」這個論式，該因與該所立法都不存在，因此雖然有周遍卻不相係屬；例如「聲音有法，唯是無常，因為是無常的緣故」這個論式，該所立法不存在，因此雖然有周遍，卻不相係屬；例如「兔子角有法，是無常，因為唯是無常的緣故」這個論式，該因不存在，因此雖然有周遍，卻不相係屬。以上這些論式都合乎攝類學中所說的隨品遍，但是這些論式的因，都不是正因三相中的隨品遍。

正因三相當中的隨品遍，被要求必須與其所立法為相係屬。這點的意涵非常深遠。要了解成為隨品遍為何一定與所立法有係屬，而不是只要有周遍即可，必須從因類學這個課題的本意談起。

因類學的用意，在於釐出一種最嚴謹的論式，使得凡是運用這種論式的人，都能夠藉此證得一個未知的所知。許多論式雖然有周遍，但是卻沒有新證達一個未知事物的作用，例如「聲音有法，是無常，因為是無常的緣故」這個論式。如果透過這個論式最終是要證達聲音無常這個宗，怎能用本來就不了解的「聲音是無常」作為因來取得理解？又如：「聲音有法，是無常，因為是一與異二者的緣故」，一與異二者與無常沒有直接的關係，這樣的周遍，純然存在於一在推理的設想上，而不是存在於真實事物上，因此即便有周遍，也無法達成證成新知的作用。

而如果相係屬的話，就會有非常具體切實的「此有故彼有，彼亡故

此亡」的關係。正因為有這種具體的關係，才能夠保證這樣的因，可能證成這樣的所立法。

　　同樣的，正因為必須相係屬，所以即便有周遍，也不能以因成立果、以有成立無，或以無成立無。因為，在因未生果前，果的出現仍然處於有變數的狀態，因此，如果以因推果，可能存在著誤失。而不存在的事物無法被存在的事物證成，無法以有成立無。至於不存在的因能否作為正因證成不存在的所立法，過去的大德持有不同的觀點。僧成大師認為，只要該論式的所立法與因是不存在的事例，因與所立法之間沒有係屬，因此該因就不符合三相中的隨品遍。克主傑大師則認為，即使因是一個不存在的事物，只要該論式的所立是無遮，依然可以成為正因。不過，按照前一種說法，有許多的正確立宗，將因此而無法找出正因來證成。如兔子角不存在，這樣的立宗是正確的，但是要成立兔子角不存在，所舉的因必然是「量所不緣」等等不存在的因。而這些因本身因為是不存在的，所以無法被列入正因。這麼一來，將造成諸多正確的立宗、所知無法被正因論式所證成的窘況。

　　由於「是該因所指事物遍是該所立法所指事物」，這是學習攝類學後普遍認知的隨品遍，而一個單獨的因，無法呈現這種關聯。因此本節當中，花了不少篇幅來釐清這個問題。關於「是該因所指事物遍是該所立法所指事物」為何不是這裡所說的隨品遍，本節提出了一個重大原因。三相中的隨品遍，是指有能力證成所立法的因，因此必須與所立法相係屬，以確定這樣的因有證成的作用。但是「是該因所指事物遍是該所立法所指事物」這個內容，僅僅詮述了係屬的其中一個面向而已。以

「聲音有法，是無常，因為是所作的緣故」這個論式來說，所作是隨品遍，其與無常相係屬，這之中共有三層含義：一、所作遍是無常；二、所作是與無常為異；三、所作與無常為本性一。而「是所作遍是無常」並沒有包含了前述二、三的內涵。

另外，單獨一個所作，為什麼可以稱為「隨品遍」或周遍，是因為一個正因，必然是所立法的所遍。一般提到周遍時會有因與所立法相聚合的固定印象，但也可以由於正因是所立法的所遍這一點，而命名為隨品遍。就像宗法的宗是指欲解有法，同宗的宗是指所立法，都只是真正的宗的部分，但也可以因為如此而假名為宗。

解說隨品遍的論述

第二科、略為辨析隨品遍。

有人說：「與成立彼的順宗敘法相順而存在為量所定解，這是成立彼的隨品遍的性相；而僅僅『他是被當作成立彼的所立法的事物，是他的話遍是彼』，這就是與成立彼的順宗敘法相順而存在的意涵。」那麼無常有法，他應當是成立聲音是無常的隨品遍，因為他是與成立彼的順宗敘法相順而存在為量所定解的緣故。應當如此，因為他是無常，是他的話遍是無常的緣故。如果承許的話，彼有法，應當是與被當作成立彼的所立法的事物相係屬，因為是成立彼的隨品遍的緣故。

周遍，因為不是與彼相係屬的話，必須不是成立彼的隨品遍與反品遍任何一者的緣故。因為《釋量論自釋》[10]中說[88]：「沒有係屬的，完全不能隨趣與反遮」的緣故。如果承許前面的宗，無常有法，應當是與無常為異，因為是與彼相係屬的緣故。

另外，所作的別有法，應當他是無常，是他的話遍是無常，因為

88　《釋量論自釋》中說　此段蓋取其大意，非錄原文。見《丹珠爾》對勘本冊97，頁913。

他是成立彼的隨品遍的緣故。應當如此，因為他是成立彼的三相的緣故。應當如此，因為這是成立彼的正因的緣故。如果承許的話，彼有法，應當是無常，因為如此承許的緣故。不能如此承許，因為是常法的緣故。

這麼說了之後，有人說：「所作的別有法，應當不是與成立聲音是無常的順宗敘法相順而存在性為量所定解，因為是常法的緣故。」回答此處不遍。

有人說：「於『存在』前後都不說『唯』，而說與成立彼的順宗敘法相順而存在為量所定解，這是成立彼的隨品遍的性相。」那麼「有」有法，應當是成立聲音是無常的隨品遍，因為是與成立彼的順宗敘法相順而存在為量所定解的緣故。應當如此，因為在成立彼的順宗中存在的緣故。應當如此，因為在成立彼的順宗與不順宗二者中都存在的緣故。如果承許前面的宗，那麼「有」有法，應當是無常，因為是有的緣故。

另外，應當是必須要說「性」，因為是透過說「性」而除遣共通不定的緣故。因為《小應理論》中說[89]：「透過說『性』而唯除遣共通不定」的緣故。

有人說：「『是所作的話遍無常』是以所作因成立聲音是無常的隨品遍。」那麼成立彼的這一道論式的隨品遍成立的話，成立彼的正周遍應當遍成立，因為這二者是同義的緣故。如果承許的話，所作是

---

89 《小應理論》中說　此段蓋取其大意，非錄原文。見《丹珠爾》對勘本冊105，頁132。

所作有法，以他因成立聲音是無常的這一道論式的正周遍應當成立，因為以他因成立彼的隨品遍成立的緣故。應當如此，因為他是成立彼的隨品遍的緣故[90]。應當如此，因為是成立彼的三相的緣故。應當如此，因為是成立彼的正因的緣故。如果承許前面的宗，那麼兔子角有法，應當是無常，因為所作是所作的緣故。

另外，以所作的因因成立所作的因所屬的聲音是無常的隨品遍應當成立，因為成立彼的論式的正周遍成立的緣故。已經承許周遍了，因應當如此，因為「是所作的因的話遍是無常」是成立彼的正周遍，而且這成立的緣故。第一個因成立，因為這是成立彼的真實周遍的緣故。

如果承許前面的宗，那麼所作的因有法，他應當是與被當作成立所作的因所屬的聲音是無常的直接所立法的事物相係屬，因為他是成立彼的隨品遍的緣故。周遍，因為不是與被當作成立彼的直接所立法的事物相係屬的話，必須不是成立彼的隨品遍與反品遍任何一者的緣故。

---

90 所作是所作有法，以他因成立聲音是無常的這一道論式的正周遍應當成立，因為以他因成立彼的隨品遍成立的緣故。應當如此，因為他是成立彼的隨品遍的緣故　一般而言，該論式之直接周遍成立與否，須觀待其因是否周遍其所立法；而該論式之隨品遍成立與否，則觀待任一法是否為該論式之隨品遍。由於這段應成的有法，在藏文表達上僅作「所作所作」。因此，在自宗成立此應成的因時，就藏文語法上，是可以理解為「所作所作為因成立聲音是無常的隨品遍應當成立，因為所作是所作為因成立聲音是無常的隨品遍的緣故。」亦即其討論的焦點在於第一個「所作」是否「所作為因成立聲音是無常的隨品遍」。然而，當承許所作所作為因成立聲音是無常的直接周遍成立時，自宗則是理解為，「聲音有法，是無常，因為所作是所作的緣故」這個論式的直接周遍亦應成立。因此，自宗並不承許所作所作為因成立聲音是無常的直接周遍能夠成立。此處由於無法以漢文語法譯出其藏文架構，特作此說明，以供讀者參考。

　　因為《自釋》中說[91]：「沒有係屬的，必定不能隨趣與反遮。」
又《七部莊嚴論》中說[92]：「一道論式的隨品遍與正周遍二者的意涵
不同。」乃至「成立彼的隨品遍成立的話，反品遍遍成立，而正周遍
成立的話，反品遍成立的必然性不存在；即使隨品遍與反品遍成立，
三相成立的必然性也不存在」的緣故。

　　第二科、解說教典的意涵：為了從略示的角度宣說「是三相」為
正因的性相，而說到：「宗法、彼分所遍的抉擇詞。」這段的出處存
在，即根本經中的「自義，是指由三相因而見到意涵」，在此時提到
「是三相」為正因的性相。至於三相與正因為何？為了宣說這點，而
提出適才引述的這段教典。

　　正因有法，他的數量決定為三，因為數量決定為果、自性、不可
得正因三者的緣故。為了宣說這點，而提出「此必定為三種」這段教

91　**《自釋》中說**　此處的《自釋》即《釋量論自釋》，此段蓋取其大意，非錄原文。見前註88。

92　**《七部莊嚴論》中說**　《七部莊嚴論》，因明論典，全名《七部量論莊嚴除心意闇》，克主傑
　　大師著，尚無漢譯。作者為格魯父子三尊之一。公元1385年生於西藏北部，法名善妙吉祥賢
　　（དགེ་ལེགས་དཔལ་བཟང་），親近仁達瓦大師及智吉祥（ཡེ་ཤེས་དཔལ་བ་）等大善知識聽受眾多顯密傳
　　承。遍遊後藏諸辯經場時，適逢大智者博東尊勝諸方（བོ་དོང་ཕྱོགས་ལས་རྣམ་རྒྱལ་）於昂仁寺（ངམ་རིང་）
　　立宗答辯，無人能敵。年僅十六的大師應允眾僧請求與之論辯而大勝。本論中也備述當時辯論
　　的諸多理路。二十二歲於色拉寺晉見宗大師，遂生起對大師堅固不變之信心，於大師座前聽受
　　眾多顯密教授。賈曹傑大師退位後，繼任第三任甘丹寺法台，一生以講說、辯論及著述弘揚宗
　　大師教法為己任。公元1438年，明正統三年二月二十一日圓寂於甘丹寺法座上，世壽54歲。著
　　有《釋量論廣註理海》、《顯明義釋之釋論難證光明》、《續部總義》等諸多顯密論典，為後
　　代格魯派弟子修學之重要教材。參見《道次第上師傳承傳》頁415～436。此段蓋取其大意，非
　　錄原文，見《克珠‧格勒白桑文集》冊10，頁269（克珠‧格勒白桑著，北京：中國藏學出版
　　社，2014）。

典。

這麼說了之後，有人說：「『是所作的話遍無常』這個詞句，應當直接詮說成立聲音是無常的隨品遍，因為『是所作的話遍無常』是成立彼的隨品遍的緣故。應當如此，因為以所作因成立聲音是無常的隨品遍存在的緣故。」回答不遍。

如果承許根本論式的宗，「是所作的話遍無常」這個詞句，應當不是僅僅直接顯示成立彼的係屬的一面，因為直接顯示一個成立彼的隨品遍的量的緣故。周遍，因為要以量定解成立彼的隨品遍，必須先定解成立彼的係屬的緣故。不能承許前面的宗，因為「是所作的話遍無常」這個詞句直接顯示成立聲音是無常的係屬的義反體的一面的緣故。應當如此，因為與彼相係屬的義反體有——所作是無常、所作是與無常為本性一、無常反還的話所作也遍反還三者，而其只顯示最後一面的緣故。

有人說：「所作應當是成立聲音是無常的三相，因為這是成立彼的正因的緣故。如果承許的話，『所作』一詞應當詮說成立彼的隨品遍，因為所作是成立彼的隨品遍的緣故。」回答不遍，因為雖然這是成立彼的隨品遍，但是詮說這個的聲音不須詮說成立彼的三相的緣故。應當如此，因為詮說這個的聲音在成立彼的三相之中，只詮說成立彼的宗法的緣故。

因為陳那在《量經》中說：「三相詮說為因，而善安住於宗法」的緣故。周遍，因為「三相」是顯示所作是成立彼的三相；「詮說為因，而善安住於宗法」是顯示詮說這個的聲音，只詮說成立彼的宗法

的緣故。

如果不是這樣的話，那麼對你而言，詮說「瓶子」的聲音，應當詮說法無我[93]，因為瓶子是法無我的緣故。

這麼說了之後，有人說：「不遍，因為詮說瓶子是法無我的話，必須詮說法我不成立的道理的緣故。」那麼成立聲音是無常的隨品遍也同理可知，因為要詮說所作為成立彼的隨品遍，是透過詮說所作是唯與成立彼的順宗敘法相順而存在，因而是安立為詮說所作為成立彼的隨品遍的緣故。

這麼說了之後，有人說：「《釋量論》中說[94]的『即使周遍先行中沒有彼』這段教典的意涵應當不成立，因為『是所作的話遍無常』這個詞句，沒有直接顯示以所作因成立聲音是無常的周遍的緣故。」回答不遍。

「另外，這段教典的意涵應當不成立，因為『凡所作遍無常，譬如瓶子，聲音也是所作』這個成立語，不是以所作因成立聲音是無常的周遍先行的成立語的緣故。應當如此，因為這樣的成立語不是在以

---

93 **法無我** 有部、經部、唯識、中觀等四部宗義中，除了前兩部以外，唯識與中觀派都承許無我可分作補特伽羅無我及法無我兩種，但是對於兩種無我的解釋，兩派不盡相同，此處是以唯識派的觀點來描述。唯識派認為，「於外境中不存在」是一切存在的事物共同具有的真相，沒有任何事物具有於外境中存在的特質。因為任何事物與執持他的量一定是體性一，若非如此，任何事物的出現便無須觀待執他的量，而是自己就能夠獨立自主的出現。因此，唯識所承許的「無外境」強調的是，一個事物的存在，與執他的量有著密不可分的關係。

94 **《釋量論》中說** 引文今人法尊法師譯作：「先遍雖無彼。」見《釋量論略解》正文頁321；《丹珠爾》對勘本冊97，頁576。

所作因成立聲音是無常的宗法之前詮說成立彼的隨品遍的成立語的緣
故。」回答不遍，因為詮說成立彼的隨品遍也需要「聲音也是所作」
這個詞句的緣故。應當如此，因為僅以「是所作的話遍無常」這個詞
句，不能完整地詮說成立彼的隨品遍的緣故。應當如此，因為證達
「是所作的話遍無常」不算是證達成立彼的隨品遍的緣故。

　　有人說：「『即使周遍先行中沒有彼』這個詞句中的『周遍』應
當不存在，因為這不能當作以所作因成立聲音是無常的隨品遍的緣
故。」回答不遍，因為這是對於成立彼的隨品遍的一面，以其名假立
而顯示的緣故。

　　如果不是這樣的話，「宗法、彼分所遍」這個詞句中的「宗」，
與「宗法、順宗中存不存在」這個詞句中的「宗」二者，應當都是成
立彼的宗，因為如此承許的緣故。不能如此承許，因為這是對於成立
彼的宗的一面，以宗之名假立而顯示的緣故。

　　又有人說：「是所作的話遍無常，這是『宗法、彼分所遍』這個
詞句中的周遍，因為這才是彼，而所作不是彼的緣故，而這是因為所
作不是成立聲音是無常的周遍的緣故。應當如此，因為所作是一的緣
故。」回答不遍。

　　所作是一的話，必須不是成立聲音是無常的周遍這點應當不合
理，因為所作雖然是一，但是是成立彼的所周遍，因此是周遍的緣
故，而這是因為這是成立彼的所立法的所周遍，所以是成立彼的周遍

與抉擇詞二者的緣故。應當如此，因為在「遍」的《自釋》中說[95]：
「所謂的『遍』，是因為於彼有能周遍，於此有所周遍，因此為周
遍」的緣故。

　　另外，所作應當是成立彼的周遍，因為彼是成立彼的所立法的能
周遍的境——所周遍，因此說為「周遍」的緣故，而這是因為《大婆
羅門釋》中說[96]：「周遍是指能周遍的境——所周遍」的緣故。

　　另外，周遍應當不須聚合法與有法二者，因為所作是成立聲音是
無常的周遍與抉擇詞二者的緣故。應當如此，因為《釋迦慧釋》中
說[97]：「周遍是指能周遍的境——所周遍，即抉擇詞。」又《大婆羅
門釋》中說：「周遍是指能周遍的境——諸凡所周遍」[98]的緣故。

　　周遍，因為「周遍是指」是解說「彼分所遍」這個詞句中的這兩
個周遍，其餘則是解說所作是成立聲音是無常的所立法能周遍的
境——所周遍，因而是成立彼的周遍與抉擇詞二者的緣故。應當如
此，因為統合這兩段教典的意涵而解說的方式存在的緣故，應當如
此，因為這兩段的意涵存在的緣故。

95　《自釋》中說　此段蓋取論文大意，非錄原文。見《丹珠爾》對勘本冊97，頁902。

96　《大婆羅門釋》中說　《大婆羅門釋》因明論典，全名《釋量論釋》，大婆羅門著，尚無漢
　　譯。作者生平不詳。此段蓋取其大意，非錄原文，見《丹珠爾》對勘本冊101，頁853、854。

97　《釋迦慧釋》中說　《釋迦慧釋》，原名《釋量論疏》，因明論典，共4品，釋迦慧大師著，
　　尚無漢譯。作者為天王慧大師的弟子，其餘生平不詳。參見《校註集》冊1，頁63。引文見
　　《丹珠爾》對勘本冊98，頁972。

98　又《大婆羅門釋》中說：「周遍是指能周遍的境——諸凡所周遍」　此段意指周遍即是指能
　　遍的境，而但凡所周遍的境皆是能周遍的境。

　　另外，「是所作的話遍無常」應當不是「彼分所遍」這個詞句中的周遍，因為所作是這個詞句中的這兩個周遍的緣故。應當如此，因為彼是成立彼的三相也是至尊父子的密意的緣故。應當如此，因為《大婆羅門釋》中說：「能周遍的境——所周遍也是隨趣於能周遍與反遮」的緣故。周遍，因為「能周遍的」是顯示能遍的所立法——無常；「境——所周遍」是顯示所周遍的抉擇詞——所作，其餘則顯示是成立彼的這兩個周遍的緣故。

第七章

果正因的論述

導讀

　　此節解說正因的三種支分之一：果正因。

　　正因有多種分類方式，可分為果正因、自性正因、不可得因三種。不過，嚴格說來，這三種正因裡頭，只有果正因算得上是正因的支分。而自性正因與不可得因，只是「由詮說類別的角度」而被列為正因的支分。因為一切諸法，都是自性正因與不可得因，正因與自性正因、不可得因的範圍並無廣狹之分。

　　果正因，顧名思義，就是以果而推知因。果既然出現，必然有其因。因此可以由果推因。不過什麼樣的果能推出什麼樣的因，還是有待細擇的。以煙與火為例，常人都知道煙是火的果，火是煙的因，有煙則有火。但是，一般而言，火有一些常見的本質，如炎熱、明亮、熾然等等，並不是所有產生煙的火都有這三種本質。就如要鑽木取火，剛鑽燧木而產生煙時，不會有燒起來的火，但是既然有煙，便可以確認有火，只不過這個火不是燒起來明亮的火，而僅是足夠炎熱的火。因此在火的三種常見的特質中，只有炎熱是產生煙必不可少的因素，明亮及熾然都不是必不可少的因。所以反過來說，煙能夠推知的火，也只局限在炎熱的火，不能說因為有煙，就能推斷有明亮及熾然的火。所以本節一開始就引述《釋量論自釋》，開宗明義地說：「在因的所有自性中，如果不

存在的話則不出生的果,是抉擇詞。」

但是果正因基本都不是以是非敘法呈現,而是以有無敘法的有敘法呈現。因為某事物的因與果必然是相違,所以不能說由於是某個果,所以是該果的因。就像不能說「因為是陶瓶,所以是陶土」一般。

所謂以果推因,一般是指知道有某個結果出現了,所以推知產生這個果的必要條件一定也存在。最典型的例子即:「有煙的山坡上有法,有火,因為有煙的緣故。」火是產生煙的必要因素,因此從有煙這一點便能夠推知有火。

由於果正因大多是以「有無敘法」呈現,因此一個果正因論式中,因與所立法如何安立,又如何構成因果關係,這是容易發生誤區的難點。許多人看到論式中寫著「因為有煙的緣故」,便直接認為「有煙」是該論式的因,但本論認為「煙」才是該論式的正因。不過,在所立法當中,則有兩重,「有火」是該論式的所立法,「火」本身也是該論式的所立法。因此,如果嚴密區分的話,果正因論式中的正因與其某一種所立法是因果關係,但是不能直接說,該果正因中的因與該果正因中的所立法是因果關係。正因為理解上如此複雜,所以自宗在安立性相時,很簡單地以「是果的三相」作為果正因的性相。而說從理解的角度來說,則為「他是成立彼的正因,而且容有既是被執為以他因成立彼的主要直接所立法的事物,又是他的因的共同事」。

本節接著提出了一個重點:在三種正因當中,果正因與自性正因,都必須是成立正因,而只有不可得因才是遮破正因。成立正因與遮破正因是以所立法的性質而作區分的,成立正因的所立法必須是成立法或非

遮，而遮破正因的所立法則必須是無遮。許多因明學者認為成立正因的所立法只有成立法而沒有非遮，而無論是非遮或無遮，只要該正因論式的所立法是遮破法，該正因便是遮破正因。

關於以非遮的法作為所立法的正因，應該歸為成立正因還是遮破正因，是量學當中非常大的諍議。各派的論著中有不同的承許。妙音笑大師在此花了許多篇幅來證成，在印度的量論中，承許以非遮諸法作為所立法的正因，應該歸屬為成立正因。

由於果正因必須是成立正因，於是從此也衍生出一個問題：如言：「有煙的山坡上有法，有寒觸空的火，因為有煙的緣故。」這種論式的所立法並不是單純的「火」，而是加上了「寒觸空」這種特性的「火」。火固然是成立法，但是「寒觸空」亦即「沒有寒冷的觸」，則是無遮，因此這樣的所立法到底應該被歸類於成立法還是無遮？

如果就攝類學的說法來看，寒觸空的火自然不是無遮，無遮必須是常法才行。但是在因類學中，對於這個論式性質的判定問題，則提出了表述層面與歸結層面這兩種層次的觀點。

「有煙的山坡上有法，有寒觸空的火，因為有煙的緣故」，對於聽受這個論式的人而言，他所主要想要理解內容有可能是有煙的山坡上有火，也有可能是有煙的山坡上寒觸空。表述層面的所立法，即是表面上所說的所立法，以該論式表面上是說「有寒觸空的火」，而歸結層面呢？就得看聽這個論式的後諍者怎麼想了。如果他想知道的重點在於這個火，那麼該論式表述層面的所立法與歸結層面的所立法是沒有差別的，所以這樣的論式是成立正因，依舊屬於果正因。但如果聽受者主要

想了解的重點是寒觸空，那麼這個論式歸結層面，也就是真正的所立法，是與表述層面的所立法不同的。表面上雖然說了「有寒觸空的火」，但真正歸結起來「寒觸空」才是所立法，而那個「火」只是附帶會了解到的事物。因此，對於這種聽受的後諍者而言，該論式的所立法是無遮，所以該論式必須歸類於不可得因及遮破正因，而如表面上所看到的為果正因與成立正因。

由此，在本章當中也提出了《釋量論》中的警人之句：「聲音是隨趣於所欲詮說的緣故」。一句話，到底該怎麼理解，到底在講什麼，得看說的人到底在想什麼。在文詞上如此嚴謹的因類學中，卻告訴了我們對於語言另一種境界的嚴謹：「不落言筌」，祖師之意，豈非耐人尋味？

解說果正因的論述

為了宣說果正因，論中說[99]：「在因的所有自性中，如果不存在的話則不出生的果，是抉擇詞。」

有人說：「煙不是成立有煙的山坡上有火的果正因，而有煙才是成立彼的果正因。」那麼以煙因成立有煙的山坡上有火的果正因應當不存在，因為煙不是彼的緣故。如果承許的話，那麼《釋量論自釋》中說[100]的「果，是指像『此處有煙的緣故，所以有火』」這段教典的意涵應當不成立，因為煙不是成立有煙的山坡上有火的果正因的緣故。

另外，煙有法，是以他因成立有煙的山坡上有火的敘述方式的話，遍是敘述是非，以及是其成立方式的話遍是成立是非二者應當存在，因為他是成立彼的正因[101]，而且以他因成立彼的敘述方式不是

99　**論中說**　論即《釋量論》，引文今人法尊法師譯作：「因法所有性，若無則不生，此果是正因。」見《釋量論略解》正文頁4；《丹珠爾》對勘本冊97，頁469、470。

100　**《釋量論自釋》中說**　引文見《丹珠爾》對勘本冊97，頁814。

101　**因為他是成立彼的正因**　按上下文推斷，此句應作「因為他是成立彼的因」，否則後文提到「第一個因成立，因為他是被敘述為成立彼的因的緣故，而這因為是無我的緣故」，如此則凡

敘述有無，成立方式不是成立有無的緣故。第一個因成立，因為他是被敘述為成立彼的因的緣故，而這是因為是無我的緣故。

如果承許前面的宗，那麼煙有法，有煙的山坡上應當是他，因為以他因成立有煙的山坡上有火的敘述方式是敘述是非，成立方式是成立是非，而且他是成立彼的正因的緣故。如果承許的話，有煙的山坡上有法，應當不是煙，因為是火的緣故。意義上承許因。三輪！

另外，「有煙的山坡上有法，有火，因為有煙的緣故」這個論式應當不是以煙因成立有煙的山坡上有火的正因論式，因為煙不是成立彼的果正因的緣故。應當如此，因為這連成立彼的正因都不是的緣故。

如果承許的話，那麼「何處有煙遍有火，譬如廚房，此山坡上也有煙」這個成立語應當不是成立有煙的山坡上有火的真實成立語，因為如此承許的緣故。如果承許的話，那麼《正理滴論》中說[102]的「果論式就如『何處有煙遍有火，譬如廚房，此山坡上也有煙』」這段教典的意涵應當不成立，因為如此承許的緣故。

是被敘述為成立彼的因的話，都將遍是成立彼的正因，所有論式中的相違因等相似因都將成為正因。然而對照其他版本亦皆作「因為他是成立彼的正因」，且後文也提到「而且他是成立彼的正因的緣故」，故保留原文。特作此說明，以供讀者參考。

102　《正理滴論》中說　此段蓋取論文大意，非錄原文。引文今人楊化群譯作：「果因者，如云：彼處有火，以有煙故。」王森則譯作：「果比量者因者，謂如說言：彼處有火，以見煙故。」然此段妙音笑大師引文原作：「果論式即『何處有煙遍有火，譬如廚房。此山坡上也有煙。』」脫「就如」之意，疑係原刻本漏刻之誤，今依《丹珠爾》對勘本補回。見《集量論釋略抄等四種合刊》頁109、125；《丹珠爾》對勘本冊97，頁814。

又有人說：「『他是成立彼的正因，而且他是成立彼的直接所立法的果』，這是成立彼的果正因的性相。」

又有人說：「『他是成立彼的正因，而且他是與成立彼的所立法為依之而生的係屬』，這是成立彼的果正因的性相。」

那麼對二位而言，煙有法，應當分別是成立有煙的山坡上有火的直接所立法的果，以及與彼為依之而生的係屬二者，因為這是成立彼的果正因的緣故。如果承許的話，那麼被執為以煙因成立有煙的山坡上有火的直接所立法的事物應當是無常，因為煙是其果的緣故。如果承許的話，那麼火是被執為成立彼的所立法的事物應當是無常，因為如此承許的緣故。如果承許的話，那麼無常是被執為以所作因成立聲音是無常的直接所立法的事物應當是無常，因為如此承許的緣故。

如果承許的話，那麼彼是彼的那一分應當是勝義中成立，因為如此承許的緣故。如果承許的話，那麼彼是彼的那一分有法，在現證自己的量的層面上應當是勝義中成立，因為如此承許的緣故。不能如此承許，因為是唯由分別心假立的緣故[103]。

又有人說：「『他是成立彼的正因，而且是被執為成立彼的直接所立法的事物的話，遍是他的因』，這是成立彼的果正因的性相。」

那麼煙有法，是被執為以他因成立有煙的山坡上有火的直接所立法的事物的話，應當遍是他的因，因為他是成立彼的果正因的緣故。如果

---

103 **不能如此承許，因為是唯由分別心假立的緣故**　唯識派認為，若此事物為勝義中成立，則必須是自相成立；如果是自相成立，必定不是唯由分別心假立，因為其成立或存在的方式，無須觀分別心即能成辦。所以唯由分別心假立與勝義中成立自然構成相違。

承許的話，那麼有火有法，應當是煙的因，因為是被執為以煙因成立有煙的山坡上有火的直接所立法的事物的緣故。如果說因不成立的話，有火有法，他應當是被執為以煙因成立有煙的山坡上為他的直接所立法的事物，因為他是無我的緣故。如果承許的話，那麼有火有法，應當是無常，因為是煙的因的緣故。已經承許因了。

又有人說：「『他是成立彼的正因，而且既是被執為以他因成立彼的直接所立法的事物，又是他的因的共同事存在』，這是他為成立彼的果正因的性相。」

這麼說了之後，有人說：「那麼煙有法，應當是成立有煙的山坡上常法實事二者空的火[104]存在的果正因，因為既是被執為以他因成立彼的直接所立法的事物，又是他的因的共同事存在，而且他是成立彼的正因的緣故。第一個因成立，因為常法實事二者空的火即是彼的緣故。應當如此，因為火是彼的緣故。第二個因成立，因為常法實事二者空的煙是彼的緣故。應當如此，因為煙是彼的緣故。

如果承許前面的宗，那麼煙有法，應當是成立有煙的山坡上常法實事二者空的火存在的成立正因[105]，因為是成立彼的果、自性正因二者其中一者的緣故。周遍，因為《自釋》中說[106]：『二者是成立實事，一者則是遮破法的抉擇詞』的緣故。

---

104 **常法實事二者空的火**　意即並非常法及實事二者皆是的火。

105 **成立正因**　為正因的分類之一，相對於遮破正因。意即該論式的直接所立法必須是非遮或成立法其中一者。例如無常是非遮，因此所作便成為成立聲音是無常的成立正因。

106 **《自釋》中說**　見前註26。

如果承許的話，煙有法，他應當不是成立彼的成立正因，因為他是成立彼的遮破正因[107]的緣故。應當如此，因為既是被執為以他因成立彼的直接所立法的事物，又是遮破法的共同事存在的緣故。」回答不遍。因成立，因為常法實事二者空的火即是彼的緣故。

前面應當不遍，因為要成為成立彼的遮破正因，在被執為成立彼的直接所立法的事物中不能有非遮，必定需要執取某一個無遮為直接所立法的緣故。因為《釋量論》中說[108]：「彼在實事中不許實事分，而唯是遮破法；前面的諸多能立，不是其餘，是其餘」的緣故。

周遍，因為「彼」是說以因、能遍不可得的抉擇詞作為代表的不可得抉擇詞；「在實事中不許實事分，而唯是遮破法」，是說被執為成立彼的直接所立法的事物中，必須執取一個直接間接都不承許或不成立實事分或成立法的無遮；「前面的諸多能立」是說果、自性抉擇詞，而這二者中皆有將非遮與成立法隨一作為直接所立而成立，因而說「不是其餘，是其餘」的緣故。

如果不是這樣的話，那麼所作應當不是成立聲音是無常的自性正

---

107 **遮破正因** 為正因的分類之一，相對於成立正因。意即該論式的直接所立法必定是無遮。例如無煙是無遮，因此無火便是成立夜間無火的海上無煙的遮破正因。

108 **《釋量論》中說** 引文最後二句「前面的諸多能立，不是其餘，是其餘」，考諸多《釋量論》版本及其重要註疏皆作：「由於前二因，亦能立非故」，與此引文稍有出入。然於大師所著《釋量論辨析》中並見此二版本，且藉此成立果自二因皆能成立非遮及成立法，特此補充以供讀者參考。參見《釋量論略解》正文頁392；《丹珠爾》對勘本冊97，頁598；《集量論、釋量論等合集》頁174（陳那菩薩等著，台北：佛陀教育基金會，2015）；《釋量論廣註理海》冊下，頁331；《釋量論辨析》頁129、131。

彼的遮破正因的緣故。應當如此，因為既是被執為成立彼的直接所立法的事物，又是遮破法的共同事存在，而且他是成立彼的正因的緣故。應當如此，因為無常是既是被執為成立彼的直接所立法的事物，又是遮破法的共同事的緣故。第一個因容易理解。

如果說第二個因不成立的話，無常應當是遮破法，因為《釋量論第一品釋》是這麼說的，而且就其對字[109]而言也是遮破法的緣故。第一個因應當如此，因為《第一品釋》中說[110]：「由果的角度而為遮破法，是指聲音不是眼識所執取、無明、不生、無我、無常等」，相關段落的《釋迦慧釋》中說[111]：「果的遮破法」，乃至「無常為否定是常法的遮破法」的緣故。

另外，既是被執為以他因成立彼的直接所立法的事物，又是遮破法的共同事存在的話，他應當不遍是成立彼的遮破正因，因為有許多將遮破法執為成立彼的直接所立法的成立正因的緣故。應當如此，因為有許多將遮破法執為成立彼的直接所立法的自性正因的緣故。

前面的第二個因成立，因為「無常」這一詞就藏文而言是遮遣詞；就梵文而言其對字有三種[11]，無論就任何一者而言都是遮遣詞的緣故。應當如此，因為其對字有「阿薩得」、「阿帝日雅」、「尼

109　**對字**　藏文當中，「對」有代替之意，意即一個字詞於另一語言當中相對應的表達方式。而此處對字，特指譯成藏文前的梵文原貌。

110　**《第一品釋》中說**　《第一品釋》即《釋量論自釋》，因法稱論師僅就《釋量論》第一品作自釋，故得此名。此段蓋取其大意，非錄原文。見《丹珠爾》對勘本冊97，頁990。

111　**《釋迦慧釋》中說**　此段蓋取其大意，非錄原文。見《丹珠爾》對勘本冊98，頁1344、1345。

的緣故。應當如此，因為其對字有「阿薩得」、「阿帝日雅」、「尼帝日雅」三種，而「阿」、「尼」、「諾」這些都是遮遣詞的緣故。應當如此，因為《量莊嚴論》破斥遮斷後世的段落中說[112]：「所謂『諾』，是遮遣詞，因為『阿』、『尼』、『瑪』、『諾』等是遮遣詞」的緣故。

另外，「無常」這一詞應當是遮遣詞，因為這個詞句中的「無」是顯示彼為常法之外的事物的遮遣詞的緣故。應當如此，因為這是七種遮遣詞[113]之中的餘他遮遣詞的緣故。

應當如此，因為《自釋》中說[114]：「痛苦、無我、無常等」，相關段落的《釋迦慧釋》中說[115]：「『無常』一詞，是正詮說覺知所假立[12]，因而詮說無常」的緣故。

無貪、無瞋、無癡這三者應當不是具有對治遮遣詞，與具有顯示他義遮遣詞的共同事；無明、不生、不滅、非所作等也應當不是具有顯示他義遮遣詞，因為無常不是遮破法的緣故。如果承許的話，那麼

112　《量莊嚴論》破斥遮斷後世的段落中說　《量莊嚴論》，因明論典，潛隱智源大師著，尚無漢譯。作者生平不詳。引文見《丹珠爾》對勘本冊99，頁902。

113　七種遮遣詞　即遮除存在遮遣詞、餘他遮遣詞、相似遮遣詞、貶損遮遣詞、寡少遮遣詞、遠離意涵遮遣詞，及對治遮遣詞七種。其事例依序為，為排除實事的存在而說：「非實事」；為說明此事物並非動物而說：「非動物」；為表明此人類似於婆羅門而說：「並非真的是婆羅門」；對難以管教的孽子斥責他作「非我之子」；由於菜中鹽加得不足而說：「菜沒鹽」；將遠離水源的荒野稱作「無水的荒野」；將貪欲的對治品──善根稱作「無貪」。

114　《自釋》中說　此段蓋取論文大意，非錄原文。見《丹珠爾》對勘本冊97，頁990。

115　《釋迦慧釋》中說　此段蓋取論文大意，非錄原文。見《丹珠爾》對勘本冊98，頁1345。

《緣起經釋》中說[116]：「見此有七義，遮除存在是指非執取」的緣故。

又，其中所說[117]：「此中有『遮除存在』、『餘他』、『相似』、『貶損』、『寡少』、『遠離意涵』，及『對治』等」這段教典的意涵應當不成立，因為是其直接顯示的七種遮破法其中一者的話，不遍是遮破法的緣故。應當如此，因為無常不是遮破法的緣故。

另外，是將非遮執為成立彼的直接所立法的正因的話[13]，應當不須是成立彼的遮破正因，因為有將非遮執為成立彼的直接所立法的成立正因的緣故。應當如此，因為有許多將非遮執為彼的自性正因的緣故。應當如此，因為具自然壞滅的本質是成立色等五蘊於自形成的第二剎那不安住[118]的自性正因的緣故。

應當如此，因為澤大里說[119]：「論式即『是具自然壞滅的本質

116　**《緣起經釋》中說**　《緣起經釋》，原名《緣起初分分別疏》，經疏部論典，共4卷，世親菩薩著，尚無漢譯。作者為無著菩薩之主要弟子與胞弟，於5世紀時生於婆羅門族中，年幼依母出家，不久即博通三藏，成為著名小乘學者，不承許大乘為佛說，因而毀謗大乘。後因無著菩薩派遣比丘誦念大乘經，作者隨聞隨悟，終於依止無著菩薩學習大乘。為除謗法重罪，著述五十種大乘經疏，令許多小乘行者迴小向大。其後住持那爛陀寺，每日宣講二十座不同的大乘法教，於說法造論時恆有天人散花、非人供養，壽近百年。主要著作有《俱舍論》、《唯識二十頌》、《唯識三十頌》等；主要弟子有聖解脫軍、安慧論師、陳那菩薩、功德光論師等。參見《校註集》冊1，頁184、185。引文見《丹珠爾》對勘本冊66，頁730。

117　**其中所說**　其中即《緣起經釋》，引文見《丹珠爾》對勘本冊66，頁730。

118　**色等五蘊於自形成的第二剎那不安住**　色等五蘊出生後，通常會安住前、中、後三個時段。而此處提及的第二剎那，是指色等五蘊——壞滅，其果剛形成的第一剎那。

119　**澤大里說**　此段出自《童蒙入推理論》，然與引文稍有出入。見《丹珠爾》對勘本冊106，頁973。

者，即是於自形成的第二剎那不安住，譬如閃電等等。色等五蘊也在自形成時是具自然壞滅的本質。』這是自性抉擇詞」的緣故。周遍，因為「自性抉擇詞」顯示自性的正因，而於自己的時段的第二剎那不安住是非遮的緣故。

另外，是成立彼的成立正因的話，應當不遍將成立法執為成立彼的所立法，因為有許多將非遮執為成立彼的所立法的成立正因的緣故。應當如此，因為有許多將非遮執為成立彼的所立法的自性正因的緣故。應當如此，因為靠近自己的對治品時會損減的有法，這是成立罪惡聚是靠近能摧壞自己的對治品時無所增長而壞滅的有法的自性正因的緣故。

應當如此，因為《釋迦慧釋》中說[120]：「論式亦即，某某事物成立時會損減的有法，這是『罪惡聚是靠近某個事物時，彼等徹底不增長而壞滅的有法，譬如火被水等所壓制而不增長。罪惡聚相近時，是會損減的有法。』的自性抉擇詞」的緣故。周遍，因為「自性抉擇詞」顯示自性正因的緣故，且「是靠近某個事物時，彼等徹底不增長而壞滅的有法」這段教典的意涵存在的緣故。

另外，是成立彼的正因，而且既是被執為以他因成立彼的直接所立法的事物，又是遮破法的共同事存在的話，應當不遍是成立彼的遮

---

120 《釋迦慧釋》中說 此段蓋取其大意，非錄原文。原文意指：「論式亦即，『凡是靠近徹見無我的智慧而無能增盛的彼諸有法，是當徹見無我的智慧增盛時，由於壓制彼等的緣故，而無法延續的壞滅有法，譬如：水等將火等壓制而增盛。諸罪惡亦是與徹見無我的智慧相近時，將無能增盛的有法。』」見《丹珠爾》對勘本冊98，頁1552、1553。

破正因，因為有許多將非遮執為成立彼的直接所立法的成立正因的緣故。應當如此，因為自己的執取遠離明了智分別，這是成立無明自己的執取為顛倒的自性正因的緣故。

因為天王慧論師的《第二品釋》中說[121]：「論式即『其執取為遠離分別，這是自己的執取成為顛倒。譬如於苦作安樂想，遠離分別為苦，無明也是自己的執取遠離分別』這是自性抉擇詞」的緣故。周遍，因為「這是自性抉擇詞」這段教典的意涵存在的緣故，且「自己的執取成為顛倒」是十五種遮破法[122]中的貶低遮破法的緣故。

另外，是成立彼的果、自性正因的話，遍唯將成立法執為成立彼的直接所立法，這理應作為《自釋》中[123]「其中二者是成立實事，

---

121 **天王慧論師的《第二品釋》中說**　天王慧論師的《第二品釋》，原名《釋量論釋》，又名《釋量論釋難》，後文亦作《天王慧疏》，因明論典，共3品，天王慧論師著，尚無漢譯。作者為法稱論師之親傳弟子。此論係法稱論師親自註釋《釋量論》第一品後，作者再註釋該論後三品。作者首次將此釋文呈給法稱論師時，論師閱畢即以水洗去；再著呈閱，論師則以火焚毀；最後一次上呈前，作者先作頌提到：「多半缺少因緣及足夠的時間，但為修習的緣故，我約略地作出此釋難。」論師閱後便說：「雖仍未解釋出我論著中各種的密意，然已解釋出詞義。」由此，法稱論師曾於《釋量論》最後提到：「譬如眾河歸入大海，我所著的論典亦將隱沒自身。」作者其餘生平不詳。參見《佛教史大寶藏論》頁182。此段蓋取其大意，非錄原文。原文意指，「論式即，『自己的執取境是與明了分別智的執取境直接相違，這是明了分別智成為證達自己的所取行相為顛倒的體性，譬如：視有為為苦之想是證達視有為為樂之想所取的行相為顛倒的體性。無明的執取境也是與明了分別智的執取境直接相違。』」見《丹珠爾》對勘本冊98，頁218。

122 **十五種遮破法**　遮破法最廣的分類方式。亦即於前註113七種遮遣詞所述七種遮破法之上，再加退縮、贏劣、微細、快速、渺小、無餘、不完全、不順等八種遮破法。而此十五種又可再收攝為八種、七種、六種、五種、四種、三種，以及最少兩種的遮破法。遮破法，為遮遣詞所述的內容。遮破法未必是遮遣詞，例如無常、無我。遮遣詞則是敘述遮破法的詞句。

123 **《自釋》中**　見前註26。

一者則是遮破法的抉擇詞」這段教典的意涵，因為你的立宗合理的緣故。不能如此承許，因為成立彼的果、自性正因，各各的直接所立法中都有非遮等，因此不該如此安立的緣故。

應當如此，因為《釋迦慧釋》瑪譯本中說[124]：「三種抉擇詞中，自性與果的抉擇詞是成立實事，成立實事是成立有。是指『唯有二者』這種決定執取之義，並不是所謂『唯成立實事』[125]，因為這二者也成立遮破法的緣故」的緣故。

另外，是將遮破法執為成立彼的直接所立法的正因的話，應當遍是成立彼的遮破正因，因為成立彼的果、自性正因的直接所立法中不容有遮破法的緣故。如果承許的話，那麼是將遮破法執為成立彼的所立法的正因的話，遍是成立彼的不可得正因，這應當作為《自釋》中[126]「一者則是遮破法的抉擇詞」這段教典的意涵，因為如此承許的緣故。不能如此承許，因為《釋迦慧釋》中說[127]：「『一者則是遮破法的抉擇詞』所說的性相當中的不可得因，唯是遮破法的抉擇詞。不是指『唯有一者』這種決定執取之義，因為前二者也會證達否定的緣故」的緣故。

另外，雖然是將成立法執為成立彼的所立法的正因的話，遍是成

124　《釋迦慧釋》瑪譯本中說　引文見《丹珠爾》對勘本冊98，頁975。

125　是指『唯有二者』這種決定執取之義，並不是所謂『唯成立實事』　此段意即《自釋》中提及之「二者」的意涵是指「唯有二者」這種決定執取之意，並非此二者唯獨成立實事之意。

126　《自釋》中　見前註26。

127　《釋迦慧釋》中說　引文見《丹珠爾》對勘本冊98，頁975。

立彼的成立正因，然而是將遮破法執為成立彼的所立法的正因的話，
應當不遍是成立彼的遮破正因，因為成立彼的成立正因的意涵為，雖
然有將遮破法執為成立彼的所立法，然而是成立成立法為主的正因，
將此安立為成立正因的緣故。

應當如此，因為這個原因，所以有將非遮執為成立彼的所立法的
成立正因的緣故。應當如此，因為非遮是成立法為主，而且由於這個
原因，所以成立彼的果、自性正因的所立法中有執取非遮的緣故。第
一個因成立，因為《般若燈論》中說[128]：「不應於彼中成立非遮，
因為這是以成立實事為主的緣故」的緣故。第二個因成立，因為第四
品[129]中的「非餘是其餘」這個詞句中的非與其餘的意涵存在的緣故。

「另外，火的自性中所有炎熱、明亮、熾然等應當都是以煙因成
立因果係屬的所解法，因為煙是由於與這些火的自性相係屬的力量，
而為能了解彼等的果正因的緣故。應當如此，因為《釋量論》中
說[130]：『在因的所有自性中，如果果不存在的話則不出生的果，是抉擇

---

128 **《般若燈論》中說** 《般若燈論》，經部行中觀自續派論典，共20卷，27品，清辨論師造。漢
譯本有唐三藏波羅頗蜜多羅譯《般若燈論釋》，共15卷。作者為中觀自續派及經部行中觀自續
派的開派祖師，又名分別明菩薩，約公元6世紀出生於南印度王族，出家後依止龍樹菩薩學習
中觀。為引導眾生漸次領悟甚深中觀見，因而著述《般若燈論》、《中觀心論》、《分別熾然
論》等論著。該論就一切法自性成立但無有諦實之角度，闡明龍樹菩薩的中觀正見。漢譯本相
關段落見唐波羅頗蜜多羅譯作：「復此遮者，遮有餘受故。彼異方便說諸法不起，方便不起。
」參見《校註集》冊1，頁161、162。引文見《大正藏》冊30，頁52；此段蓋取其大意，非錄
原文。見《丹珠爾》對勘本冊57，頁913。

129 **第四品** 即《釋量論》第四品，見前註111。

130 **《釋量論》中說** 見前註99。

詞」的緣故。」回答不遍，因為這段教典的意涵是顯示，在所有火的
自性之中，有這個自性的話煙就會產生，沒有這個的話煙就不生的這
個因的自性，被安立為以煙因成立因果係屬的所解法，除此之外則不
被安立的緣故。

　　如果承許根本論式的宗，那麼該處有煙的話，該處應當遍有明
亮、熾然、炎熱等火的自性，因為這些火的自性是以煙因成立因果係
屬的所解法的緣故。如果承許的話，鑽燧木而生煙，卻未產生熾然之
火前的有煙之處有法，應當有明亮、熾然、炎熱三種火的自性，因為
有煙的緣故。三輪！

　　不能如此承許，因為該處雖然沒有明亮的火、熾然的火，但是有
炎熱，所以沒有無火的過失，這是論師的回答的緣故。因為《定量論
根本頌自釋》中說[131]：「如果是不錯亂地由火生煙的話，由燧木生
煙是怎麼回事？答：薪木變化的差別與炎熱性是火，所以沒有過失」
的緣故。周遍，因為這段教典的意涵是：「薪木變化的差別」顯示略
微燃燒薪木的火的作業，「炎熱」是說火自己的體性，連同果——
煙，具足此三者，因此沒有無火的過失的緣故。

　　對此有人說：「炎熱、明亮、熾然三種火的自性應當是以煙因所
比度的因[132]，因為火是以煙因所比度的因，而且這三者是火的差別

131　《定量論根本頌自釋》中說　關於本論，貢唐大師所著《釋量論辨析等難處釋》提到，妙音笑
　　大師認為《定量論》中偈頌部分為定量論根本頌，長文部分名為自釋。引文見《丹珠爾》對勘
　　本冊97，頁681。

132　炎熱、明亮、熾然三種火的自性應當是以煙因所比度的因　此處所比度的因，藏文原意為因果

法的緣故。」回答不遍。不能如此承許，因為沒有這三者仍有煙出生的緣故。周遍，因為是以煙因所比度的因的話，必須是與煙自己為無則不生的係屬成立的煙的因的緣故。應當如此，因為《自釋》中說[133]：「不是的，沒有這些這也會出生，所以說：『在因的所有自性中，如果不存在的話則不出生的果，是抉擇詞』」的緣故。

又有人說：「灰白物有法，應當是成立有煙的山坡上有火的果正因，因為是在與火為無則不生的係屬成立的煙的聚合體中存在的火的果的緣故。應當如此，因為煙是彼，而且灰白物是煙的特法的緣故。」回答不遍。第一個因容易理解。

如果說第二個因不成立的話，那麼灰白物有法，應當是煙的特法或差別法，因為是成立煙是灰白物的所立法的緣故。如果承許的話，那麼灰白物有法，沒有火他就應當不生，因為是與火為無則不生的係屬成立的灰白物的緣故。如果承許的話，那麼夜間無火的海上有法，應當沒有灰白物，因為沒有火的緣故。不能如此承許，因為夜間無火的海上有蒸氣的緣故。這些因成立，因為《釋迦慧釋》中說[134]：「因的諸法是所解法，果的諸法不是所解法，何以故？」乃至「所謂『在因的所有自性中』等」的緣故。

對此有人說：「以煙因成立有煙的山坡上有火的所立法中，敘述

的因。

133　**《自釋》中說**　此段蓋取論文大意，非錄原文。見《丹珠爾》對勘本冊97，頁903。

134　**《釋迦慧釋》中說**　此段蓋取論文大意，非錄原文。見《丹珠爾》對勘本冊98，頁978、979。

層面的所立法與歸結層面的所立法二者應當不存在，因為《顯明解脫道》中說[135]：『凡是歸結為因的，你則不敘述，你所敘述的，則不歸結為因』的緣故。」回答不遍，因為這是為了破斥某些前輩藏人說有火與有煙是成立彼的敘述層面的法與因，而不是成立彼的法與因；火與煙二者雖然不是成立彼的敘述層面的法與因，卻是成立彼的法與因，才這麼說的緣故。

如果承許的話，以煙因成立有煙的山坡上有寒觸消隱之火的所立法中，應當沒有敘述層面的所立法與歸結層面的所立法二者，因為以煙因成立有煙的山坡上有火的所立法中沒有這二者的緣故。如果承許的話，在僅處於欲解有煙的山坡上有寒觸消隱之火的諍者那方面，所敘述的「有煙的山坡上有法，有寒觸消隱之火，因為有煙的緣故」這個論式的所立法中應當沒有歸結層面與敘述層面二者；又在僅處於欲比度有煙的山坡上寒觸消隱的諍者那方面，所敘述的這個論式的所立法中應當沒有歸結、敘述二者，因為以煙因成立彼的所立法中沒有敘述層面的所立法與歸結層面的所立法二者的緣故。

如果承許的話，這應當不合理，因為這一道論式的所立法中，在主要處於欲解有煙的山坡上寒觸空的情形的諍者那方面，所敘述的所立法中有歸結、敘述二者，而且在處於欲解有煙的山坡上寒觸空的火的諍者那方面也有這二者的緣故。第一個因應當如此，因為火寒觸空

---

135 《顯明解脫道》中說　《顯明解脫道》，因明論典，全名《釋量論疏‧無倒顯明解脫與一切智智之道》，賈曹傑大師著，尚無漢譯。此段蓋取其大意，非錄原文。見《傑擦‧達瑪仁欽文集》冊6，頁17（傑擦‧達瑪仁欽著，北京：中國藏學出版社，2013）。

在這樣的諍者那方面是歸結層面的法及成立彼的主要所立法，所以安立為成立彼的遮破因的緣故。應當如此，因為至尊父子[136]承許是如此的緣故。應當如此，因為《正理滴論賈曹傑釋》中說[137]：「如果承許的話，那就不是果正因了？答：只是觀待主要處於欲解寒觸空的情形的後諍者及諍者的想法而敘述有火而已，這時以遮破為主，所以成為遮破因」的緣故。

有人說：「依著以煙因成立有煙的山坡上有寒觸空的火的正因而生出的比量應當未證達有火，因為在主要處於欲解有煙的山坡上寒觸空的情形的諍者那方面，煙是成立彼的遮破正因的緣故。」回答不遍，因為《正理滴論賈曹傑釋》中說[138]：「『那就未證達火了？』

---

136 **至尊父子** 此處指宗喀巴大師（ཙོང་ཁ་པ་）及賈曹傑（རྒྱལ་ཚབ་རྗེ་）師徒。宗喀巴大師（公元1357～1419），格魯派開派祖師。降生於青海宗喀，後人為避其名諱而尊稱為宗喀巴。《文殊根本續》及蓮花生大師等皆授記大師能作諸佛之事業。3歲時，其父將大師送至義成寶法王（དོན་གྲུབ་རིན་ཆེན་）座下，7歲剃度受戒，法名善慧名稱（བློ་བཟང་གྲགས་པ་）。此後至16歲之間，在義成寶法王座下修學。16歲前往衛藏求法，至28歲之間，主要聞思顯教諸大論；28歲至39歲之間，廣學各種密法。其後專修文殊法門，親見文殊天顏，並依本尊教誨離世專修。39歲從法依吉祥賢（ཆོས་སྐྱབས་བཟང་པོ་）及虛空幢（ནམ་མཁའ་རྒྱལ་མཚན་）圓滿獲得道次第傳承。40歲著述《菩提道次第廣論》。41歲通達究竟中觀應成見。53歲啟建祈願法會，並依次建成甘丹、哲蚌、色拉三大寺。1419年示寂，世壽62歲。著有《善說金鬘論》、《辨了不了義善說藏論》、《入中論善顯密意疏》、《五次第明燈論》、《密宗道次第廣論》等。重要弟子賈曹傑、克主傑等。賈曹傑（公元1364～1432）見前註86。參見《校註集》冊1，頁511；《貢德大辭典》冊2，頁37；《道次第上師傳承傳》頁307。

137 **《正理滴論賈曹傑釋》中說** 《正理滴論賈曹傑釋》，因明論典，全名《正理滴論釋‧善說心藏》，賈曹傑大師著，尚無漢譯。此段蓋取其大意，非錄原文。見《傑擦‧達瑪仁欽文集》冊8，頁484。

138 **《正理滴論賈曹傑釋》中說** 引文見《傑擦‧達瑪仁欽文集》冊8，頁485。

回答不遍」等的緣故。

第二個根本因成立，因為主要處於欲解有煙的山坡上寒觸空的火的後諍者，在主要處於欲解有煙的山坡上的火時，火是成立彼的主要所立法及歸結層面的所立法，而附帶成立遮破法，所以煙是成立有煙的山坡上有寒觸空的火的成立正因的緣故。

應當如此，因為諸能詮聲是顯示隨趣於說者所想要詮說的意涵的緣故[14]。應當如此，因為《釋量論第四品》中說[139]：「聲音是隨趣於所欲詮說的緣故」，又說：「就算不詮說也周遍欲樂」的緣故。

《正理滴論賈曹傑釋》中說[140]：「如果是主要處於欲解火的話，那麼彼空就只是敘述方式而已，沒有成為遮破因的過失」的緣故。周遍，因為「敘述方式」的意涵成立的緣故。由此破除沒有歸結、敘述二者之說。

有人說：「在主要處於欲解有煙的山坡上的寒觸空的火的諍者那方面，煙應當不是成立彼的成立正因，因為這是成立彼的遮破正因的緣故。應當如此，因為既有將遮破法執為成立彼的直接所立法，依著成立彼的正因而出生的比量也是具遮破相的分別心的緣故。」回答不遍。應當如此，因為既有將遮破法執為成立彼的直接所立法，依著成立彼的正因而出生的比量也是具遮破相的分別心，然而僅僅以此，將

139　**《釋量論第四品》中說**　引文今人法尊法師分別譯作：「聲，樂說轉故」「雖為說樂遍」。見《釋量論略解》正文頁325、373；《丹珠爾》對勘本冊97，頁576、591。

140　**《正理滴論賈曹傑釋》中說**　此段蓋取其大意，非錄原文。見《傑擦・達瑪仁欽文集》冊8，頁485。

遮破法執為成立彼的所立法的正因不須是成立彼的遮破正因，依著將遮破法執為成立彼的所立法的正因而出生的具遮破相的比量也不須是遮破分別心的緣故。

應當如此，因為《正理滴論賈曹傑釋》中說[141]：「若如所說，二種成立因雖然也成立遮破法，依著彼的比量的境也處於遮破法的行相，但不會因此而稱為遮破因與遮破分別心，因為是意指直接境的緣故」的緣故。

由此也遣除了是將遮破法執為成立彼的所立法的正因的話遍是成立彼的遮破正因，以及是具遮破相的分別心的話遍是遮破分別心，因為其中顯示出，要成為成立彼的遮破正因，並非只要將遮破法執為所立法即可，必須在所立法中主要成立遮破法。以及是遮破分別心的話，並非只要在自境中顯現遮破法的行相即可，而必須是一個見知直接遮破自己的所遮為主的分別心的緣故。

又有人說：「暫時是成立近取蘊[142]是自因先行的果正因。」那麼暫時有法，是他的話應當必須是自因先行，因為他是成立彼的果正因的緣故。如果承許的話，那麼彼有法，是他的話應當必須是無常，因為是他的話必須是自因先行的緣故。如果承許的話，那麼瓶子的反

141　《正理滴論賈曹傑釋》中說　此段蓋取其大意，非錄原文。見《傑擦‧達瑪仁欽文集》冊8，頁484。

142　近取蘊　「近取」意指欲求後世蘊體的貪愛；「蘊」有色、受、想、行、識，及其聚合體。由這樣的貪愛而出生的蘊體即是近取蘊，譬如因由森林而產生的大火稱作森林大火。參見《貢德大辭典》冊2，頁87、冊3，頁18。

體有法，應當如此，因為是暫時的有的緣故。應當如此，因為是暫時的常法的緣故。如果說因不成立的話，瓶子有法，他的反體應當是暫時的常法，因為他是暫時的實事的緣故。

有人說：「應當沒有暫時的常法，因為是暫時的話必須是實事的緣故。應當如此，因為暫時是成立近取蘊是自因先行的果正因的緣故。應當如此，因為根本頌中說[143]：『由於是暫時性，所以成立此苦具因性』的緣故。」回答不遍，因為這段教典的意涵是：暫時的實事是成立近取蘊是具有自因的果正因的緣故。

自宗：「是果的三相」，為果正因的性相。此與實事同義。是成立彼的果的三相，為成立彼的果正因的性相。就理解的角度而言，他是成立彼的正因，而且容有既是被執為以他因成立彼的主要的直接所立法的事物，又是他的因的共同事，這是成立彼的果正因的性相。

是成立彼的果正因的話，遍是成立彼的成立正因。

果正因從後諍者的想法及前諍者的敘述方式的角度，可分為成立直接因的果正因等五種，廣做開分的話則為數甚多[15]，因為「煙」是成立有煙的山坡上有火的成立直接因的果正因；「暫時的實事」是成立近取蘊具有自因的成立總因的果正因；「有漏[144]的心識」是成立天授具貪的心識是自因先行的成立因先行的果正因；「沒有自己的

---

143 **根本頌中說** 此指《釋量論》，引文今人法尊法師譯作：「由是暫時性，成苦性有因。」見《釋量論略解》頁147；《丹珠爾》對勘本冊97，頁516。

144 **有漏** 「漏」於藏文中有墮入、掉落等意涵。此處特指貪等煩惱之名。有情皆因煩惱，方數數墮入輪迴，因而將煩惱稱作「有漏」。參見《貢德大辭典》冊4，頁2。

所緣緣則不生的實事」是成立顯現藍色的根識有自己的等無間緣以外的因的成立差別因的果正因;「現在的蔗糖味」是成立在口中蔗糖塊之上,前蔗糖味有出生後蔗糖色的能力的比度因法的果正因。

辨識因法義三者:「有煙的山坡」是成立有煙的山坡上有火的欲解有法,「煙」是成立彼的正因、成立彼的敘述層面的因、歸結層面的因三者,以及以煙因成立彼的正因。

「有煙」是成立彼的正因與敘述層面的因二者,然而並非成立彼的歸結層面的因以及以煙因成立彼的正因二者。

「火」是以煙因成立彼的主要所立法、以煙因成立彼的敘述層面的所立法、歸結層面的所立法三者,以及成立彼的所立法。

「有火」是成立彼的次要所立法、成立彼的敘述層面的所立法,以及以煙因成立彼的所立法三者,然而並非成立彼的歸結層面的所立法。

「火為量所緣」是以煙因成立彼的所立法,然而並非成立彼的所立法,因為是成立彼的唯獨成立名言的正因的緣故。

第八章

自性正因的論述

導讀

　　本節解說正因三種支分中的自性正因。

　　一切諸法都是正因，也都是自性正因，同時也都是不可得因，但是一道正因論式中的正因，不可能同時是該論式的果正因、自性正因、不可得因中的二者，甚或三者。也就是說，一道正因論式中的正因，是該論式的某一種正因，就不會是該論式的另兩種因。

　　是該論式的果正因的話，該論式的因必須與該論式的某一種所立法為依之而生的係屬，為因果關係；而如果是該論式的自性正因，則該論式的因必須與該論式的所立法為同一本性的係屬，而且該論式的所立法必須是成立法或非遮，不能是無遮；如果是該論式的不可得因，則該論式的因必須與該論式的所立法為同一本性的係屬，而且所立法必須是無遮。所以果、自性、不可得三種正因的分法，可以說是在論式中，以因與果的係屬差別，再加上所立法本身為成立法、非遮、無遮等差別而設立出來。

　　因此，許多人見到自性正因這個詞，便逕自認為只要該論式的因是正因，而且該論式的因與所立法是同一體性的話，該論式的這個因即是該論式的自性正因。但是這個理解是片面的。因為自性正因必須在這之上加上另一個條件，即該論式的所立法必須是成立法或非遮。

　　在本節當中，著重討論了一個重要的問題：例如「聲音有法，是無常，因為是所作的緣故」這個論式，了解該論式隨品遍的量，對於所作的一切別相的支分是否已遮除常執的增益？如果已經遮除了，是否便意味著對於聲音已經斷除認為其為常執的增益？

　　這個問題的產生點在於：當一個量了解到所作與無常之間的係屬，及所作都是無常之後，到底可不可說這個量已經了解了所有的所作都不是常法而是無常？如果說沒有，那了解所作都是無常的量到底了解了什麼？如果說有，那麼這個量是否就已經了解聲音不是常法而是無常？若是如此，了解以所作因成立聲音是無常的隨品遍，就應該已經了解聲音是無常了，如果這樣就能了解聲音是無常，那麼證達隨品遍的量豈非即是證達了所立的量？

　　許多因明學者由於顧慮到後者的疑難，因此他們承許：了解以所作因成立聲音是無常的隨品遍，也就是了解所作遍是無常的量，並沒有了解到所有的所作支分都是無常。但是自宗卻提出，了解以所作因成立聲音是無常的隨品遍的量，確實是了解了所有的所作支分都是無常，但是這種了解只是一種「總相」的理解，而非針對每一個所作的事例，在每一個事例上了解到「這是無常」。所以證達該論式隨品遍的量，確實是了解所有的所作都是無常，但不意味著由於聲音是所作，所以這樣的量也就證達了聲音是無常。所以了解到所有的所作都是無常之後，要再進一步針對聲音進行推理，才能知道聲音是無常，因此上述的過失並不成立。

　　妙音笑大師還另外舉了一個中觀論著中的例子：就像知道石女兒不

存在，就會知道石女兒的耳朵鼻子不存在嗎？知道石女兒不存在之後，確實可以推知石女兒的一切都不存在，但是這是需要進一步推理而了解的。正因為需要進一步推理才能了解，所以正可以證成，了解石女兒不存在，這本身不等於了解石女兒其他的支分都不存在。

因此，認知到一個總體不存在，或者說總體地認知到某個事物不存在之後，對於這個事物的別相不存在，還得進一步推知。但是尚未認知這些細分不存在，並不妨礙總體地認知到某個事物不存在。同樣的，從這個道理也可以推知，了解所作遍是無常，這是總體地認知到所有的所作都是無常，但不意味著這就能對於聲音等所作的支分，一個個都認知到這是無常，從總體到支分，有其推理的必經途徑，無法一蹴而就。

他宗對於這兩點產生了混淆，以至於產生種種誤解，無法正確了解證達隨品遍的量的作用，以及這個作用與證達所立的量的作用之間的差別，於是落入或者毀謗見知隨品遍的量的作用，認為它連了解所有所作都是無常的作用都不存在；或者落入另外一邊，認為見知隨品遍的量既然已經了解所有所作都是無常，那麼他也應該認知聲音都無常。妙音笑大師對此眾多大家的百年之諍，作出了明晰的釐清。

解說自性正因的論述

第二科、為了宣說自性正因，而提出：「只要自性存在，並具足相係屬的體性」這段教典[145]。此中分為破立斷三科，第一科：

有人說：「是成立彼的正因，而且與被當作成立彼的直接所立法的法為自性一的話，遍是成立彼的自性正因。」那麼火不為量所緣有法，應當是成立夜間的海上無火的自性正因，因為是成立彼的正因，而且是與被當作成立彼的直接所立法的法為自性一的緣故。如果說第一個因不成立的話，彼有法，應當是成立彼的正因，因為是成立彼的不可得正因的緣故。應當如此，因為是成立彼的自性不可得正因的緣故[16]。如果說因不成立的話，火不為量所緣有法，應當是成立夜間的海上無火的自性不可得正因，因為是成立彼的自性不可得正因所屬的唯獨成立名言的正因的緣故。

如果說第二個根本因不成立的話，火不為量所緣有法，應當是與被當作成立夜間的海上無火的直接所立法的法為自性一，因為是與無

---

145 **這段教典** 此指《釋量論》，引文今人法尊法師譯作：「若與唯有性，繫屬體亦爾。」見《釋量論略解》正文頁4；《丹珠爾》對勘本冊97，頁470。

火為自性一的緣故。如果說因不成立的話，彼有法，應當如此，因為他是無火的性相的緣故。如果說因不成立的話，火有法，他不為量所緣應當是無他的性相，因為無他存在的緣故。

如果承許根本論式的宗，那麼彼有法，應當是成立彼的成立正因，因為是成立彼的自性正因的緣故。周遍，因為是成立彼的果、自性正因二者其中一者的話，必須是成立彼的成立正因的緣故。應當如此，因為《自釋》中說[146]：「其中二者是成立實事，一者則是遮破法的抉擇詞」的緣故。如果承許的話，彼有法，應當不是成立彼的成立正因，因為是成立彼的直接所立法的話，必須是無遮的緣故。

這麼說了之後，有人說：「是成立彼的果、自性正因的話，必須是成立彼的成立正因是不合理的，因為是成立彼的果、自性、不可得正因三者其中一者的話，遍是成立彼的自性正因的緣故。應當如此，因為單從一個成立彼的自性正因之中，由敘述方式的角度便分出成立彼的這三者的緣故。應當如此，因為《中觀光明論》中說[147]：『單從自性的抉擇詞，由敘述論式的別相即可衍生出果的抉擇詞等多種』的緣故。」回答不遍，因為這段論典的意涵是：成立彼的果、自性、不可得正因三者，必須觀待是與被當作成立彼的所立法的法為自性，

---

146 《自釋》中說　見前註26。

147 《中觀光明論》中說　《中觀光明論》，中觀論典，共9卷，蓮花戒論師著，尚無漢譯。作者為西藏前弘期重整藏地佛教的大班智達，受業於靜命論師，成為瑜伽行中觀自續派大班智達。後應邀入藏，破斥支那和尚所宣惡見，並對藏王赤松德贊所提出之疑難，編著《修習次第》初、中、後三篇。參見《校註集》冊1，頁143、144。引文見《丹珠爾》對勘本冊62，頁1219。

亦即與之相係屬，而由自性一或異的角度開分的緣故[148]。

有一類《正理藏論》[149]的隨學者及前人說：「『有』應當是成立聲音是無常的差別盡淨的自性正因[150][17]，因為根本頌中說[151]：『如同果與有性之於壞滅』的緣故。」回答不遍，因為此處「有」的對字「巴瓦」雖然可趣入「有」、「實事」、「實質」等十種意涵，但在此譯作「有」是翻譯的過失，所以必須譯作「實事」的緣故。如果譯作「有」的話，則必須譯作不須觀待否定所遮的有，而是此者的話必須是無常。

如果不是這樣的話，此「有」與無常相係屬有法，應當是無常，因為是有的緣故。已經承許周遍了。如果說因不成立的話，「有」有

---

148 成立彼的果、自性、不可得正因三者，必須觀待是與被當作成立彼的所立法的法為自性，亦即與之相係屬，而由自性一或異的角度開分的緣故　此段意即凡是正因，皆必須觀待與各自的所立法相係屬，透過區別此因與所立法是自性一或異，而分出果、自性、不可得三種正因。

149 《正理藏論》　《正理藏論》，因明論典，薩迦班智達著，尚無漢譯。作者名遍喜勝幢（ཀུན་དགའ་རྒྱལ་མཚན་），為薩迦五祖第四祖。公元1182年生於西藏衛藏，一出生即能講說梵語。從其叔父薩迦第三祖——至尊名稱勝幢（རྗེ་བཙུན་གྲགས་པ་རྒྱལ་མཚན་）聽受所有薩迦派法要，並廣學諸多顯乘論典。23歲精通大小五明，遂獲班智達之名。曾大破來自印度南方之外道，令其歸順內道。公元1251年示寂。著有《善顯能仁密意論》、《薩迦格言》、《三律儀之開分》等。參見《貢德大辭典》冊4，頁329、330；《東噶辭典》頁2040。

150 差別盡淨的自性正因　自性正因之支分。差別即特法；盡淨義為無。亦即某一法的名稱在表述該法時，不會表達出該法相關的特徵。例如「實事」一詞表述實事時，不會另外表達出與實事相關的其餘特徵。因此以實事作為某一論式的自性正因時，實事便是該論式的差別盡淨的自性正因。從另一個角度而言，實事雖然是成立聲音是無常的自性正因，但詮說此法不須觀待其為因緣所作等差別，即能顯示其意涵。參見《釋量論辨析》頁409。

151 根本頌中說　此根本頌指《釋量論》，引文今人法尊法師譯作：「如滅果即有」見《釋量論略解》頁56；《丹珠爾》對勘本冊97，頁486。

法，應當不是成立聲音是無常的自性正因，因為以他因成立彼的因法的係屬不成立的緣故。周遍，因為以他因成立彼的因法的係屬不成立的話，必須不是成立彼的正因的緣故。

應當如此，因為《自釋》中說[152]：「沒有係屬，則無法定解決定隨趣與反遮等」，又《定量論自釋》中說[153]：「其餘自性正因是以如其體性之量，透過唯與此自性相係屬而成立所立」的緣故。周遍，這是因為「唯與此自性相係屬」這段教典的意涵存在的緣故。

見知以所作因成立聲音是無常的隨品遍的方式為何？對此，足目仙人、童樂等[154]前後期所有外道，陳那未出世前的許多聲聞部派，以及之後的自在軍論師[155]等內道說：定解以所作因成立聲音是無常的隨品遍的量，未於所作的一切別相的支分遮除常執的增益[156]。為

152　《自釋》中說　引文見《丹珠爾》對勘本冊97，頁913。

153　《定量論自釋》中說　引文見《丹珠爾》對勘本冊97，頁679、680。

154　足目仙人、童樂等　足目仙人，古印度六根本外道──吠陀派始祖。傳說受大自在天之命，任其妃鄔摩天女之護衛。天女貪戀仙人，故作種種嬌態誘惑其心，仙人不為所動，垂首視足，堅守禁戒，遂得足目之名。童樂，又作遊戲童子。善巧外道宗義，為法稱論師當初習學外道密語之導師。後與法稱論師論辯落敗，依雙方協定，遂入佛教出家。參見《貢德大辭典》冊3，頁60、604；《東噶辭典》頁202。

155　自在軍論師　古印度因明學者（公元六世紀），梵名Śaṃkara-svāmin及藏語（དབང་ཕྱུག་སྡེ）的意譯，又名商羯羅主菩薩。以因明為宗，釋其師陳那菩薩之《因明正理門論》而著《因明入正理論》。摧破外道邪說，復興因明之學。參見《佛光大辭典》冊6，頁5566（慈怡、永本編，高雄，佛光出版社，2014）。

156　增益　一種憑空捏造，無中生有的錯亂識。譬如聲音本是無常，卻執持聲音為常的增益。參見《東噶辭典》頁742。

了遮破此說，法稱論師提出[157]「錯亂者的對治，即是詮說『定解』」這段教典。

對於此處論師的承許的敘述方式，上述那些人說：「見知以所作因成立聲音是無常的隨品遍的量，應當未於所作的一切別相的支分遮除常執的增益，因為是遮除與不遮除彼其中一者，而且不是遮除的緣故。第一個因容易理解。如果說第二個因不成立的話，定解以所作因成立聲音是無常的隨品遍的量，應當定解以所作因成立彼的真實所立，因為這樣的量於所作的一切別相的支分遮除了常執的增益，而且聲音是所作的別相的支分的緣故。」回答不遍。

應當如此，因為這樣的量是以隨趣的方式於所作的一切別相的支分遮除常執的增益，然而未以執取差別事的方式遮除其增益的緣故。

如果承許根本論式的宗，以所作因成立彼的真實後諍者，應當未定解所作唯趣入成立彼的順宗，因為其相續的見知所作遍無常的量，未遮除妄分別所作趣入某些成立聲音是無常的不順宗的增益[18]，而且除此之外沒有能遮除這種增益的量的緣故。第一個因已直接承許。第二個因應當如此，因為如果斷除這種增益必須經由其他量的話，那麼量就會成為無盡的緣故。

如果承許前面的宗，以所作因成立聲音是無常的真實後諍者有法，他應當定解所作唯趣入成立彼的順宗，因為他是以所作因成立聲音是無常的真實後諍者的緣故。周遍，因為是成立彼的真實後諍者的

---

157 **為了遮破此說，法稱論師提出**　引文出自《釋量論》，今人法尊法師譯作：「為對治」「錯亂，故說須決定」見《釋量論略解》頁9；《丹珠爾》對勘本冊97，頁471。

話，遍以量定解以所作因成立彼的宗法，以及這一道論式的隨、反品遍二者的緣故。應當如此，因為《總義正理莊嚴論》中說[158]：「以量定解所作為常法空的量，遮除妄分別所作趣入常法的一切別相的支分的增益，然而不須定解一切常法的別相的支分空的周遍」的緣故。

有人說：「以所作因證達聲音是無常的比量所要新遮除的增益應當不存在[19]，因為見知以所作因成立聲音是無常的隨品遍的量已經於所作的一切別相的支分遮除常執的增益的緣故。」回答不遍。不能如此承許，因為這樣的比量所要遮除的增益存在的緣故。應當如此，因為見知以所作因成立聲音是無常的隨品遍的量未於聲音遮除常執的增益的緣故。應當如此，因為《中論廣釋》中說[159]：「就像見知『是

158　**《總義正理莊嚴論》中說**　《總義正理莊嚴論》，原名《量論正理莊嚴》，僧成大師著，尚無漢譯。作者為宗喀巴大師重要弟子，出生於公元1391年。7歲受優婆塞戒，習學文字讀寫，略經教導即無礙精通。15歲出家，法名僧成吉祥（དགེ་འདུན་གྲུབ་པ་དཔལ་བཟང་པོ་），20歲受具足戒。此後研習《釋量論》，並遊歷聶塘諸辯經場，聽受眾多顯密經教。25歲時，適逢藏王名稱勝幢（གྲགས་པ་རྒྱལ་མཚན་）將宗喀巴大師迎請至札西垛喀（བཀྲ་ཤིས་རྡོ་ཁར་），作者便前往聽受《定量論決疑》、《辨了義不了義》、《中論疏》等許多法要。當時宗喀巴大師非常歡喜，又為促成廣興戒學之緣起，特賜一件僧裙。自此便常於宗喀巴大師、賈曹傑、克主傑前聽受諸法要。此論即過去於宗喀巴大師、賈曹傑大師前，聽受量論義而著作的釋量論著。於後藏建立札什倫布寺，駐錫說法。公元1474年冬月拂曉示寂，享壽84歲。著有《毘奈耶廣釋》、《毘奈耶根本疏》、《別解脫疏》等律學論著，及諸多禮讚文。重要弟子有大持律師藏慧（བོ་བྲོས་སྤུས་པ་）、黑律師吉祥善（འདུལ་འཛིན་པ་དཔལ་ལྡན་བཟང་པོ་）、大班智達智頂（པཎ་ཆེན་ཡེ་ཤེས་རྩེ་མོ་）等。參見《道次第上師傳承傳》頁740～766。引文見《法王僧成文集》冊8，頁169（法王僧成著，印度，尊勝僧院，2014）。

159　**《中論廣釋》中說**　《中論廣釋》，全名《中觀根本慧頌疏正理大海》，中觀論典，共27品，宗喀巴大師著，尚無漢譯。此論以廣博之理路，抉擇《中論》每一品中破斥自性之微妙義理，被列為宗喀巴大師五部空性論著之一。引文見《宗喀巴文集》冊15，頁45（宗喀巴大師著，北京：中國藏學出版社，2012）。

所作的話遍無常」的量，在當時未於聲音遮除常執的增益」的緣故。

這麼說了之後，有人說：「見知以所作因成立聲音是無常的隨品遍的量應當於聲音遮除常執的增益，因為這樣的量遮除了一味地想『聲音是常法』的增益的緣故。」回答不遍。

這麼說了之後，有人說：「周遍，因為《顯明解脫道》中說[160]：『前量已經遮除增益』的緣故。」回答不遍。

對此有人說：「在《顯明解脫道》的學派是如此，至於《心要莊嚴疏》的學派則不是如此」；有人則反過來說。這二者都不合理，因為在《顯明解脫道》與《心要莊嚴疏》二者的學派都認為，見知這種隨品遍的量未於聲音遮除常執的增益的緣故。應當如此，因為《顯明解脫道》的學派是如此，而且《心要莊嚴疏》的學派也是如此的緣故。

第一個因應當如此，因為在前量遮除了增益的意涵之上，以所作因證達聲音是無常的比量有進一步遮除增益的緣故。應當如此，因為《顯明解脫道》中說[161]：「在前量遮除了增益的意涵之上進一步遮除了增益」的緣故。

第二個因成立，因為見知是所作的話遍無常的量遮除了執取是所作的話不遍無常的增益，而未遮除執取聲音是所作的話，聲音不遍是

160　《顯明解脫道》中說　引文見《傑擦・達瑪仁欽文集》冊6，頁38。

161　《顯明解脫道》中說　此段蓋取其大意，非錄原文。見《傑擦・達瑪仁欽文集》冊6，頁38。

無常的增益的緣故。應當如此，因為《心要莊嚴疏》中說[162]：「由
於見知是所作的話遍無常的量，必須遮除執取聲音是所作的話不遍無
常的增益，這樣的話，依著此因的比量將不會新遮除增益」的緣故。

　　另外，依著所作因證達聲音是無常的比量所要遮除的增益應當存
在，因為諸智者皆承許見知成立彼的隨品遍的量未遮除此增益[20]，
而且這樣的量所要新遮除的增益存在的緣故。第一個因成立，因為吉
祥法稱與至尊宗喀巴大師，以及中觀、量學的智者們皆承許這樣的量
以正理的力量於聲音遮除常執的增益，而在自己的時段中，無論直接
或者間接都未遮除增益的緣故。

　　應當如此，因為《釋量論第四品》中說：「但是透過詮說：『聲
音是所作，如是這一切都是無常』，也能以推理而成為義為壞滅的覺
知[21]。」[163]「能以推理」便是顯示以正理的力量斷除增益[22]，而不
是顯示直接遮除或間接遮除的緣故。

　　因為至尊宗喀巴大師闡述這段的意涵時，在《中論廣釋》中

162　《心要莊嚴疏》中說　《心要莊嚴疏》，全名《般若波羅蜜多口訣現觀莊嚴論釋顯明義‧心要莊
嚴疏》，共8品，賈曹傑大師著。此論係宗喀巴大師中年於熱振（ར་སྒྲེང་）宣講《般若經》結合
《現觀莊嚴論》之教授時，由於出現與大師早年所著《金鬘論》有些許不同處，弟子遂請求大
師再著述一部現觀註疏。大師應允，指示賈曹傑大師記錄當時所授教義，筆之成書。作者貫徹
大師之究竟密意而成此論，成為格魯派後代學僧學修現觀之重要參考巨著。引文見《傑擦‧達
瑪仁欽文集》冊2，頁22、23。

163　《釋量論第四品》中說：「但是透過詮說：『聲音是所作，如是這一切都是無常』，也能以推
理而成為義為壞滅的覺知。」　引文今人法尊法師譯作：「然說聲所作，如此皆無常，義生彼
壞覺。」此段意指雖未直接講出「聲音是無常」，但也可透過詮說「聲音是所作，如是這一切
都是無常」之後，使後譯者以推理的方式在心中生起證達聲音是剎那壞滅之體性的覺知。見
《釋量論略解》頁321；《丹珠爾》對勘本冊97，頁576。

說[164]：「雖然提到『能以推理』，亦即說『以其力量』，但與不是間接證達相同。」又響底巴的《內周遍》中說[165]：「以證達三相的力量而證達所比度，能夠生出此者的能力就叫作『力量』」的緣故。

第二個根本因成立，因為見知以所作因成立聲音是無常的所立的比量所要新遮除的增益存在的緣故。應當如此，因為其所要新遮除的增益中，雖然沒有一味執取為常法為合理的增益，但是有從疑惑的角度心想「聲音是常還是無常」的增益的緣故。應當如此，因為心想「聲音是常還是無常？大概是常」的疑惑即是彼的緣故。

應當如此，因為《釋迦慧釋》中說[166]：「比量雖然對於某部分已經沒有顛倒分別，但是仍有疑惑，而疑惑是依著二分[23]，所以會對顛倒分別方面產生錯亂」的緣故。周遍，因為「已經沒有」以前，顯示透過忽然的因而證達有煙的山坡上有火的比量所要新遮除的增益中，沒有一味執取有煙的山坡上無火的增益；「但是」以下，顯示[24]這樣的比量所要新遮除的增益存在的緣故。應當如此，因為「疑惑是依著二分，所以會對顛倒分別方面產生錯亂」這段教典是顯示心想「有煙的山坡上的火存不存在」的疑惑為增益的緣故。

164　《中論廣釋》中說　引文見《宗喀巴文集》冊15，頁45。

165　《內周遍》中說　《內周遍》，因明論典，響底巴大師著，尚無漢譯。作者為阿底峽尊者的上師之一，又名寶源寂靜。約9世紀時出生於婆羅門族中，在摩羯陀國提婆波羅王執政期間出家，博通五明。百歲時，得其弟子多希巴大師供養無分別教授等，經十二年間修習，最後獲得大手印成就。參見《校註集》冊1，頁151。引文見《丹珠爾》對勘本冊106，頁857。

166　《釋迦慧釋》中說　此段蓋取其大意，非錄原文。見《丹珠爾》對勘本冊98，頁1104。

　　這麼說了之後，有人說：「以所作因證達聲音是無常的比量所要新遮除的增益應當不存在，因為疑惑與增益的共同事不存在的緣故。應當如此，因為就像《自釋》中說[167]：『除遣了量所除遣、顛倒分別與疑惑。』這些教典中都再再地將這二者說成相違的緣故。」回答不遍，因為其意涵是「疑惑與一味執取的增益沒有共同事」的緣故。應當如此，因為這二者的共同事雖然不存在，但是疑惑與增益的共同事存在，這樣的區別合理的緣故。應當如此，因為非理疑惑[168]即是彼的緣故[25]。應當如此，因為疑惑與增益作用一致的個別分別心存在的緣故。應當如此，因為這是《釋量論》及《應理論》的密意的緣故。

　　應當如此，因為《釋量論》中說[169]：「於蚌殼以為是銀子的行相；同樣地，假設不由於錯亂的原因而結合其他功德。」又《應理論》中也說[170][26]：「疑惑與顛倒分別不相違，因為這二者的作用一致的緣故」的緣故。

　　另外，見知以所作因成立聲音是無常的隨品遍的量，應當於所作

168　**非理疑惑**　疑惑的支分之一。因其懷疑偏重於非理方面，故名。譬如心想聲音是常還是無常，大概是常法的疑惑。

169　《釋量論》中說　引文今人法尊法師譯作：「蚌殼誤為銀。若不由亂緣，而計餘功德。」此文大意為，由於見到蚌殼有類似白銀的淺白色澤，而將之誤認為銀子。同樣的，假設不由於錯亂的因緣，而於聲音之上增益出常法等其他的功德。見《釋量論略解》頁17；《丹珠爾》對勘本冊97，頁473。

170　《應理論》中也說　引文見《丹珠爾》對勘本冊104，頁785。

的一切別相的支分以隨趣的方式遮除一味執為常法的增益，然而未以執取所作的每一個別相的支分為差別事的方式，對此遮除常執的增益，因為這樣的量定解了所作之上常法空，但未定解聲音之上常法空的緣故。應當如此，因為由於這個原因，所以這樣的量不是心向於聲音常法空的緣故。應當如此，因為賈曹傑大師承許是如此，而且也是響底巴等所承許的緣故。

第一個因成立，因為《顯明解脫道》中說[171]：「定解了總體空，則成立遍是別空。」又說：「雖然在所作之上定解了聲音的常法空，但未定解聲音之上常法空」的緣故。

第二個因成立，因為響底巴的《內周遍》中說[172]：「僅證達周遍也並非即是成立所立，因為僅透過緣著總體，未能肯定有法的差別法。」又《定量論賈曹傑釋》中說[173]：「就算決定，也不會成立所立，因為見知這樣的隨品遍的量本身，無論直接或間接都不是心向於聲音」的緣故。

又有人說：「此見知以所作因成立聲音是無常的隨品遍的量無餘地遮除了執取聲音為常法的增益，而以所作因證達聲音是無常的比量沒有所要新遮除的增益。」那麼對於以所作因成立彼的真實後諍者應

171　《顯明解脫道》中說　引文見《傑擦‧達瑪仁欽文集》冊6，頁41。

172　《內周遍》中說　引文見《丹珠爾》對勘本冊106，頁855。

173　《定量論賈曹傑釋》中說　《定量論賈曹傑釋》，原名《定量論大疏善顯密意》，共3品，賈曹傑大師著，尚無漢譯。此段蓋取其大意，非錄原文。見《傑擦‧達瑪仁欽文集》冊7，頁342。

當不須為了令其生起證達聲音是無常的比量而敘述三相因等，因為這樣的量已經無餘地遮除了執取聲音為常法的增益的緣故。已經承許因了。周遍，因為如果這樣的量已經遮除了增益，就不會趣入諸能詮聲、因與遣餘的量[174]的緣故。

應當如此，因為《自釋》中說[175]：「趣入諸聲與因」，乃至「如果沒有增益的顛倒分別與疑惑，就不會趣入諸聲與因，也不會殷重探尋及希求。」又《釋迦慧釋》中說[176]：「如果除遣了諸增益的顛倒分別與疑惑，就不會趣入諸聲與因」的緣故。

另外，這應當是合理的，因為對於一道論式的真實後諍者，透過敘述結合順法與結合不順法的真實成立語其中一者，令其生起執因心[177]，由此能力而生起證達聲音是無常的比量的緣故。應當如此，因為《釋量論》中說[178]：「透過講說這二者其中一者，以推理而理解，能夠善令證達另一者」的緣故。

另外，見知以所作因成立聲音是無常的隨品遍的量應當未於聲音

---

174 **遣餘的量** 意即必須由否定非自境之事物而趣入自境之量，亦即比量。譬如執取瓶子的比量趣入自境之方式，即是由否定非瓶而趣入瓶子。

175 **《自釋》中說** 引文見《丹珠爾》對勘本冊97，頁932。

176 **《釋迦慧釋》中說** 引文見《丹珠爾》對勘本冊98。

177 **執因心** 一般而言指同時憶起該論式之三相的回憶識。

178 **《釋量論》中說** 引文「能夠善令證達另一者」一句，現今多種藏文《釋量論》版本，及其諸大釋論中皆作「能夠引生正念」。今人法尊法師譯《釋量論略解》亦作：「說二相隨一，義了餘一相，能引生正念。」特此說明，以供讀者參考。見《釋量論略解》正文頁13；《丹珠爾》對勘本冊97，頁472。

遮除常執的增益，因為這樣的量是以總遍的方式於聲音遮除常執的增益，而未以執取為差別事的方式遮除常執的增益的緣故。應當如此，因為為了讓成立彼的真實後諍者生起新遮除執取聲音為常法的增益的比量，必須敘述結合順法與結合不順法的真實成立語其中一者的緣故。

應當如此，因為見知這樣的隨品遍的量要出生證達聲音是無常的比量，無法不間隔其他的量就直接生起這樣的比量的緣故。應當如此，因為《量經自釋》中說[179]：「執因心也不是直接證達所比度，因為間隔著憶念的緣故」的緣故。周遍，因為此處的執因心是解說為證達成立彼的三相的量的緣故。應當如此，因為《七部莊嚴論》中說[180]：「定解三相的量是直接成立所立嗎？答：不是，因為間隔著憶念識的緣故」的緣故。

另外，諸多中觀及量學智者都應當承許，定解以所作因成立彼的三相的量，以總遍的方式於聲音遮除常執的增益，然而未以執取聲音為差別事的方式而遮除常執的增益，因為不只是量學智者，龍樹父子[181]等也如此承許的緣故。

---

179 **《量經自釋》中說** 此段蓋取其大意，非錄原文。引文今人法尊法師譯《集量論略解》作：「因智非比量之親因，以有念間隔故。」見《法尊法師文集》冊3，頁147；《丹珠爾》對勘本冊97，頁303。

180 **《七部莊嚴論》中說** 引文見《克珠・格勒白桑文集》冊10，頁328。

181 **龍樹父子** 指龍猛（ཀླུ་སྒྲུབ་）及聖天（འཕགས་པ་ལྷ་）師徒。龍樹菩薩（約2世紀），中觀派開派祖師。曾得佛親口授記，於佛涅槃後四百年當作比丘，大興佛事。出生於南印度毘達婆婆羅門族中，依薩惹哈大師出家受戒。任那爛陀寺執事時，以點金術供給僧眾飲食，樹立戒幢，驅擯不

應當如此，因為譬如執取沒有石女兒的覺知，雖然對於石女兒的耳朵等等以總體的方式而斷除有執的增益，然而未以執取彼為差別事的方式而遮除的緣故。應當如此，因為《中論》中說[182]：「如果我本身尚且不存在，我所如何存在？」又此相關段落佛護論師的解釋中說[183]：「譬如僅緣著沒有石女兒，並不會緣取其眼等」的緣故。

「另外，定解以所作因成立聲音是無常的隨品遍的量，應當未定解所作是成立彼的隨品遍，因為彼未定解所作唯趣入成立彼的順宗的

者。曾三次宣大法音，廣弘大乘。後因樂行賢王的王子乞求菩薩施予頭顱，菩薩效仿世尊捨身布施，遂以吉祥草斷頭示寂。相傳住世600～700歲。著有《中觀理聚六論》、《法界讚》、《五次第》、《大智度論》等顯密論典。主要弟子有聖天、佛護、清辨、月稱等。聖天菩薩（2世紀），二勝六莊嚴之一。關於其傳記有漢、藏兩種說法，於漢傳記載中又名提婆，出生於南印度婆羅門族，辯才絕倫，名揚四方。依龍樹菩薩出家，學道有成，周遊教化，以神通力調伏南印度王，曾於三個月內度脫一百多萬人。後因一邪道弟子，其師為聖天菩薩所敗，心懷恥恨而暗殺菩薩。藏傳說法認為菩薩從獅子島（今錫蘭）國王的花園一蓮花中出生，捨王位出家，成為龍猛菩薩近住弟子。著名事蹟為代師赴那爛陀寺，調伏當時大外道馬鳴，令其歸入佛教。著有《中觀四百論》、《攝行明炬論》等顯密論著。參見《校註集》冊1，頁58、59、275、276；《貢德大辭典》冊4，頁542～547。

182 《中論》中說　《中論》，中觀理聚六論之一，又名《中論論頌》、《根本慧論》，共27卷，449頌，龍樹菩薩造。漢譯本有姚秦鳩摩羅什譯《中論》4卷。此論即龍樹菩薩第二次宣大法音期間，以《般若經》中一切法無自性的意涵作為主要所詮而著。此論亦為漢傳三論宗主要教典之一，被後代所有中觀師奉為圭臬。引文姚秦鳩摩羅什譯《中論》作：「若無有我者，何得有我所。」參見《校註集》冊1，頁162。引文見《大正藏》冊30，頁23；《丹珠爾》對勘本冊57，頁26。

183 佛護論師的解釋中說　此段未見於佛護論師的著作，而見於宗喀巴大師所著《菩提道次第廣論》。漢譯本有今人法尊法師譯《菩提道次第廣論》24卷。大師46歲著於熱振寺，主要依阿底峽尊者之《菩提道炬論》為底本，以三士道為架構，總攝三藏十二部二大車軌精要為一凡夫至成佛所應修持之道次第。引文法尊法師譯作：「譬如定知無石女兒，雖不即由此慧執云無彼耳等，然能斷除計有耳等增益妄執。」參見《菩提道次第廣論》頁408、409（宗喀巴大師著，法尊法師譯，台北：福智之聲出版社，2008）；《宗喀巴文集》冊13，頁583。

緣故。應當如此，因為彼對於聲音未遮除執取為趣入常法的增益的緣故。應當如此，因為彼對於聲音未遮除心想是否為常法的增益的緣故。」回答不遍。

那麼，以所作因成立彼的真實後諍者應當是執取聲音為常法的補特伽羅，因為彼對於聲音未遮除執取為趣入常法的增益的緣故。因已直接承許。如果承許的話，成立彼的真實後諍者應當主張聲音與常法有共同事，因為如此承許的緣故。如果承許的話，成立彼的真實後諍者相續中的主張容有如此共同事的立宗也應當存在，因為如此承許的緣故。不能如此承許，因為是成立彼的真實後諍者的緣故。

周遍，因為這樣的真實後諍者必須透過定解「是所作的話遍無常」的力量，而見到這種立宗被違害而棄捨此立宗的緣故，而這是因為《釋量論》中說[184]：「斷除貪欲與瞋恚等」等，又《天王慧疏》中說[185]：「以前將所貪及所瞋等見為有功德，其後見到彼等不存在，而將彼扭轉。」《道次第》中也說[186]：「如果見到自性成立被違害，便會扭轉執取自性成立的立宗」的緣故。

自宗：「是自性三相」，為自性正因的性相。結合理解及事例的

話，「是以所作因成立聲音是無常的自性三相」，為以所作因成立聲音是無常的自性正因的性相。

另外，是被執為以他因成立彼的直接所立法的事物的話，他必須與彼為體性一，而他又是成立彼的成立正因，這是他是成立彼的自性正因的性相。

分為觀待差別的自性正因[187]，以及差別盡淨的自性正因兩種。第一者分為直接引出自己的所作法的成立彼的自性正因，以及間接引出自己的所作法的自性正因兩種。第一者的事相，就像要成立聲音是無常而敘述從因緣所生；第二者的事相，就像要成立聲音是無常而將所作敘述為因。

差別盡淨的事相，就像要成立聲音是無常而將實事敘述為因，以及要成立岩壁上的阿嘎汝是樹而將辛夏瓦敘述為因。

對於《自釋》中說[188]將辛夏瓦敘述為因的自性正因，藏地老一輩的性相學者雖然眾說紛紜，但是智者涅竹巴承許辛夏瓦是染色木，而許多人承許「辛夏瓦」中的「辛」即是藏文中的樹，這些應當都不合理，因為「辛夏瓦」一詞是「阿嘎汝」的梵文名稱的緣故。應當如

---

187 **觀待差別的自性正因** 自性正因之支分，相對於差別盡淨的自性正因。亦即某一法的名稱在表述該法時，同時會表達出該法相關的特徵。例如所作的完整意涵為「由因緣所作而起」，所以「所作」一詞表述所作時，同時會表達出「因緣」等與所作相關的特徵。因此以所作作為某一論式的自性正因時，所作便是該論式的觀待差別的自性正因。自性正因之支分，相對於差別盡淨的自性正因。譬如：詮說「有生」時，必須觀待其特法——出生，才能完整表述其意涵。

188 **《自釋》中說** 引文見《丹珠爾》對勘本冊97，頁1039。

此，因為洛札譯本的《無死藏》中說[189]：「因此『尊』、『阿嘎汝』、『辛夏瓦』、『灰白物』、『灰精』」的緣故。

解說因法義三者：實事是成立聲音是無常的自性正因，無常是成立彼的直接所立法，聲音是成立彼的無過欲解有法。

剎那性雖然是被執為以所作因成立聲音是無常的直接所立法的事物，但不是成立聲音是無常的直接所立法，因為彼是成立彼的正因的緣故。應當如此，因為聲音與無常的聚合義、以聲音為差別的無常，以及以無常為差別的聲音，這些是以所作因成立彼的所立與這一道論式的所立二者，而聲音與剎那性的聚合義、以剎那性為差別的聲音，以及以聲音為差別的剎那性，這些雖然是以所作因成立彼的所立與以所作為因的一道論式的所立二者，但不是成立彼，以及這一道論式二者的所立，因為不是這二者的直接所立法的緣故。

能立：所作有法，應當是成立彼的抉擇詞，因為他被敘述為成立彼的抉擇詞的緣故。應當如此，因為他被敘述為以他因成立彼的因的緣故。應當如此，因為是無我的緣故。

無常有法，他應當是成立聲音是他的直接所立法，因為他被敘述為成立聲音是他的直接所立法的緣故。應當如此，因為是無我的緣故。

---

189 **洛札譯本的《無死藏》中說** 《無死藏》，又名《辭藻學無死藏》，聲明學論典，共3品，無死獅子著，尚無漢譯。此論廣泛收錄眾多事物之各種異名別稱，為印度修辭學之重要著述。作者生平不詳。參見《東噶辭典》頁765；《藏漢大辭典》冊上，頁865。引文見《丹珠爾》對勘本冊110，頁589。

　　無常有法，聲音與他的聚合義、以他為差別的聲音，以及以聲音為差別的他三者，各各應當都是成立聲音是他的真實所立，因為成立聲音是他的正因存在的緣故。

　　無常有法，剎那性應當是以所作因成立聲音是他的直接所立法，因為他是剎那性的名相的緣故。

第九章

不現不可得正因
的論述

導讀

　　三種正因當中，最後一者為不可得因，本節解說其中的不現不可得因。

　　不可得正因是三種正因當中唯一的遮破正因，凡是以任何無遮作為該論式的所立法的正因，都是不可得正因，而一個論式的不可得正因，其所立也一定是無遮。

　　不可得正因當中分為不現不可得與可現不可得正因兩類。這兩類正因，各有其「所遮法」或「假立為其所遮法」的事物，亦即其因所遮破、排除的對象。例如「夜晚的海上有法，無煙，因為無火的緣故」，該論式的正因為無火，「無火」排除了「煙」而成立「無煙」，因此該論式的「所遮法」為「煙」。所謂的可現不可得正因，係指該不可得因的「所遮法」如果存在，就會被該論式的後諍者所了知。就像夜晚的海上如果有煙的話，可以被上述該論式的後諍者觀察得知，但是正因為煙不存在，所以被該論式的真實後諍者確定為不存在。

　　至於一道論式的不現不可得正因，其「假立為其所遮法的事物」有別於可現不可得因之處在於：此假立為其所遮法的事物即便存在，該論式的真實後諍者也無從觀察得知，在後諍者的心境中無法顯現，但也不能確定其不存在，因此稱之為不現不可得正因。

在探討「假立為其所遮法的事物」這複雜的概念之前，應該先了解設立不現不可得的用意，及不現不可得正因所要證成的內涵。

果正因是以果而推知因，自性正因則是以同一本性係屬的事物成立非遮及成立法；而可現不可得因則是成立一般的無遮，這每一個因，都有其主要成立的目的，至於設立不現不可得因，其主要的目的，一言以蔽之，即：「對於無法了知的事物，你只能說不了解，而不能說它不存在，或它是如何如何。」

本節當中提出了一段經文，說明這種認知的重要性：「補特伽羅不應估量補特伽羅，因為必然會導致傷損。」別人的本地風光究竟如何，只有高量的人以及他自己才知道，我們光從表相上雖然會看到一些現象，但是無法依此斷定別人究竟是如何。別人的本地風光，是我們無法了解的事物，對於別人的本地風光，只能客觀地說我們不知道是如何，而不能妄加否定，如果光憑一些現象就作判定，我們自己才是最容易損失利益的人。

同樣的，這裡所提到的「無法了知的事物」，它有一個專屬的詞：隱蔽義。成為隱蔽義的條件是，該事物成為其隱蔽義的這個有情，他無論用現量、推理、研閱聖言而思擇的方式，都無法了解到這個事件，如此，該事物對於這個人而言便是隱蔽義。

某些事物，對於某些人而言，由於時間間隔久遠、地方相距遙遠、本質太過細微，所以對他而言成為了隱蔽義。所以，許多事物本來可能沒有那麼難了解，但是因為時空阻隔而成為不可知，也有本身就很難了知的，例如現在我們周圍的人的本地風光、我們所看不見的周遭的天人

中陰身等等。

　　以上提到了隱蔽義的特質必須不為三種量所趣入，又提到成為隱蔽義的形成原因，最後還有一個重點是：該事物若成為該有情的隱蔽義，那麼該有情對於該隱蔽義是否存在必須是存疑的，無法明確地說有或沒有。有時我們對於一個事物尚未了解，未必意味著對於此事物就是存疑的。如將要證達聲音是無常的人，是未證達聲音是無常沒錯，但是他對於聲音是無常並非存疑。而這裡所說的存疑，也是特指窮盡了三種觀察方式去了解也無法了解到的事物，而非指所有的存疑。一個事物成為該有情的隱蔽義時，該有情是不能確定這事物不存在的，他只能確定他自己不了解這個事物。

　　其次，在列舉隱蔽義時，時常會舉前方此處的天人中陰或食肉鬼等等，但是光是說天人中陰以及食肉鬼，而不加上特定地點等等，則不能算是隱蔽義。因為許多人知道有鬼神、承許有鬼神，所以對於鬼神並不存疑，令其存疑的是前方此處鬼神存不存在等等，這點不可混淆。

　　總結上述的內容以解答上文留下的問題：如果該事物對於這個有情而言是隱蔽義，那麼這個有情就不能確定該事物是不存在的，或是存在的，這是安立不現不可得因的目的。而該事物成為其隱蔽義的有情證達該事物，這就是典型的不現不可得因真正的「所遮」。至於不現不可得因的論式中所提到的「隱蔽義」，之所以被稱為「假立為其所遮法的事物」，是因為不現不可得因其實無法遮破這個隱蔽義，因為它是容許存在的；但不現不可得因可以成立該有情不能說他確定該隱蔽義存在，也不能說他確定該隱蔽義不存在，所以把它假立為所遮法。一個不現不可

得因的論式中，如果沒有這一重屬於隱蔽義的「假立為其所遮法的事物」，那麼該論式就算不上不現不可得因。

　　有些人誤將「夜晚的海上有法，沒有煙，因為沒有火的緣故」當成是不現不可得因的論式，是因為他誤以為沒有煙，看不到煙，這個就是不現的意思。實際上，不現是指：該論式的「假立為其所遮法的事物」，亦即該隱蔽義，即使存在也不會被該有情得知。而有些人沒有見到不現不可得因有所遮法與假立為其所遮法的事物兩種差別，如言：「前方此處有法，天人中陰身為其隱蔽義的補特伽羅相續中沒有能定解天人中陰身的合理伺察識，因為天人中陰身為其隱蔽義的補特伽羅相續中沒有能定解天人中陰身的量的緣故」，有人只見這樣的論式的遮破法為「天人中陰身為其隱蔽義的補特伽羅相續中『有』能定解天人中陰身的合理伺察識」，於是就認為這跟可現不可得因沒有什麼兩樣，甚至直接說不現不可得因也是可現不可得因，這就是不知道不現不可得因的要點，在於這種論式，會具有屬於對該後諍者為隱蔽義的「遮破法假立義」。而妙音笑大師特別將這一點清楚地剖析。

解說不現不可得正因的論述

第三科、不可得正因，有不現不可得正因及可現不可得正因兩種。為了宣說這二者，而分為解說不現不可得正因及解說可現不可得正因二者。

為了開闡第一科，本論中說[190]：「諸量不趣入，具有不趣入無之果。」其中分為三科：一、出處；二、論義；三、辨析。

第一科：經中說[191]：「補特伽羅不應估量補特伽羅，因為必然會導致傷損。」其中意涵，是提到不可僅因自己未見到，便說他人相續中沒有此功德。為了宣說這點，而提出「諸量」等這段教典。

對於補特伽羅，成為這樣的隱蔽義的意涵為何？隱蔽義有三種，因為有因境、因時、因體性而成為隱蔽義三種的緣故。

有第一者，就像對居住於此處的平庸者而言，光明剎土的眾生差

---

190 **本論中說** 本論在此特指《釋量論》，引文今人法尊法師譯作：「若諸量不轉，於無而不轉，為果是正因。」見《釋量論略解》正文頁5；《丹珠爾》對勘本冊97，頁470。

191 **經中說** 此經全名作《聖健行三摩地大乘經》，簡稱《健行經》，經部經典，共5卷，漢譯本有姚秦鳩摩羅什譯《佛說首楞嚴三昧經》，共2卷。引文姚秦鳩摩羅什譯作：「人則不應妄稱量眾生。所以者何？若妄稱量於他眾生，則為自傷。」引文見《大正藏》冊15，頁639；《甘珠爾》對勘本冊55，頁758。

別，以及對居住於彼處的平庸者而言，此方剎土的形貌莊嚴的差別即是彼。因為這些境與補特伽羅同時存在，因此不是因時而隱蔽；這些境是平庸者的現前境，因此不是從自性或體性的角度而隱蔽；然而是對於這些補特伽羅而言，從境域太過遙遠的角度而成為境的隱蔽義的緣故。

有因時而如此者，因為就像在未來極久遠的時候會不會出現這樣的補特伽羅的差別，對於現在的補特伽羅而言只有疑惑的緣故。應了知這也不是其他兩種隱蔽義的道理。

有因體性或自性而如此者，因為並非境域遙遠及時間久遠，而是現在存在於自己附近，由於體性細微，以至於成為隱蔽義，就像在前方此處的天人中陰身、食肉鬼及其瓶子[192]即是彼的緣故。應當如此，因為這三者如《定量論自釋》中說[193]：「因境、時、自性而隱蔽，所以隱蔽有三種」的緣故。

有人說：「對於此補特伽羅而言，成為隱蔽義的這個事物，在此補特伽羅那方面，應當也能被現量、比量、聖言的量其中一者所成立，因為這個事物在此補特伽羅那方面是三所量處[194]其中一者的緣故。」回答不遍，因為在此補特伽羅那方面，對此事物除了疑惑之外，三種量任何一者都不會趣入的緣故。為了宣說這點，在本論中

---

192 **食肉鬼及其瓶子**　此處瓶子意指食肉鬼的肚子。

193 **《定量論自釋》中說**　引文見《丹珠爾》對勘本冊97，頁663。

194 **三所量處**　即現前分、隱蔽分與極隱蔽分。

說[195]：「諸量不趣入。」又《顯明解脫道》中說[196]：「諸，是指聖言量等，為多數詞。」又《定量論自釋》中說[197]：「因為如果於其中存在的話，就應當為現量、比量、聖言的量等其中一者所趣入的緣故。答：不是的，有些也無從以教典而知」的緣故。

第三科、辨析，分為破立斷三科。

第一科：有人說：「食肉鬼不為量所緣，是成立在前方此處沒有食肉鬼的不現不可得正因。」同樣地又說：「食肉鬼不為量所緣，成立此處食肉鬼非決定有，此因也是成立在此處食肉鬼決定有的合理伺察識不趣入的不現不可得正因。」

那麼在前方此處有法，應當沒有食肉鬼，因為有食肉鬼的話必須為量所緣，然而不為所緣的緣故。如果承許的話，那麼彼有法，食肉鬼應當不是隱蔽義，因為「沒有食肉鬼」的立宗之義為量所成立的緣故。因已成立。周遍，因為此補特伽羅如果能引生「沒有彼」的定解的話，對彼而言就必須不是隱蔽義的緣故。因為《定量論》中說[198]：「諸隱蔽中無從定解為無」的緣故。於此處必須了知能夠定解為無，與定解為無二者的差別[27]。

另外，在前方此處有法，有無食肉鬼應當不存疑，因為沒有食肉

---

195 **本論中說** 此處「本論」指《釋量論》。見前註190。

196 **《顯明解脫道》中說** 引文見《傑擦·達瑪仁欽文集》冊6，頁19。

197 **《定量論自釋》中說** 引文見《丹珠爾》對勘本冊97，頁663。

198 **《定量論》中說** 引文見《丹珠爾》對勘本冊97，頁663。

鬼的緣故。應當周遍，因為承許沒有食肉鬼，因而便成為承許有無食肉鬼其中一者的緣故。

有人說：「對於此所顯法存疑。」那麼彼有法，對於食肉鬼為量所緣不緣應當存疑，因為對於有無食肉鬼存疑的緣故。如果說承許及因不成立的話，就直接相違。

又有人說：「有的話遍對於有無不存疑，以及無的話，遍對於有無不存疑。」那麼，對於前方此處有無食肉鬼應當存疑，因為對於有無食肉鬼存疑的緣故。如果承許的話，那麼在前方此處有法，應當沒有食肉鬼，因為對於有無存疑的緣故。因已成立。如果說不遍的話，應當周遍，因為有的話遍對於有無不存疑的緣故。已經承許因了。

如果說對於周遍存疑的話，對於「對於有無存疑的話遍是無」應當不存疑，因為對於「有的話遍對於有無不存疑」不存疑的緣故。已經承許因了。所顯法固然直接相違，那麼，對於「對於有無存疑的話遍是無」應當存疑，因為這麼承許時，對於前方的食肉鬼是否作為過失存疑的緣故[199]。

如此論辯的時候，因為量所成立[200]，而且對於所顯法與周遍二者可否回答存疑。應當如此，因為對於有無前方的食肉鬼存疑的緣故。

---

199 **對於前方的食肉鬼是否作為過失存疑的緣故**　此處「過失」係指前述「對於有無存疑的話不遍是無」的過失。

200 **因為量所成立**　此處係指「因」為量所成立。

　　對此有人說：「對於是補特伽羅無我的話遍存在應當存疑，因為對於前方的食肉鬼是否作為此周遍的直接過失存疑的緣故。」回答不能類推。如果說因不成立的話，那麼前方的食肉鬼有法，應當存在，因為是無我的緣故。已經承許周遍及所顯法了，因已成立，由此同理可推。

　　總之，應當對於[28]「對於有無存疑的話遍是無」存疑、對於「有的話遍對於有無不存疑」存疑、對於「無的話遍對於有無不存疑」存疑、對於「對於有無存疑的話遍是有」存疑，因為由上述正理，成立這些在此處都是隱蔽義的緣故。由此可了知辯論的方式。

　　這種存疑的方式是就粗分的理解而言，並且是基於具隱蔽義的覺知的層面，否則就是直接相違，因為與三相的成立方式等諸多正理相違的緣故。

　　如果敘述一個例子：那麼對於「無的話遍對於有無不存疑」就應當不存疑了，因為定解「無的話遍對於有無不存疑」不存在的緣故201。這不是基於隱蔽義而言，請不要抵賴，令心正住！如果說不遍的話，這樣的周遍有法，前方的回答者應當不是定解他為無與對於他有無存疑二者，因為定解他為無與對於他有無存疑的增益二者是不

---

201 **因為定解「無的話遍對於有無不存疑」不存在的緣故**　原文如此，然按前文自宗駁斥他宗對於「無的話遍對於有無不存疑」應當不存疑之義觀之，此處應作「因為定解無的話遍對於有無不存疑的緣故」，以此才能令他宗不得不承許他對於「無的話遍對於有無不存疑」其實並不存疑。

並存相違的緣故。三輪！因成立，因為本論中說[202]：「定解與增益意是能害所害的體性，應當了知這是趣入增益消逝」的緣故。周遍，因為「這是趣入增益消逝」的意涵存在的緣故。

如果說根本因不成立的話，那麼補特伽羅我有法，成立士夫是無我的真實後諍者應當對於他不存疑，因為對於彼而言他不是隱蔽義，並且他是決定無的緣故。三輪！不能如此承許，因為是成立彼的真實後諍者的緣故。

另外，如果有對於此存疑的話，應當遍對於此存疑，因為有對於「無的話遍對於有無不存疑」存疑的原因，而安立對此周遍存疑的緣故。如果說因不成立的話，「無的話遍對於有無不存疑」有法，雖然對於他不存疑，但是有對於他存疑的區別應當合理，因為有對於他存疑並不是對於他存疑的意涵的緣故，因容易理解。

如果承許根本論式的宗，那麼前方的瓶子為現前識所緣有法，對於他應當存疑，因為有對於他存疑的緣故。應當如此，因為有他成為隱蔽分的緣故。以此為代表，也可推知其他的事物。

問到不現不可得因的意涵為何時，有各種說法，因為有其他人說此因是因不可得正因；有人說是可現不可得，所以不是不現不可得；有人說是這二者的共同事等等的緣故。

對於第一者而言，此因之中應當沒有一個自性不可得正因，因為

---

202 **本論中說** 此處「本論」係指《釋量論》，引文今人法尊法師譯作：「定與增益意，能所害性故，說此於遠離，增益轉應知。」見《釋量論略解》正文頁18；《丹珠爾》對勘本冊97，頁474。

此因唯是因不可得正因的緣故。如果說因不成立的話，那就推翻了立宗。

對於後二者[203]而言，天人的中陰為其隱蔽義的補特伽羅[204]未以量緣天人的中陰，應當是成立「不應主張在前方此處有天人的中陰」的可現不可得正因，因為這是成立彼的不現不可得正因的緣故。已經承許周遍了。

這個因應當是成立彼的不現不可得正因，因為彼成為其隱蔽義的補特伽羅未以量緣彼，是成立彼的不可得正因，而且在前方此處雖然有天人的中陰，但是彼成為其隱蔽義的補特伽羅無法看見的緣故。第一個因成立，因為「此補特伽羅不應主張有彼」是無遮，而且這是成立彼的正因的緣故。第二個因成立，因為是無我的緣故。

如果說前面第二個因不成立的話，這樣的補特伽羅有法，在前方此處雖然有天人的中陰，但是他應當無法看見，因為他是彼成為其隱蔽義的補特伽羅的緣故。周遍成立，因為《定量論》中說[205]：「那麼不現不可得的意涵為何？答：彼處雖然有彼，但是彼成為其隱蔽義的補特伽羅，其相續中的量無法看見」的緣故。對於教典的意涵必須

---

203 **對於後二者** 按前後文意，此處後二者應指前述三位他宗之後二者。然自宗於後文明顯未對第二位他宗之承許進行駁難，而是針對第三位。因此此句應理解為對於後面的第二者而言。

204 **天人的中陰為其隱蔽義的補特伽羅** 此句應理解為，對於該補特伽羅而言天人的中陰為隱蔽義。

205 **《定量論》中說** 引文妙音笑大師著《釋量論辨析》相應段落中作《顯明解脫道》。見《傑擦・達瑪仁欽文集》冊6，頁20。

- 149 -

細緻區別。

如果承許根本論式的宗，天人的中陰為其隱蔽義的補特伽羅未以量緣天人的中陰有法，對於成為「『以他因成立在前方此處如此』的宗法者」的補特伽羅而言，應當無法看見成立彼的所遮法——「天人的中陰不存在」，以及成立彼的真實後諍者對於成立彼的所遮法不存在應當可以引生定解，因為他是成立彼的可現不可得正因的緣故。已經承許因了。三輪！

周遍，而且不能承許，因為是成立彼的可現不可得正因的話，成立彼的所遮法存在的話，成立彼的真實後諍者必須能以量定解其所遮法不存在，而且是成立彼的不現不可得正因的話，成立彼的所遮法即使存在，也必須在成為成立彼的宗法者的量中不會顯現，以及成立彼的真實後諍者必須對於成立彼的所遮法有無都無法定解而存疑的緣故。

第一個因成立，因為本論的《自釋》中說[206]：「第二者對於彼是量，因為是具有定解之果」的緣故。

第二個因成立，因為《自釋》中說[207]：「其中的第一者因為遮破了存在的名言，所以才稱之為量，並非對應於見到反面等等，因為

206　**本論的《自釋》**　此處本論係指《釋量論》，其自釋即《釋量論自釋》，引文見《丹珠爾》對勘本冊97，頁905。

207　**《自釋》中說**　引文見《丹珠爾》對勘本冊97，頁905。

有疑惑的緣故。」以及本論在廣說的章節中說[208]：「不是具有定解
有無之果，因此不成為量本身」的緣故。

　　另外，這樣的補特伽羅未以量緣彼，應當不是成立彼的不現不可
得正因及成立彼的可現不可得正因二者，因為這二者的意涵是相違的
緣故。應當如此，因為不現不可得因與可現不可得因二者雖然單純在
「遮破成立彼的欲解有法之上必定有所遮法」這點上是一樣的，但是
前者，所遮法在所諍事之上不現不可得，所以成立彼的後諍者對於其
有無，除了存疑，別無所能；由於可現不可得而成立彼的成立彼的後
諍者[209]，能夠生起彼於彼之上不存在的定解，論中分別解說了如此
的區別的緣故。

　　《自釋》中說[210]：「這二種不可得，由於與己相反的因不存在
以及遮破其存在的緣故，所以同樣具有遮破存在的名言之果，因為一
者是有疑惑的緣故，另一者則相反的緣故」的緣故。其中的「與己相
反」是指所遮法；「因[211]」是指抉擇詞；「一者」是指不現；「另
一者」是指可現見；此處的「相反」是指與有疑惑相反。

208　**本論在廣說的章節中說**　此處本論係指《釋量論》，引文今人法尊法師譯作：「非定有無果，
　　故不成為量。」見《釋量論略解》頁60；《丹珠爾》對勘本冊97，頁487。

209　**由於可現不可得而成立彼的成立彼的後諍者**　此處容或理解第一個成立彼應往前銜接，意即由
　　於可現不可得而堪能成立；第二個成立彼則作一般理解。但在妙音笑大師的《釋量論辨析》中
　　同樣的段落僅作一個成立彼。特作此說明，以供讀者參考。

210　**《自釋》中說**　引文見《丹珠爾》對勘本冊97，頁905。

211　**因**　在藏文此字為因果的因，所以印藏也是有跟漢地一樣的情形，因果的因與原因的因時而混
　　用。

　　這二種抉擇詞的區別應當如此才合理，因為這二者的區別是《七部莊嚴論》的密意的緣故[212]，而這是因為《七部莊嚴論》中說[213]：「論師的教典以及自釋、釋論，全都不只一次、非常清楚地說到：『所有不可得因，都遮破在成立為宗法的有法之上自己決定有的名言，這點上沒有區別[214]。但是不現不可得因僅做到遮破決定有的名言，卻不能成立決定無；而可現不可得則也能使之了解決定無』」的緣故。

　　現見有許多不了解可現與不現這二種因如此的區別，就提出詰難的自他部派師，因為有許多人在他宗的章節裡破斥之後，接著又寫在自宗裡的緣故。

　　又有人說：「對於成為『以無火因成立夜間無火的海上無煙』的宗法者的後諍者而言，彼處雖有煙，但是無法現見。」那麼，這樣的海上應當有煙，因為這樣的海上雖然有煙，但是這樣的後諍者無法現見的緣故。已經承許因了。應當周遍，因為「雖有」的「雖」字以及「固然」一詞是同義的緣故。如果說不遍的話，應當是彼處有煙以及該補特伽羅不現見二者，因為回答不遍的緣故。三輪！

212　**因為這二者的區別是《七部莊嚴論》的密意的緣故**　此段文意亦即因為如此區分這二者，才符合《七部莊嚴論》的密意的緣故。

213　**《七部莊嚴論》中說**　引文見《克珠‧格勒白桑文集》冊10，頁295、296。

214　**所有不可得因，都遮破在成立為宗法的有法之上自己決定有的名言，這點上沒有區別**　此處自己應指不可得因本身，而非所遮法，因為沒有任何一種論式中的所遮法會成為該論式的宗法。

這麼說了之後，有人說：「『雖有[215]』是一種假設。」那就應該要說「就算有」，而其過失為：如果這樣的海上有煙的話，諍者雙方的意現識與根現識任何一者應當都無法現見，因為對於這樣的後諍者而言，雖然存在卻無法現見的緣故。如果承許的話，那麼無火就應當不是成立彼的可現不可得因了！

另外，應當需要能成立以無煙因成立煙消隱的圍牆內無火的宗法的真實抉擇詞，因為以彼因成立彼的宗法無法以現前識成立的緣故。已經承許因了。如果承許的話，成立彼的不可得因就應當必須以其他一個接一個因來成立了！因為如此承許的緣故。如果承許的話，應當不容有證達成立彼的因及所立的時段，因為如此承許的緣故。周遍，並且不能如此承許，因為《定量論自釋》中說[216]：「如果是以不可得因成立是無的話，不可得就必須用其他的不可得來成立，因而會成為無有窮盡，所以將會無法證達」的緣故。

又有人說：「『聲音之上的常法』對於以所作因成立聲音常法空的後諍者而言是隱蔽義。」常法有法，聲音之上的他對於成立彼的後諍者而言應當不是隱蔽義，因為聲音之上的他存在是成立彼的事勢正理的所破的緣故。周遍，因為本論所說[217]「諸量不趣入」的意涵成

---

215 **雖有** 『雖有』一詞，漢文與藏文中同樣都有『雖然有』與「縱然有」、「就算有」兩種意涵，一語雙關。

216 **《定量論自釋》中說** 引文見《丹珠爾》對勘本冊97，頁657。

217 **本論所說** 見前註190。

立的緣故。前面的因成立，因為所作是成立聲音常法空的事勢正因的緣故，而這是因為成立彼的事勢正因存在的緣故。

又有人說：「食肉鬼為其隱蔽義的補特伽羅相續中能緣食肉鬼的量不存在，應當是此處食肉鬼為其隱蔽義的補特伽羅不應主張有食肉鬼的正因，因為平庸者未以量定解諸法實相，是成立他們不應主張：『實相是如此』的正因的緣故。因以諸多正理及《顯明解脫道》所成立。如果承許的話，那麼該補特伽羅未以量定解彼法的話，該補特伽羅應當遍不應主張彼法存在，因為如此承許的緣故。」回答某方面而言不遍。

因為未證達隱蔽義的意涵時，教典等能立的三種量則無法趣入，所以連伺察意的立宗也不合理，然而該補特伽羅未證達的法當中，有非常多是事勢與信許所趣入的事物的緣故。這樣才和七部量論及《顯明解脫道》等相順。

如果承許的話，前方回答者未以量定解的法應當存在，因為是成實的話，不遍是前方回答者以量成立的緣故。如果承許的話，那麼這樣的法他應當是他，因為其存在的緣故。回答不遍。不能如此承許，因為彼以事勢比量證達其存在的緣故。

同樣的，如果總結是否為隱蔽義之義的話，對於該補特伽羅而言此事物為隱蔽義的話，在其方面必須是三種量等無法趣入，所以假立為成立彼的不現不可得因的所遮法的事物，必須是成立彼的後諍者無法定解其有無，這是諸多教典、正理所成立的緣故。

自宗，分為五科：一、解說性相；二、解說趣入之時；三、解說支

分；^{四、}解說詞句解釋；^{五、}解說目的。

第一科：「是不現三相」，為不現不可得正因的性相。「是成立彼的不現三相」，為成立彼的不現不可得正因的性相。從理解的角度而言，被緣為既是對於成為成立彼的宗法者的補特伽羅而言，假立為成立彼的所遮法的事物是隱蔽義，又是成立彼的三相的共同事，這是成立彼的不現不可得正因的性相。

第二科：有趣入之時，因為遮遣處是可現見的，而假立為成立彼的所遮法的事物不可現見，所以安立為不現不可得正因的緣故。

第三科、支分：不現正因分為二科：^{一、}不現相屬方不可得正因²¹⁸；^{二、}不現相違方可得正因。

第一者：成立彼的不現不可得正因，而且在自己的實名首尾加上像「無」這樣的遮遣詞的法，這是成立彼的不現相屬方不可得正因的性相。

其中分為：不現相屬方因不可得正因、其相屬方能遍、自性不可得正因三種。

天人的中陰為其隱蔽義的補特伽羅相續中定解天人中陰的量不為量所緣，是成立在前方此處天人的中陰為其隱蔽義的補特伽羅相續中能定解天人中陰的合理伺察識不存在的不現因不可得正因。

天人的中陰為其隱蔽義的補特伽羅未以量緣天人的中陰，這是成

---

218 **不現相屬方不可得正因** 此句非解讀為不現相屬，方不可得正因，而是「『不現相屬方』不可得正因」之義。

立在前方此處天人的中陰為其隱蔽義的補特伽羅不應主張有天人中陰的能遍與自性不可得正因二者[219]。

能立：天人的中陰為其隱蔽義的補特伽羅未以量定解天人的中陰[29]，是成立在前方此處天人的中陰為其隱蔽義的補特伽羅定解「有天人的中陰」這個立宗的合理伺察識不存在的不現相屬方不可得正因，因為是成立彼的不現不可得正因，而且是成立彼的不現因不可得正因的緣故。

如果說第一個因不成立的話，彼有法，應當是成立彼的不現不可得正因，因為是成立彼的不可得正因，而且假立為成立彼的所遮法的事物，對於成為成立彼的宗法者而言是隱蔽義的緣故。如果說第一個因不成立的話，彼有法，應當是成立彼的不可得正因，因為成立彼的正因與所立法二者都是加上「無」字的法的緣故。

如果說第二個根本因不成立的話，應當如此，因為天人的中陰是假立為成立彼的所遮法的事物，而且彼對於成為成立彼的宗法者的補特伽羅而言是隱蔽義的緣故。

這麼說了之後，有人說：「是假立為成立彼的所遮法的事物的話，對於成為成立彼的宗法者的補特伽羅而言應當必須是隱蔽義，因為假立為成立彼的所遮法的事物對於成為成立彼的宗法者的補特伽羅而言是隱蔽義的緣故。」回答不遍。

---

219 **能遍與自性不可得正因二者** 按照前面科判所述，此二正因完整應作「不現相屬方能遍不可得正因」與「不現相屬方自性不可得正因」。

如果承許的話，那麼天人的中陰為其隱蔽義的補特伽羅相續中能定解天人中陰的合理伺察識有法，對於成為成立彼的宗法者的補特伽羅而言應當是隱蔽義，因為是假立為成立彼的所遮法的事物的緣故。應當如此，因為這是成立彼的次要所遮法，而天人的中陰是成立彼的主要所遮法的緣故。應當如此，因為與前面成立食肉鬼時相同的緣故。應當如此，因為《顯明解脫道》中說[220]：「敘述方式是如此，然而食肉鬼本身是說者的欲樂所緣取的假立為所遮法的事物，這即使存在，後諍者也無法緣取」的緣故。

由此正理也要了知，敘述有及敘述無的敘述方式中也各有主次二者。

如果說前面第二個根本因不成立的話，天人的中陰為其隱蔽義的補特伽羅未以量定解天人的中陰有法，應當是成立在前方此處天人的中陰為其隱蔽義的補特伽羅相續中定解主張「有天人中陰」的合理伺察識不存在的因不可得正因，因為是成立彼的不可得正因，而且能定解天人中陰的量是能定解彼的合理伺察識的因的緣故。

應當如此，因為《釋量論》中說[221]：「因為趣入必定具有覺知先行的緣故」，又此相應段落的《釋迦慧釋》中說[222]：「是心想：

220　《顯明解脫道》中說　引文見《傑擦·達瑪仁欽文集》冊6，頁20。

221　《釋量論》中說　引文今人法尊法師譯作：「覺為先轉故。」見《釋量論略解》頁60；《丹珠爾》對勘本冊97，頁487。

222　《釋迦慧釋》中說　引文見《丹珠爾》對勘本冊98，頁982。

沒有因就沒有果」的緣故。

「是成立彼的不現相違方可得三相」，是成立彼的不現相違方可得正因的性相。從理解的角度而言，是成立彼的不現不可得正因，而且是非遮與成立法其中一者，這是成立彼的不現相違方可得正因的性相。

第四科、詞句解釋：天人的中陰為其隱蔽義的補特伽羅未以量緣天人的中陰，這名為成立彼的不現相屬方不可得正因的原因存在，因為假立為成立彼的所遮法的事物對於成為成立彼的宗法者的補特伽羅而言無法現見，所以安立為不現；是在自己的實名首尾有加上諸如「無」或「未緣」一詞的抉擇詞，所以安立為不可得正因的緣故，而這是因為不現能遍、自性、因不可得正因，與不現相違方可得正因等是從抉擇詞的角度而安立，並非像遮破正因與成立正因是從所立法的角度而安立的緣故。應當如此，因為《七部莊嚴論》中說[223]：「這些抉擇詞不是從所遮及所立法的角度而安立」等等的緣故。

如此開示有法，有其目的，因為是為了斷除以自相續的量未證達為由而造集惡業與毀謗等等的緣故，而這是因為《健行經》中說[224]：「世尊，從今以後我[30]將對一切有情起導師世尊之想。」「比丘們！要知道我及與我相等的補特伽羅，方能估量補特伽羅，他

223　《七部莊嚴論》中說　引文見《克珠・格勒白桑文集》冊10。

224　《健行經》中說　此段蓋取其大意，非錄原文。相關段落姚秦鳩摩羅什譯《佛說首楞嚴三昧經》作：「長老摩訶迦葉前白佛言，從今以後我等當於一切眾生生世尊想。」「若妄稱量於他眾生，則為自傷。」見《大正藏》冊15，頁638、639；《甘珠爾》對勘本冊55，頁757、758。

人如果進行估量的話，就會變得低劣」等等的緣故。

斷除諍論：有人說：「是在前方此處食肉鬼為其隱蔽義的補特伽羅[225]的話，應當必須是食肉鬼為其隱蔽義的補特伽羅，因為在前方此處食肉鬼為其隱蔽義的補特伽羅存在的緣故。」回答不遍。如果承許的話，那麼前方回答者有法，應當是食肉鬼為其隱蔽義的補特伽羅，因為是在前方此處食肉鬼為其隱蔽義的補特伽羅的緣故[31]。已經承許周遍了。不能如此承許，因為主張有食肉鬼的緣故。

那麼對你而言，印度金剛座存在的話其遍存在的話，應當遍印度金剛座不存在的話其遍不存在，因為是補特伽羅無我的緣故。

如果承許的話，那麼在前方此處有法，印度金剛座不存在的話，其應當遍不存在，因為其存在的話其遍存在的緣故[32]。如果承許的話，那麼印度金剛座應當不存在，因為在前方此處不存在的緣故。已經承許周遍了。

---

225 有人說：「是在前方此處趣入食肉鬼為隱蔽義的補特伽羅」　此句意指此補特伽羅是對於前方此處的食肉鬼有無存疑，因為此處主要是說明雖然對於前方的食肉鬼有無存疑，但並未因此就懷疑食肉鬼本身的存在。例如：在這個地方我懷疑有危險，但並不代表我就會懷疑危險本身是有是無。

第十章

可現不可得正因
的論述

導讀

此節解說不可得正因當中的可現不可得正因。

除了上一章節所說的「不現不可得正因」之外，所有的不可得正因都是可現不可得正因，這類不可得正因也是構成不可得正因的主體。

不可得正因在三種正因當中，是唯一的一種遮破正因。在妙音笑大師的著作當中，特別提出一道論式的遮破正因的所立法只能是無遮，而這個條件只有不可得因才能符合。非遮雖然是也是遮破法，但是以某個非遮作為所立法的正因，不能算是遮破因，也不能算是不可得因。因此果正因、自性正因，雖然都是成立正因，但是這些論式的所立法也可以是非遮。

許多因明學者都認為，成立正因的論式中，其所立法只能是成立法；而無論非遮也好，無遮也好，只要所立法是遮破法的正因論式，該論式的因都算是遮破正因。

因此，妙音笑大師的這種分類方式固然有源自印度的因明學傳統依據，但是確實與諸多因明學者的說法不同。不過，從一個點可以看出如此分類的理由與優勝之處。

三種正因的分立，與相係屬的類別有著非常大的關係。果正因是以果推因，所以果正因與其中一重的所立法有著依之而生的係屬；而自性

正因，則是與其所立法為同一本性的係屬。

　　早期的因明學者之所以會主張遮破正因的所立法當中可以包含非遮，是基於法稱論師的《釋量論自釋》中提到：「其中二者是成立實事，一者則是遮破法的抉擇詞。」解釋其含義時，認為果正因與自性正因都是成立正因，而不可得因才是遮破正因。同時主張凡是直接成立某個遮破法的正因就是遮破正因，而凡是成立正因都要是直接成立某個成立法。顯然是認為成立法、遮破法，與成立正因、遮破正因的成立、遮破意涵完全相同。這在格魯派共同依循的經典論著中，甚至還找得到支持上述觀點的說法。僧成大師在其重要論著《正理莊嚴論》中記錄了一個他宗，對方提到：「無常是非遮，因為透過『由於前二因，亦能立非故』，說明果自二因成立了非遮的緣故。」

　　接著僧成大師馬上駁斥道：「此不合理！這段教典僅只顯示果自二因直接成立成立法，而且間接成立非遮的緣故。如果不是這樣，果自二因應當是遮破因，因為是直接成立遮破法的緣故。已經承許因了。」不僅在破斥對方時提出這樣的觀點，其後闡述自宗觀點時，更是總結道：「是從直接成立所立法──『遮破法』這分來安立遮破因；從直接成立『成立法』這分來安立成立因。」

　　按照這樣的觀點，許多自性正因所成立的所立法都是某個遮破法，例如以所作作為因而成立聲音是有、以非別別的法為因而成立瓶子是一、以非所作的法為因而成立虛空是常法等，這些自性正因都將因此成為遮破因。既然是遮破因而不是成立因，就不能是果正因或自性正因，而必須是不可得因，但是克主傑大師的《七部量論莊嚴除心意闇》中又

明確提出：「不可得因則是自己的所立法的話，遍是直接成立無遮的緣故。」認為不可得因必須以無遮作為所立法，於是前面列舉的這些正因便被摒除在果、自性、不可得因的範圍之外。但是《釋量論》中卻又說到：「是因彼唯三」，明確規定正因只限於這三種，於是陷入無法挽回的自相矛盾。

如果遮破正因的所立法僅限於無遮，那麼三種正因之間的界限將非常分明，因與所立法之間為依之而生的係屬者歸屬果正因，為同一本性的係屬者有自性正因與不可得因；後者當中，所立法為無遮以外者歸屬自性正因，所立法為無遮者即不可得因，其分立支分的思路非常簡潔而明確。

如成立有火時，可透過有煙而成立，既然有果可以推知有因，那麼反過來，無因就可以推知無果。同樣的，成立是無常時，可以透過是所作、是色法等等而成立，所以同一體性中的範圍較小或平等的所周遍，可以成立範圍較大或平等的能周遍。那麼反過來說，沒有範圍較大或平等的能周遍，便可以用來成立沒有範圍較小或平等的所周遍。如果不可得因只是成立無遮，那麼不可得因的分類方式，就可以和果正因與自性正因成為一個完全相對等的正因。果正因與自性正因怎麼成立有，不可得因反過來就可以怎麼成立無。

非遮雖然是遮破法，但是之所以是非遮，是因為遮完之後還有所成立，所以其實還是離不開成立「是」與成立「有」的範疇。如果以某個非遮作為所立法的正因被歸屬在遮破正因，那麼遮破正因的特點將會含糊，而且也不會有上述在成立的方式上，不可得因與另二種因形成對等

而相呼應的狀態。如果遮破正因與成立正因，就以成立「是」、「有」與成立「無」來分判，不僅判得分明，還會在成立方式上有相互對應借鑑的優點。這一點，可以從印度量論中所說的可現不可得因的分類方式來證成。

下文我們所看到的不現不可得因的支分，全部都是從果正因、自性正因成立「是」、「有」的對立面而展開的，卻沒有一個支分從成立非遮的角度分開來。從這點可以看出妙音笑大師將以一個非遮作為所立法的正因歸在成立因中，實有其有力的理由。

而在這種分類架構下，也可以解釋為何成立正因分為果正因及自性正因兩種，而遮破正因只有不可得因一種，關鍵即在於量論屢屢提及的「相係屬」。在成立「是」與「有」時，因與所立法會有兩種相係屬的可能性，是依之而生的係屬的，就歸為果正因；是同一本性的係屬的，就歸為自性正因。但是在成立無的時候，雖然可以用「無因」推出「無果」，但即便是以「無因」推出「無果」，這種論式的因與所立法之間的係屬，依舊是同一本性的係屬，這就說明了為何成立正因有兩種，而遮破正因只有一種。而如果將非遮都歸入不可得因，那麼成立正因與遮破正因中都有著兩種係屬，為何成立因中因係屬而分出兩類，而遮破因不因係屬而分成兩類？由此反推，又可見妙音笑大師將以非遮諸法作為所立法的正因歸在成立因中的重大抉擇點。

在這個框架之下，或許可以一探妙音笑大師在本節當中，沒有對於可現不可得正因本身作詳盡的解說，卻只在支分上大加辨析的用意。妙音笑大師在本節當中雖然在支分大作辨析，但是重點卻只講兩個，一是

可否以因推知果，一個是可現不可得正因的支分到底有幾種。而這兩個問題的關鍵都與成立「是」與成立「有」有幾種方式的脈絡相關。

本節當中，一開始就在討論可否以因推知果，這個問題看似與可現不可得因了無相關，實際上卻大有關聯。如果可以用因來推知果，那麼在成立是與有的時候，就會超出自性正因與果正因的範圍。如果可以用因來推果，那在可現不可得因當中，就會多出一種成立方式：勢力無阻礙的因存在的話，其果就必定存在，其果若存在，與其不共容、所對治的事物便會不存在。所以就可以用因存在而成立與其果不共容、所對治的事物不存在。

然而就論式而言，因是無法推出果的存在的，從正面來講，因無法推出果的存在，所以反過來講，也無法由於因的存在，而推出果的所對治方不存在。如不能言，因為火的因存在，所以火的所對治方寒觸不存在。

因之所以不能推知果，是因為如果以較遠的因來成立果的出現，那麼由於因與果之間仍有時間的間隔，在這個間隔中，就有可能產生變數，以至於無法肯定會產生這個果，所以用遠因來推知其果是推不準的，不能作為推知其果的正因。而一個因的勢力已經達到完全沒有阻礙，勢不可擋地必然出生其果時，一定是到生果的前一剎那的階段，如果已經達到了這個階段，以這樣的因推知果就沒有意義了。因為這樣的因已經太靠近果了，在花時間了解這個因的過程中，這個果早已出生而擺在眼前，不再需要藉由因去成立。自宗從這兩個角度來說明為何在論式當中因未能推知其果。由於因不能推知其果，所以自然也就不能從有

某個因而推知其果所對治的事物不存在。

　　除了這個主題之外，自宗還著重說明十種正因即可不多不少地包含所有的可現不可得正因。雖然也有分得更多與分得更少的分法，但是這些分法只是與這十種支分有開合的差別而已。至於真的超出了十種範圍的支分，或者認為這十種支分沒有含攝所有支分，或者因為某些論著當中支分分得比較少而認為這十種支分分得太多，這都是錯誤的想法。

　　在因類學當中，特別重視因與所立法之間的係屬，或者可以說，整個因類學體系，便是將正因論式建構在「相係屬」的架構上，離開了相係屬便沒有正因論式。而係屬又只有同一本性的係屬與依之而生的係屬二種，果係屬於因，而因卻不係屬於果，這是因類學當中為何要力辯沒有以因推果的正因的根本理由。不過，阿莽班智達在其著作當中，也輕輕地說了一句：「所有正因雖然都含攝在果、自性、不可得正因三者之中，但是《俱舍論》第三品中提到一類必須由因而比度果，因此必須要觀擇。」

　　嚴格說起來，如果以現在的因作為成立未來的果的原因的話，確實有上述自宗所說的問題。但是如果大家對於某些因果之間的必然性已經有了非常熟悉的認知時，那麼對於過去的因果事件，是否可以以因推知果？另外，其實每一個無常的事物都是因，無論之後結的果是怎麼樣的，總之一定會產生某個果。如果不要以因來推知其果精細的行相，而只是以因來籠統地推知他是具有果，這種推論是否也可得到正確的認知？這一切都很值得探討。

　　其實，因類學的學說當中，將正因論式奉為推理的主桌，但是為卻

又將正因論式限在因與所立法相係屬的範圍內，而是否所有的正確的推理，都在這個範圍當中？其實答案很明顯，非然也。可以想知，之所以正因論式安立在這個範圍當中，是為了免除許多推理，空有周遍、因成立，卻沒有實質的推理，而致認知沒有實質的效果。而相係屬的事物，既已立定了「隨趣反退」的特質，自然在這個基礎上可以免去所有不合理的推理。但是如此嚴密安全的正因論式，反面必然是失之嚴密而未能將所有正確的推理納入其中。如果有宗派將此視為正確推理的唯一途徑，那麼最後也必定會引來諍論。最為典型的論辯，即應成與自續的論式之諍。自續認為不以自續正因論式，不足以新證空性，而應成派則認為，根本無須正面成立的論式，只要用詰難的應成論式就能令人產生新知。這場辯論可以說即是對於正因論式的推理原理之諍的延續，乃至趣向更深之處推展。

解說可現不可得正因的論述

　　第二科、解說可現不可得正因，分為三科：一、概略說明；二、從支分的角度詳細闡述；三、斷諍。

　　為了解說第一科，而提出「抉擇詞觀待於別，而具有知某事不存在的具果者」這段教典[226]；為了開闡第二科，而提出：「成立相違與果」乃至[33]「不存在的話則是錯亂[227]」；為了解說第三科，而提出：「對於相違的果，也觀待於處所」乃至「就像用灰來成立不冷[228]。」

　　在這些段落當中有可現不可得正因的支分等等諸多內容，對於其中第一科略作辨析。

　　《定量論》根本頌及其解釋、《正理滴論》三論之中，說到可現不可得正因有二種、三種、四種、八種、十一種的說法，大智者澤大

226　此處係指《釋量論》，引文今人法尊法師譯作：「觀待於差別，知某無為果。」見《釋量論略解》正文頁5；《丹珠爾》對勘本冊97，頁470。

227　此處係指《釋量論》，引文今人法尊法師譯作：「相違與果成」「無則是錯亂」見《釋量論略解》正文頁5、6；《丹珠爾》對勘本冊97，頁470。

228　此處係指《釋量論》，引文今人法尊法師譯作：「其相違果中」「如灰成不冷」見《釋量論略解》正文頁6；《丹珠爾》對勘本冊97，頁470。

里說有十六種，與此相順，潛隱解脫源也說有十六種，這些只是開合的差別，並無不相順處。

但是迦那師利[229]未掌握法勝、吉祥法稱及二位的追隨者澤大里、解脫源二人的密意，在前面的十六種之上又加了四種因因，而說有二十種。但後面四者應當不合理，因為將因的勢力無有阻礙[230]敘述為因的話，不能成立與因相違的果不存在的緣故。應當如此，因為如此成立時，將直接因敘述為因的話無法證達所立，而敘述其他因為因的話將導致錯亂，有這兩種過失的緣故。

因為《定量論》中說[231]：「問道：『既然能以果成立，為何不能以因成立？』答：並非從因的角度，因為會錯亂的緣故。譬如在此無寒觸，因為有木柴的緣故。」又《應理論》中說[232]：「並非以因，因為會錯亂的緣故」的緣故。

對此有人說：「我如果只是將因敘述為因的話，固然會這樣，我是將因的勢力無有阻礙敘述為因。」這是不觀察而自得其樂，這種言論真是驚人！火的因勢力無有阻礙有法，形成自果應當無有阻礙，因為是直接因或是因的勢力無有阻礙的緣故。周遍，因為本論中

---

229 **迦那師利**　阿底峽尊者的上師之一（約19世紀），梵語Jnanasri（རྙ་ན་ཤྲི）音譯，義為智吉祥。參見《校註集》冊1，頁151。

230 **因的勢力無有阻礙**　通常指下一剎那立即出生自果，中途不再有任何違緣作障礙的因。

231 **《定量論》中說**　此段蓋取其大意，非錄原文。見《丹珠爾》對勘本冊97，頁661、662。

232 **《應理論》中說**　引文見《丹珠爾》對勘本冊104，頁1284。

說[233]：「必定是不決定的，因為容有諸多阻礙的緣故」的緣故。

如果承許的話，彼有法，應當是這種因的最後剎那的階段，因為如此承許的緣故。周遍，因為那只會是這種因的最後剎那的緣故。應當如此，因為《定量論》中說[234]：「在因的續流的最後剎那之前都容有阻礙的緣故，因此」。又《應理論》中說[235]：「在因的續流的最後剎那之前都容有阻礙的緣故，因此不能比度」的緣故。

如果承許的話，因的勢力無有阻礙有法，應當不是從應當有火的角度而能成立無寒觸的正因，因為他為時只有一個時邊際剎那的緣故。應當如此，因為為時一個時邊際剎那之內無法定解宗法與周遍的緣故。應當如此，因為定解宗法要為時一剎那，定解隨品遍再為時一剎那，生起定解因法係屬的憶念識要再為時一剎那，才生起比量的緣故。應當如此，因為為時一個時邊際剎那之內無法定解這些的緣故。

應當如此，因為《定量論》中說[236]：「透過見到因而觀待係屬以證達所比度，所以在一剎那都無有間隔的前一刻就會現證火」的緣故。周遍，因為「見到因」顯示一剎那間定解宗法的情形；「透過」

233　**本論中說**　此處本論係指《釋量論》，引文今人法尊法師譯作：「不決定，容有障礙故。」見《釋量論略解》正文頁6；《丹珠爾》對勘本冊97，頁470。

234　**《定量論》中說**　引文見《丹珠爾》對勘本冊97，頁662。

235　**《應理論》中說**　引文見《丹珠爾》對勘本冊104，頁1284。

236　**《定量論》中說**　此段蓋取其大意，非錄原文。見《丹珠爾》對勘本冊97，頁662。

是第五囀聲——出處格[237]，因此顯示彼因與因法的係屬二者無法一併定解的情形；「觀待係屬以證達所比度」，此處的所比度是指所立，因此顯示生起證達彼的比量的情形；「在一剎那」等文，顯示直接因與直接果——火二者之間沒有其餘剎那的間隔，所以無暇證達所立，因此在證達能立之前就已經現證火的緣故。

有人說：「只將因敘述為因而成立無寒觸的正因應當存在，因為有因相違可得正因的緣故。」回答不遍，因為如果只是將相違方的因敘述為因的話，會導致錯亂，因而並非如此，是必須敘述一個自性相違可得的特殊因的緣故。應當如此，因為在像強力大火的自己遍覆之處，成立沒有自己的相違方——寒果毛豎的話，就會成為正因，如果不是這樣的話，就非如此的緣故。

應當如此，因為《定量論》中說[238]：「如果與諸因相違，就必定能理解，譬如在此沒有毛豎等別相，因為靠近能炙的別相的緣故」的緣故。周遍，因為**為令香火遮除自己周遭的寒觸**，所以提到炙，這指的是與熱同一對字的燒；**特殊與「別相」是同一對字**，顯示必須是一種特殊的火的緣故。

雪域的講說推理師中的佼佼者大智者藏那巴提到，說可現不可得正因有十六種，並沒有不是正因的過失；以及在《正理滴論》等等所

---

237 **第五囀聲——出處格**　藏文文法中八種囀聲之一。意即能顯示該事物從一事物產生或形成的助詞，相當於中文當中的「從」和「由於」。

238 **《定量論》中說**　此段蓋取其大意，非錄原文。見《丹珠爾》對勘本冊97，頁662。

說的十二種之外還有四種所遍相違可得正因。這種說法不合理，因為無論是從顯現所遮的方式、趣入的方式、所遮粗細與體性差別，無不含攝於其中的緣故。應當如此，因為此四者從所遮的角度沒有不同的區別，從趣入之時的角度也沒有不同的區別的緣故。

對於第一點，應當如此，因為你所承許的澤大里的《童蒙入推理論》中說[239]：「辨識第十三『與自性相違的周遍可得』時，譬如『在此處無火，因為有霜觸的緣故。』」的緣故。又這四者從所遮的角度沒有不同的區別，從趣入之時的角度也沒有不同的區別的緣故。又這本身也具足與因相違之果可得的意涵的緣故。

第二個因成立，因為一個正因論式就能表徵這三者，所以趣入之時也相等的緣故。

另外，大智者澤大里說十六種，是為了讓聰慧者善巧正因的支分，但在十二種之外另說四種應當不合理，因為這樣的話，就必須安立在強力的柏木大火遍覆的東方之處遮除寒觸等四者、在強力的牛糞大火遍覆的東方之處的四者、在強力的沉香大火遍覆的東方之處的四者；這樣的話，任何正因的支分都將無有窮盡，而這都只是分別假立的緣故。應當如此，因為《顯明解脫道》中說[240]：「不包含在十二者當中的，盡是唯分別假立」的緣故。

239　**《童蒙入推理論》中說**　與《童蒙入推理語》為同一論著。引文見《丹珠爾》對勘本冊106，頁967。

240　**《顯明解脫道》中說**　引文妙音笑大師所著《釋量論辨析》相應段落中作《定量論廣釋》。見《傑擦‧達瑪仁欽文集》冊7。

有一類二部論疏的隨學者承許不可得正因的數量決定為只有十或十一種，其原因是《顯明解脫道》中說[241]：「決定為六種相違可得及四種相屬方不可得，所以《定量論》中說：『既然如此，不可得由論式的別相而有十種。』至於其他的承許，則不認為是論典的密意」的緣故。回答不遍，因為之後會解說這段教典意涵，而如此承許，是自己不曉得自己的直接相違的緣故。

另外，不現不可得正因有三種，可現不可得正因中有依著不並存相違的六種相違方可得、四種相屬方不可得，一種依著互絕相違者，在十一種因之上，再加前述的三種因而為十四種，這樣的說法應當不合理，因為承許不可得正因的數量多於十或十一種，並非論典的密意的緣故。已經承許因了。

如果承許的話，那麼應該違背《定量論》根本頌及其解釋的詞句與所有《賈曹傑釋》的字面而說，因為《定量論》中說[242]：「因境、時而隱蔽，所以隱蔽有三種。」又其《賈曹傑釋》中說[243]：「第一：隱蔽義有三種。」又《定量論》中說[244]：「既然如此，不可得由論式的別相而有十種。」又《賈曹傑釋》中說[245]：「依著不

---

241 《顯明解脫道》中說　引文見《傑擦·達瑪仁欽文集》冊6，頁24。

242 《定量論》中說　此段蓋取其大意，非錄原文。見《丹珠爾》對勘本冊97，頁663。

243 《賈曹傑釋》中說　引文見《傑擦·達瑪仁欽文集》冊7，頁424。

244 《定量論》中說　引文見《丹珠爾》對勘本冊97，頁663。

245 《賈曹傑釋》中說　引文見《傑擦·達瑪仁欽文集》冊7，頁422。

並存相違的這十種遮破因」的緣故。

另外，對於前後兩個立宗而言，《顯明解脫道》中的[246]「至於其他的承許」，應當不是解說「依著不並存相違的遮破因當中，沒有不包含在這十種的依著不並存相違的所遍相違遮破因等」，因為這理應結合於遮破因或不可得因的數量決定的緣故。如果承許的話，那麼單獨遮破寒觸時，也不應該安立十二種依著不並存相違的相違可得，因為如此承許的緣故。三輪！愚人還是少說話為妙。

如果承許的話，那麼《顯明解脫道》中說[247]：「這些也只是由論式的別相而分為不同而已，並非就論式各各決定而言[34]，因為單獨遮破寒觸時也能分出許多種。」又《七部莊嚴論》中說[248]：「分為相違自性可得四者[35]。前四者」等等，提到單獨遮破寒觸，也宣說了十二種論式，這應當不合理，因為如此承許的緣故。

另外，《正理滴論》所說[249]「這是由論式的別相而有十一種」這段教典的意涵應當不成立，因為你不承許其意涵為：可現不可得正因有四種相屬方不可得、六種相違方可得；不計三種不現不可得，而是在前述之上加上一種依著互絕相違者，共為十一種的緣故。已經承

---

246 **《顯明解脫道》中的** 引文見《傑擦‧達瑪仁欽文集》冊6，頁24。

247 **《顯明解脫道》中說** 引文見《傑擦‧達瑪仁欽文集》冊6，頁25。

248 **《七部莊嚴論》中說** 引文見《克珠‧格勒白桑文集》冊10，頁304。

249 **《正理滴論》中說** 引文今人楊化群譯作：「彼之量式，分別列出，有十一種。」王森則譯作：「此不可得，由其運用方式各有不同，成十一種。」見《集量論釋略抄等四種合刊》頁110、125；《丹珠爾》對勘本冊97，頁815。

許因了。

另外，遮破因應當沒有二十一種[36]，因為你只承許遮破因與可現不可得因各有十種的緣故。如果承許的話，這應當不合理，因為上述諸多教典也提到，遮破因中有可現不可得因分出的依著不並存相違的四種相屬方不可得、如《七部莊嚴論》所說的十二種相違方可得、兩種依著互絕相違者、三種不現不可得，共二十一種。之後還會解說其意涵及詞義的緣故。

這麼說了之後，有人說：「應該像迦那師利那樣，承許以火的因勢力無有阻礙遮破四類寒觸的四種單純相違之因的因，因為容許有一種承許為二十五種因的方式的緣故。」回答不遍，因為也可以列舉四種能遍可得的四種所遍可得[250]的緣故。

另外，克主傑與僧成二師也應當不承許二十一種遮破因或不可得因，因為此二師在《釋量論大疏》與《總義正理莊嚴論》中，都如《賈曹傑釋》而說十種趣入遮破因的方式的緣故。

《釋量論大疏·正理大海》中說[251]：「理解所立的遮破法時，由於對當前的後諍者而言，所遮法決定為即使存在也無法現見，以及

---

250 **四種能遍可得的四種所遍可得**　原文各版本皆作「四種所遍可得的四種能遍可得」，然於義不合，應誤。妙音笑大師所著《釋量論辨析》於相應段落作「四種能遍可得的四種所遍可得」，今據此改之。

251 **《釋量論大疏·正理大海》中說**　《釋量論大疏·正理大海》，因明論典，共4品，克主傑大師著，尚無漢譯。此論以宗大師所說量學論典作為基礎，主要依據天王慧大師之觀點解釋《釋量論》。不僅將賈曹傑大師所著《釋量論疏顯明解脫道》當中不明顯與未提及之印度先賢觀點詳加清晰闡述，又廣泛探討《顯明解脫道》之內義，成為該論之辨析。為後代格魯派學僧研習《釋量論》之重要參考論著。引文見《釋量論廣註理海》冊上，頁74。

存在的話就可以現見二者，因此遮破因決定為不現不可得因與可現不
可得因二種」，乃至「由於決定為六種相違可得、四種相屬不可得，
因此《定量論》中說[252]：『既然如此，不可得由論式的別相而有十
種。』」

又《總義正理莊嚴論》中說[253]：「在後靜者的現前識中，所遮
決定為可現見及不可見二者」，乃至「既然如此，四種相屬方不可得
因、六種相違方可得因，共有十種遮破因」的緣故。

《正理滴論》所說的果不可得等其餘的十種遮破因[37]，雖然可
以間接包含在十一種的第一種——自性不可得之中，但是並非真正的
自性不可得因，這樣的區別應當不合理，因為立宗合理的緣故。不能
如此承許，因為《正理滴論》中說[254]：「果不可得等十種不可得，
從間接的角度全都包含在自性不可得之中」的緣故，而「從間接的角
度」是有所否定的緣故。

《律天疏·饒益弟子》中說[255]：「果不可得等等是遮破餘義；
自性相違可得等等，豈非有餘義？那又如何能包含在其中？」乃至

252　《定量論》中說　引文見《丹珠爾》對勘本冊97，頁663。

253　《總義正理莊嚴論》中說　引文見《法王僧成文集》冊8，頁172、173。

254　《正理滴論》中說　引文今人楊化群譯作：「然由義勢之門，果未緣到等未緣到之十種量式，
　　　皆攝於自性未緣到之中。」王森則譯作：「自第二式果不可得，以下十式，此等皆可攝入第一
　　　自體不可得中。」見《集量論釋略抄等四種合刊》頁110、126；《丹珠爾》對勘本冊97，頁
　　　816。

255　《律天疏·饒益弟子》中說　引文見《丹珠爾》對勘本冊105，頁39。

「如果意指由於有餘義與遮破餘義等而成為相異的論式，由此間接地包含在彼之中，而非直接地包含」等等，提到包含在自性不可得的方式，應該讀讀這段！

在此總攝而言，其餘十種遮破因間接包含在自性不可得的方式存在，因為自性不可得是相屬方不可得[38]，後七者是相違方可得，所以其中雖然沒有包含直接詮說可現不可得，但是間接透過詮說相違方而引出並成立所遮可現不可得的緣故。譬如：「無火，因為有霜的緣故。」這個因雖然沒有直接詮說無火，但是透過直接詮說相違方而間接成立無火的緣故。

這些是從譬喻的角度而解說，至於意涵上，則要知道四諦十六行相；主要的相違可得，是指對治品——證達無我的智慧，及所斷——我執；其與解脫者的相續相結合的道理，以及對治品依次斷除所斷的方式等等。

結頌：

在《般若經》中，導師世尊微笑地說，

就像光明與黑暗一般，

正理的十二主才正要顯現，

厚重的我執黑暗就自然消亡。

陳那與法稱以正理成立此說，

宛如千光之主，光顯能仁聖教，

百朵智慧之蓮中的喜樂蜜蕊，

一同盛開了！

　　這部《因類學論述・明慧頸嚴如意珠妙鬘》為具德札西果芒僧院的必背課文，後又於具德札西奇寺進行了校對，願能利樂一切！

　　大慈恩・月光國際譯經院真如老師總監，如月格西授義，主譯譯師釋如法2017年3月10日於星國奉師敕始譯。2017年10月17日夜初稿譯訖。2019年10月27日與主校譯師釋性忠，審義譯師釋性浩會校訖。參異譯師釋性說。眾校譯師妙音佛學院預一班、預科122班。譯場行政：釋性回。譯場檀越：陳懿、張茹。

賽倉因類學自宗

因類學自宗辨析．
明慧智者頸嚴除眾生心闇君陀花開

༈།།རྟགས་རིགས་ཀྱི་རང་ལུགས་མཐའ་དཔྱོད་བློ་གསལ་མཁས་
པའི་མགུལ་རྒྱན་འགྲོ་བའི་སྙིང་གི་མུན་པ་སེལ་བར་བྱེད་པ་
ཀུནྡ་ཊའི་ཁ་འབྱེད་ཅེས་བྱ་བ་བཞུགས་སོ།།

南無姑汝曼殊廓喀雅

承彼，在此第二科、自宗：可現不可得因可分為十一種，因為有
依著不並存相違的四種相屬方不可得、六種相違方可得、一種依著互
絕相違，共十一者的緣故。

第一、有四種依著不並存相違的相屬方不可得，因為有自性不可
得、能遍不可得、因不可得、直接果不可得，共四者的緣故。

第一、有自性不可得的抉擇詞，因為像敘述「煙消隱的圍牆內有
法，沒有煙，因為煙不為量所緣的緣故」即是彼的緣故。有他名為自
性不可得抉擇詞的原因，因為煙為量所緣，是煙存在的自性，而將其
不可得敘述為因，所以安立為自性不可得抉擇詞的緣故。

第二、有能遍不可得抉擇詞，因為像詮說「樹木消隱的岩石區內
有法，沒有沉香樹，因為沒有樹木的緣故」即是彼的緣故。有他名為
能遍不可得抉擇詞的原因，因為樹木是沉香樹的能遍，而將其不可得
敘述為因，所以安立為能遍不可得抉擇詞的緣故。

第三、有因不可得抉擇詞的安立方式，因為像詮說「夜間的海上
有法，沒有煙，因為沒有火的緣故」即是彼的緣故。有他名為因不可
得抉擇詞的原因，因為火是煙的因，而將其不可得敘述為因，所以如
此稱呼的緣故。

第四、有直接果不可得抉擇詞的安立方式，因為像詮說「在強力
大火遍覆之處有法，沒有寒冷因的勢力無有阻礙，因為沒有寒觸的緣
故」即是彼的緣故。有其名為直接果不可得抉擇詞的原因，因為寒冷

因的勢力無有阻礙的直接果是寒觸，而將其不可得敘述為因，所以如此安立的緣故。

第二、依著不並存相違的相違方可得有六種，因為有與自性相違之自性可得、相違之果可得、果相違可得、能遍相違可得、與因相違可得、與因相違之果可得，共六者的緣故。

第一、與自性相違之自性可得可得舉例，因為像詮說「在強力大火遍覆之處有法，沒有寒觸，因為火可得的緣故」即是彼的緣故。有其名為與自性相違之自性可得的原因，因為與寒觸的自性相違者是火，而將火可得敘述為因，所以如此安立的緣故。

第二、相違之果可得可得舉例，因為像詮說「在濃煙遍覆之處有法，沒有寒觸，因為濃煙可得的緣故」即是彼的緣故。有其名為相違之果可得的原因，因為與寒觸相違者是火，而將其果——煙可得敘述為因，所以如此稱呼的緣故。

第三、果相違可得可得舉例，因為像詮說「在強力大火遍覆之處有法，沒有寒冷因的勢力無有阻礙，因為強力大火可得的緣故」即是彼的緣故。有其名為果相違可得抉擇詞的原因，因為寒冷因的勢力無有阻礙的果為寒觸，而將與之相違的火可得敘述為因，所以如此稱呼的緣故。

第四、能遍相違可得可得舉例，因為像詮說「在強力大火遍覆之處有法，沒有霜觸，因為強力大火可得的緣故」即是彼的緣故。有其名為能遍相違可得的原因，因為霜觸的能遍為寒觸，而將與之相違的

火可得[256]敘述為因，所以如此稱呼的緣故。

第五、有因相違可得，因為像詮說「在強力大火遍覆之處有法，沒有寒果毛豎，因為強力大火可得的緣故」即是彼的緣故。有其名為因相違可得抉擇詞的原因，因為寒果毛豎的因為寒觸，而將與之相違的火可得敘述為因，所以如此安立的緣故。

第六、與因相違之果可得的安立方式存在，因為像敘述「在濃煙遍覆之處有法，沒有寒果毛豎，因為濃煙可得的緣故」即是彼的緣故。有其名為與因相違之果可得的原因，因為寒果毛豎的因為寒觸，而將與之相違的火之果——煙可得敘述為因，所以如此稱呼的緣故。

第三、依著互絕相違者可分為二種，因為有以決定遮破觀待與以觀待遮破決定二者的緣故。第一者可得舉例，因為詮說「瓶子有法，其壞滅不觀待於後起的其他因素，因為從形成起即住於壞滅有法的緣故」即是彼的緣故。第二者的安立方式存在，因為「白衣有法，非從形成起即有染色，因為成為有染色必須觀待於後起的其他因素的緣故」即是彼的緣故。

不可得因有分為十四種的列舉方式，因為在前述的十一種之上，再加入不現不可得因所屬的因、能遍不可得二者，以及相違方可得這三者，而為十四種的緣故。

依著不並存相違的相違方可得因，可廣分為十二種，因為有四種相違自性可得、四種相違之果可得、四種相違所遍可得，共十二種的

256　**可得**　此處「可得」二字原文所無，然於義應添加，今依義補上。

緣故。

第一、四種相違自性可得可得舉例，因為像要成立在強力大火遍覆的東方之處分別沒有寒觸、寒果毛豎、寒冷因的勢力無有阻礙、霜觸，而詮說「因為強力大火可得的緣故」即是彼的緣故。

第二、四種相違之果可得可得舉例，因為像要成立在濃煙遍覆的東方之處分別沒有彼四者，而詮說「因為濃煙可得的緣故」即是彼的緣故。

第三、有四種相違所遍可得，因為像要成立在強力的栴檀大火遍覆的東方之處分別沒有彼四者，而詮說「因為強力的栴檀大火可得的緣故」即是彼的緣故。

大智者迦那師利是說遮破因可分為十六種，因為在前述的十二種之上，像要成立在強力大火遍覆之處沒有寒觸、寒果毛豎、寒冷因的勢力無有阻礙、霜觸四者，依次將火的因勢力無有阻礙敘述為因即是彼的緣故。後者應當不合理，因為提到火的因勢力無有阻礙不能成立在強力大火遍覆之處沒有寒觸等等的緣故。

又安立二十一種遮破抉擇詞的方式存在，因為有四種相屬方不可得、十二種依著不並存相違的相違方可得、二種依著互絕相違、三種不現不可得，共二十一種的列舉方式的緣故。

澤大里列舉二十五種相違抉擇詞的方式存在，因為在前述的二十一種之上，加入四種相違所遍的所遍可得，共有二十五種的緣故。

有這四者的安立方式，因為要成立在強力的栴檀大火遍覆的東山之處沒有寒觸等四者，「東山強力的栴檀大火遍覆可得」即是彼的緣

故。

正因從所立的角度可分為三種，因為有唯獨成立意涵的正因、唯獨成立名言的正因與俱成名義二者的正因，共三者的緣故。

第一、有唯獨成立意涵的正因的安立方式，因為所作是成立聲音是剎那性的唯獨成立意涵的正因的緣故。因為沒有「既是被執為以所作因成立聲音是剎那性的直接所立法的事物，又是名相的共同事」，但是有「又是性相的共同事」，所以是成立彼的唯獨成立意涵的正因的緣故。

第二、有唯獨成立名言的正因，因為剎那性是成立聲音是無常的唯獨成立名言的正因的緣故，而這是因為沒有「既是被執為以剎那性因成立聲音是無常的直接所立法的事物，又是性相的共同事」，但是有「又是名相的共同事」，所以安立為成立彼的唯獨成立名言的正因的緣故。

第三、有俱成名義二者的正因，因為所作是成立聲音是無常的俱成名義二者的正因的緣故。因為有「既是被執為以所作因成立聲音是無常的直接所立法的事物，又是名相的共同事」，也有「又是性相的共同事」，所以是俱成名義二者的正因的緣故。

另外，正因從趣入順宗的方式的角度，可分為二種，因為有趣入順宗而為能遍的正因與趣入順宗而為二相的正因二者的緣故。

第一、有趣入順宗而為能遍的正因，因為所作是成立聲音是無常的趣入順宗而為能遍的正因的緣故。應當如此，因為是成立聲音是無常的順宗的話，遍是所作的緣故。

　　第二、有趣入順宗而為二相的正因，因為勤作所成是成立螺聲是無常的趣入順宗而為二相的正因的緣故。應當如此，因為成立螺聲是無常的順宗中有是勤作所成與不是勤作所成二種的緣故。應當如此，因為鈴的所聞既是成立螺聲是無常的順宗，也是勤作所成；是成立螺聲是無常的順宗，而非勤作所成者，水聲與風聲等等即是彼的緣故。

　　另外，正因從直接所立的角度可分為三種，因為有事勢正因、信許正因、共稱正因，共三者的緣故。

　　第一、事勢正因，即是前面說過的果、自性、不可得三者。

　　有信許正因，因為他是成立彼的三相，而且是以他因成立彼的直接所立的話，必須是觀待於當前的諍者為極隱蔽分，這是他是成立彼的信許正因的性相。有敘述論式的方式，因為「『施得受用戒得樂』等教典有法，自己所開示的意涵是不欺誑，因為是三種觀察清淨的教典的緣故。譬如主要直接開示空性的經典」即是彼的緣故。

　　有三種觀察的列舉方式，因為觀察有沒有被現前識與比量二者違害，與觀察自詞前後相不相違，這三者即是彼的緣故。

　　有以三種觀察而清淨的意涵，因為透過這三種而不見違害的話，即安立為以該補特伽羅的三種觀察而清淨的緣故。

　　有共稱正因的性相，因為他是成立彼的正因，而且是以他因成立彼的直接所立的話，只是當前的後諍者的主張所安立者即是彼的緣故。

　　有敘述論式的方式，因為敘述為「懷兔有法，是可被詮說『月亮』的聲音詮說，因為在分別心的境中存在的緣故」的緣故。

對此斷除諍論：

有人說：「共稱正因與信許正因二者有法，應當不是果、自性、不可得正因三者任何一者，因為是在果、自性、不可得正因三者之外另行開出的緣故。」回答不遍。不能如此承許，因為沒有不含攝於這三者其中一者的正因的緣故。應當如此，因為共稱正因與信許正因大多含攝於自性正因的緣故。

對此有人說：「遮破『瓶子壞滅要觀待於後起的其他因素』應當不合理[257]，因為你的依著互絕相違的正因的支分是合理的緣故。不能如此承許，因為能毀壞瓶子的鎚子是瓶子壞滅的因的緣故。如果說因不成立的話，彼有法，應當是令瓶子壞滅的因，因為他能毀壞瓶子的緣故。」回答不遍。如果承許的話，彼有法，瓶子壞滅應當取決於他，因為他是令彼壞滅的因的緣故。如果承許的話，彼有法，應當有他的話瓶子就壞滅，沒有他的話瓶子就不壞滅，因為瓶子壞滅觀待於他的緣故。不能如此承許，因為瓶子是從形成起即從自己的因緣生為決定壞滅的實事的緣故。如果說因不成立的話，彼有法，他應當是從形成起即從自己的因緣生為決定壞滅的實事，因為他是實事的緣故。

有人說：「煙有法，『既是被執為以他因成立有煙的山坡上有火的直接所立法的事物，又是性相的共同事』應當存在，因為他是成立彼的成立意涵的正因的緣故。」可以回答承許，因為既熱且燒即是彼的緣故。

257　**不合理**　原文如此，然按照上下文義應無「不」字。

「是以所作因成立聲音是無常的因論式的話，應當遍是正因論式，因為所作是成立聲音是無常的正因的緣故。如果承許的話，『聲音有法，是無常，因為有所作的緣故』這個論式有法，應當是正因論式，因為是以所作因成立聲音是無常的因論式的緣故。應當如此，因為『有煙的山坡上有法，有火，因為有煙的緣故』這個論式是以煙因成立有煙的山坡上有火的正因論式的緣故。」回答不遍。不能承許前面的宗，因為「聲音有法，是無常，因為有所作的緣故」這個論式不是真實論式的緣故。應當如此，因為其正周遍不成立的緣故。應當如此，因為有所作的話，不遍是無常的緣故。

另外，這應當不合理，因為是以所作因成立聲音是無常的成立方式的話遍是「成立是非」，是其敘述方式的話遍是「敘述是非」，這二種周遍各別都存在的緣故。如果說不遍的話，這應當有周遍，因為「聲音有法，是無常，因為有所作的緣故」這個論式的成立方式雖然是成立是非，但是敘述方式不是敘述是非的緣故。是以所作因成立聲音是無常的成立方式的話，應當遍是「成立是非」，是其敘述方式的話應當遍是「敘述是非」，因為即使將以所作因成立聲音是無常的成立方式當作「成立有無」，將其敘述方式當作「敘述有無」時，以所作因成立聲音是無常的成立方式依舊是成立是非，敘述方式依舊是敘述是非的緣故。應當如此，因為即使未將所作敘述為成立聲音是無常的因時，所作依舊是被敘述為成立聲音是無常的因的緣故。應當如此，因為即使以所作因成立聲音是無常的真實後諍者不存在時，所作依舊是成立聲音是無常的正因的緣故。

有人說：「以所作因成立聲音是無常的真實後諍者有法，沒有他的時候應當沒有他，因為他是實事的緣故。」回答論式結構有過失。如果承許的話，以所作因成立聲音是無常的真實後諍者不存在的時候，以所作因成立聲音是無常的真實後諍者應當存在，因為以所作因成立聲音是無常的真實後諍者不存在的時候，所作是成立聲音是無常的正因的緣故。如果說因不成立的話，以所作因成立聲音是無常的真實後諍者不存在的時候，成立聲音是無常的正因應當不存在，因為所作不是彼，而且舉其他事例也沒有任何不同的差別的緣故。如果承許的話，以所作因成立聲音是無常的真實後諍者不存在的時候，證達聲音是無常的量應當不存在，因為以所作因成立聲音是無常的真實後諍者不存在的時候，成立聲音是無常的正因不存在的緣故。不能如此承許，因為彼不存在時螺聲存在的緣故。

有人說：「是成實的話，應當不遍是正因，因為瓶柱二者不是正因的緣故。如果說因不成立的話，瓶柱二者有法，應當不是正因，因為是不容有是彼的所知的緣故。」落入相違周遍。如果承許的話，瓶柱二者有法，應當是正因，因為是果、自性、不可得正因三者的緣故。第一部分應當如此，因為有他趣入為果正因的論式的緣故。應當如此，因為趣入為「在具有瓶柱二者之處有法，應當有瓶柱二者的直接因的勢力無有阻礙，因為有瓶柱二者的緣故」這個論式的果正因的緣故。應當如此，因為他是成立彼的正因，而且「既是被執為以他成立彼的直接所立法的事物，又是他的因的共同事」存在的緣故。如果說第一個因不成立的話，彼有法，應當如此，因為他是成立彼的三相

的緣故。應當如此，因為是宗法，而且既是隨品遍，也是反品遍的緣故。每個因都容易理解。如果說第二個因不成立的話，應當如此，因為瓶柱二者的直接因的勢力無有阻礙即是彼的緣故。如果說第二個根本因不成立的話，瓶柱二者有法，應當是自性正因，因為是「在具有瓶柱二者之處有法，有瓶柱二者的總，因為有瓶柱二者的緣故」這個論式的自性正因的緣故。應當如此，因為他是成立彼的正因，而且以他因成立彼的直接所立法之中，有一相對應的非遮或成立法，而他與被當作成立彼的主要所立法的事物也是自性一的緣故。第二個因容易理解。如果說第一個因不成立的話，彼有法，應當是該論式的正因，因為他被敘述為其因，而且他是該論式的三相的緣故。第一個因容易理解。如果說第二個因不成立的話，彼有法，應當如此，因為他是其宗法，是隨品遍，也是反品遍的緣故。

如果說第三部分的根本因不成立的話，瓶柱二者有法，應當是不可得正因，因為是成立聲音能獨立的實有不成立的不可得正因的緣故。如果說因不成立的話，彼有法，應當如此，因為他是該論式的不可得相違方可得正因的緣故。如果說因不成立的話，彼有法，應當如此，因為他是該論式的遮破正因，而且他是主要被執為成立彼的直接所遮法的事物的相違方的緣故。如果說第一個因不成立的話，彼有法，他應當是該論式的遮破正因，因為他是該論式的正因，而且是主要被執為以他因成立彼的直接所立法的事物的話，遍是無遮的緣故。

有人說：「《釋量論》中的『宗法、彼分所遍的抉擇詞，必定為三種』說明是正因的話，遍是成立彼的果、自性、不可得正因三者其

中一者，這應當不合理，因為是成立彼的正因的話，不遍是成立彼的果、自性、不可得正因三者其中一者的緣故。應當如此，因為青稞、水、土、肥料、濕、暖宜時聚合的田地，是成立青稞、水、土、肥料、濕、暖宜時聚合的春季的東邊田地上自果青稞苗容許出生的正因，而且不是成立彼的果、自性、不可得正因三者任何一者的緣故。」可以回答後面的因不成立，因為青稞、水、土、肥料、濕、暖宜時聚合的田地是成立彼的自性正因的緣故。應當如此，因為他是成立彼的正因，而且以他因成立彼的主要直接所立法之中，有一相對應的非遮或成立法，而他與成立彼的主要所立法同一本性的係屬也成立的緣故。

有人說：「青稞、水、土、肥料、濕、暖宜時聚合的田地，應當是成立青稞、水、土、肥料、濕、暖宜時聚合的東邊田地上自果青稞苗必定出生的果、自性、不可得正因三者其中一者，因為是成立彼的正因的緣故。」自宗可以回答因不成立，因為是青稞、水、土、肥料、濕、暖宜時聚合的田地的話，不能成立自果青稞苗遍必定出生的緣故。

有人說：「是青稞、水、土、肥料、濕、暖宜時聚合的田地的話，應當能成立自果青稞苗遍必定出生，因為不容有『既是青稞、水、土、肥料、濕、暖宜時聚合的田地，又是自果青稞苗不生的共同事』的緣故。如果說因不成立的話，那個『既是青稞、水、土、肥料、濕、暖宜時聚合的田地，又是自果青稞苗不生的共同事』有法，自果青稞苗應當不生，因為是『既是青稞、水、土、肥料、濕、暖宜

時聚合的田地，又是自果青稞苗不生的共同事』的緣故。」自宗是回答對於有法存疑。

這麼說了之後，有人說：「對於有無是『既是青稞、水、土、肥料、濕、暖宜時聚合的田地，又是自果青稞苗不生的共同事』的事物應當不存疑，因為對於容不容有這樣的共同事不存疑的緣故。」回答不遍。

又有人說：「是青稞、水、土、肥料、濕、暖宜時聚合的田地的話，自果青稞苗遍能出生不為量所定解。」那麼這樣的周遍應當不為量所緣，因為這樣的周遍不為量所定解的緣故。如果承許的話，這樣的周遍應當不存在，因為這樣的周遍不為量所緣的緣故。如果承許的話，是「既是青稞、水、土、肥料、濕、暖宜時聚合的田地，又是自果青稞不生的共同事」的事物應當存在，因為「是青稞、水、土、肥料、濕、暖宜時聚合的田地的話，自果青稞苗遍出生」不存在的緣故。已經承許因了。

有人說：「青稞、水、土、肥料、濕、暖宜時聚合的田地有法，『是他的話自果青稞苗遍必定出生』應當存在，因為他是自果青稞苗的因，而且他生出自果青稞苗的緣故。」回答對於所顯法的周遍存疑。因是為量所成立，因為那是自果青稞苗的因的緣故。

有人說：「是成立彼的正因的話，應當沒有遍是成立彼的果、自性、不可得正因三者其中一者，因為現在的蔗糖味不是成立口中蔗糖塊之上有現在的蔗糖形色的果、自性、不可得三種正因其中一者，而且是成立彼的正因的緣故。如果說第一個因不成立的話，彼有法，應

當不是那三者任何一者，因為不是成立彼的果正因，而且不是自性正因，不是不可得正因的緣故。第一個因成立，因為被執為成立彼的直接所立法的事物，安立為現在的蔗糖形色，而且彼與蔗糖味不是因果的緣故。應當如此，因為彼與蔗糖味二者同時的緣故。如果說因不成立的話，他的色味二者應當是同時[258]，因為他是聚八塵質的結合體的緣故。如果說第二個因不成立的話，現在的蔗糖味有法，他應當不是成立口中蔗糖塊之上有現在的蔗糖形色的自性正因，因為他的色味二者是體性異的緣故。如果說因不成立的話，蔗糖有法，他的色味二者應當是體性異，因為他是聚八塵質的結合體的緣故。如果說第三個因不成立的話，現在的蔗糖味有法，他應當不是成立彼的不可得正因，因為「既是被執為以他因成立彼的直接所立法的事物，又是無遮的共同事」不存在的緣故。因容易理解。如果說第二個根本因不成立的話，現在的蔗糖味有法，他應當是成立口中蔗糖塊之上有現在的蔗糖形色的正因，因為依著他因而出生證達口中蔗糖塊之上有現在的蔗糖形色的比量存在的緣故。」回答不遍，因為是依著彼而出生比度因法的比量的緣故。

有比度因法的比量的出生方式，因為是以現在的蔗糖味為因，證達口中蔗糖塊之上前蔗糖味出生後蔗糖形色的能力，藉此才證達口中蔗糖塊之上現在的蔗糖形色；若不如此證達，以現在的蔗糖味為因，

---

258 **他的色味二者應當是同時** 原文如此，然按上下文義推斷，此句前應加「甘蔗有法」一句，文義乃足。

不能證達口中蔗糖塊之上後蔗糖形色的緣故。因為以前蔗糖味作為後蔗糖形色的俱有緣，前蔗糖形色作為後蔗糖形色的近取因，依此而出生現在的蔗糖形色的緣故。

第二科、解說相似因：以一道論式為代表而解說的話，是被敘述為成立聲音是無常的因，而且不具備成立聲音是無常的三相的抉擇詞，是成立聲音是無常的相似因的性相。一道論式的相似因可分為：不成立抉擇詞、相違抉擇詞、不定抉擇詞三者。

是被敘述為成立聲音是無常的因，而且是成立聲音是無常的宗法不成立的抉擇詞，是他是成立聲音是無常的不成立抉擇詞的性相。其中分為：觀待於意涵而不成立、觀待於覺知而不成立、觀待於諍者而不成立三者。

第一、觀待於意涵而不成立的抉擇詞可分為：無因體性而不成立的抉擇詞、無有法體性而不成立的抉擇詞、事因無係屬而不成立的抉擇詞、有法於因的一面不存在而不成立的抉擇詞、因於有法的一面不存在而不成立的抉擇詞，共五者。

第一、無因體性而不成立的抉擇詞存在，因為「具有能獨立的實有我的功德」，這是成立士夫有補特伽羅我的無因體性而不成立的抉擇詞的緣故。敘述論式的話，就像敘述「士夫有法，有補特伽羅我，因為具有能獨立的實有我的功德的緣故」即是彼的緣故。

成立聲音是無常的無因體性而不成立的抉擇詞可得舉例，因為「無」即是彼的緣故。

無有法體性而不成立的抉擇詞可得舉例，因為「樂等功德遍於一

切可得」，是成立「能獨立的實有我是遍於一切」的無有法體性而不成立的抉擇詞的緣故。敘述論式的話，就像敘述「能獨立的實有我有法，是遍於一切，因為樂等功德於一切可得的緣故」的緣故。

成立聲音是無常的無有法體性而不成立的抉擇詞無從舉例，因為聲音是有的緣故。

事因無係屬而不成立的抉擇詞可得舉例，因為「眼識所取」是成立聲音是無常的事因無係屬而不成立的抉擇詞的緣故。

有法於因的一面不成立的抉擇詞可得舉例，因為「離分別而不錯亂的明了」是成立「顯現雪山為藍色的根識是現前識」的有法於因的一面不成立的抉擇詞的緣故。敘述論式的話，就像敘述「顯現雪山為藍色的根識有法，是現前識，因為是離分別而不錯亂的明了的緣故」即是彼的緣故。該論式的有法於因的一面不成立的理由存在，因為顯現雪山為藍色的根識雖然是離分別，但不是不錯亂的明了，所以如此說的緣故。

成立聲音是無常的有法於因的一面不存在而不成立的抉擇詞可得舉例，因為「是法但不是剎那性」是成立聲音是無常的有法於因的一面不存在而不成立的抉擇詞的緣故。

因於有法的一面不存在而不成立的抉擇詞可得舉例，因為「清晰且明了」是成立「顯現雪山為藍色的根識的因緣、所緣緣、等無間緣三者是覺知」的因於有法的一面不存在而不成立的抉擇詞的緣故。有敘述論式的方式，因為像敘述「顯現雪山為藍色的根識的因緣、所緣緣、等無間緣三者有法，是覺知，因為是清晰且明了的緣故」即是彼

的緣故。

成立聲音是無常的因於有法的一面不成立的抉擇詞可得舉例，因為「勤作所成」是成立聲音是無常的因於有法的一面不成立的抉擇詞的緣故。

一道論式的觀待於覺知而不成立有二種，因為有存疑而不成立與無欲解而不成立的抉擇詞二者的緣故。

一道論式的存疑而不成立有三種，因為有對於有法存疑而不成立、對於因存疑而不成立、對於事因的係屬存疑而不成立的抉擇詞三者的緣故。

一道論式的對於有法存疑而不成立的抉擇詞可得舉例，因為「所作」對於趣入「在前方此處食肉鬼為隱蔽義」的補特伽羅而言，是成立「在前方此處食肉鬼的瓶子是無常」的對於有法存疑而不成立的抉擇詞的緣故。

「所作」對於某些補特伽羅而言，會趣入為成立聲音是無常的對於有法存疑而不成立的抉擇詞，因為對懷疑聲音的補特伽羅，敘述「聲音有法，是無常，因為是所作的緣故」時，所作對於此補特伽羅而言即趣入為成立聲音是無常的對於有法存疑而不成立的抉擇詞的緣故。

一道論式的對於因存疑而不成立的抉擇詞可得舉例，因為對見到夜間海上的灰白物而懷疑有沒有煙的補特伽羅，敘述「夜間海上有法，有火，因為有煙的緣故」時，煙即趣入為該論式的對於因存疑而不成立的抉擇詞的緣故。

「所作」對於某些補特伽羅而言，會趣入為成立聲音是無常的對於因存疑而不成立的抉擇詞，因為對懷疑所作的補特伽羅，敘述「聲音有法，是無常，因為是所作的緣故」時，所作對於此補特伽羅而言，即趣入為成立聲音是無常的對於因存疑而不成立的抉擇詞的緣故。

一道論式的對於事因的係屬存疑而不成立的抉擇詞可得舉例，因為像對於確定三個山坳其中一處傳出孔雀的叫聲，但是未確定其差別[259]的補特伽羅，敘述「在三個山坳的中間那處有法，有孔雀，因為傳出孔雀的叫聲的緣故」即是彼的緣故。

「所作」對於某些補特伽羅而言，會趣入為成立聲音是無常的對於事因的係屬存疑而不成立的抉擇詞，因為對懷疑「聲音是不是所作」的補特伽羅，敘述「聲音有法，是無常，因為是所作的緣故」時，所作對於這個補特伽羅而言，即趣入為成立聲音是無常的對於事因的係屬存疑而不成立的抉擇詞的緣故。

一道論式的無欲解而不成立的抉擇詞有三種，因為有事因無異而不成立的抉擇詞、事法無異而不成立的抉擇詞、因法無異而不成立的抉擇詞，共三者的緣故。

事因無異而不成立的抉擇詞可得舉例，因為聲音是成立聲音是無常的事因無異而不成立的抉擇詞的緣故。

事法無異而不成立的抉擇詞可得舉例，因為所作是成立聲音是聲

---

259 **未確定其差別**　意指未能確認具體是從三處山坳的哪一處傳出。

音的事法無異而不成立的抉擇詞的緣故。

因法無異而不成立的抉擇詞可得舉例，因為無常是成立聲音是無常的因法無異而不成立的抉擇詞的緣故。

一道論式的觀待於諍者而不成立有三種，因為有觀待於前諍者而不成立、觀待於後諍者而不成立、觀待於前後二諍者而不成立，共三者的緣故。

一道論式的觀待於前諍者而不成立的抉擇詞可得舉例，因為像前諍者數論師對後諍者佛教師敘述「安樂覺知有法，是具有心，因為能生滅的緣故」即是彼的緣故。「能生滅」是前諍者數論師所敘述的這個論式的觀待於前諍者而不成立的抉擇詞，因為前諍者數論師未以量成立安樂覺知能生滅的意涵的緣故。

「所作」觀待於某些補特伽羅而言，會趣入為成立聲音是無常的觀待於前諍者而不成立的抉擇詞，因為未以量定解所作的補特伽羅，敘述「聲音有法，是無常，因為是所作的緣故」時，「所作」即是該論式的觀待於前諍者而不成立的抉擇詞的緣故。

一道論式的觀待於後諍者而不成立的抉擇詞可得舉例，因為像前諍者裸形師對佛教師敘述「樹有法，是具心，因為削皮則死的緣故」即是彼的緣故。「削皮則死」是前諍者裸形師所敘述的這個論式的觀待於後諍者而不成立的抉擇詞，因為後諍者佛教師未以量成立樹死亡的意涵的緣故。

「所作」對於某些補特伽羅而言，會趣入為成立聲音是無常的觀待於後諍者而不成立的抉擇詞，因為對未以量定解「聲音是所作」的

補特伽羅後諍者，敘述「聲音有法，是無常，因為是所作的緣故」時，所作即是該論式的觀待於後諍者而不成立的抉擇詞的緣故。

一道論式的觀待於前後二諍者而不成立的抉擇詞可得舉例，因為未定解聲音是所作或非所作任何一者的補特伽羅前諍者，對未以量定解聲音是所作或非所作任何一者的補特伽羅後諍者敘述「聲音有法，是無常，因為是所作的緣故」時，「所作」即趣入為該論式的觀待於前後二諍者而不成立的抉擇詞的緣故。

是任何論式的十四種不成立抉擇詞其中一者的話，遍不是該論式的宗法，因為是任何論式的十四種不成立抉擇詞其中一者的話，遍不是與該論式的無過欲解有法敘法相順而存在性為量所定解的緣故。應當如此，因為是十四種不成立抉擇詞之中的無因體性而不成立、無有法體性而不成立、事因無係屬而不成立、事因無異而不成立、事法無異而不成立五者其中一者的話，作為某一個論式的不成立抉擇詞，自己遍不具足與該論式的無過欲解有法敘法相順而存在的意涵；是有法於因的一面不存在而不成立、因於有法的一面不存在而不成立二者其中一者的話，作為某一個論式的不成立抉擇詞，自己遍不具足與該論式的無過欲解有法敘法相順而存在性中的「性」字的意涵；是三種存疑而不成立的抉擇詞、因法無異而不成立的抉擇詞，與三種觀待於諍者而不成立的抉擇詞七者其中一者的話，作為某一個論式的不成立抉擇詞，自己遍不具足與該論式的無過欲解有法敘法相順而存在性為量所定解中的「量所定解」的意涵的緣故。

對此斷除諍論：

　　有人說：「聲音有法，應當不是成立聲音是無常的不成立抉擇詞，因為是成立聲音是無常的宗法的緣故。如果說因不成立的話，聲音有法，應當如此，因為是與成立聲音是無常的無過欲解有法敘法相順而存在性為量所定解的緣故。如果說因不成立的話，彼有法，應當如此，因為他具足『與成立聲音是無常的無過欲解有法敘法相順而存在』的意涵，具足『性』的意涵，具足『量所定解』的意涵的緣故。」自宗回答第一個因不成立。

　　這麼說了之後，有人說：「聲音有法，他應當具足『與成立聲音是無常的無過欲解有法敘法相順而存在』的意涵，因為他是與成立聲音是無常的無過欲解有法敘法相順而存在的緣故。如果說因不成立的話，彼有法，應當如此，因為以他因成立聲音是無常的敘述方式是敘述是非，成立方式是成立是非，而且他是與聲音敘法相順而存在的緣故。」回答不遍。第一個因容易理解，第二個因成立，因為聲音是他，在聲音有法之上是他的緣故。如果承許前面的宗，聲音有法，應當不是與以聲音因成立聲音是無常的無過欲解有法敘法相順而存在，因為以聲音因成立聲音是無常的無過欲解有法不存在的緣故。如果說因不成立的話，彼有法，應當如此，因為聲音不是彼，而且除此之外沒有其他事例的緣故。如果說第一個因不成立的話，聲音有法，應當不是以聲音因成立聲音是無常的無過欲解有法，因為不容有以量定解聲音之後仍須以量定解聲音是他的補特伽羅的緣故。

　　對此有人說：「聲音有法，應當是與成立聲音是無常的無過欲解

有法敘法相順而存在，因為是與成立聲音是無常的欲解有法敘法相順而存在的緣故。」回答不遍。如果說因不成立的話，聲音有法，應當如此，因為與聲音敘法相順而存在，而且聲音是以聲音因成立聲音是無常的欲解有法的緣故。第一個因成立，因為以他因成立彼的敘述方式是「敘述是非」，成立方式是「成立是非」，而且聲音是他，在聲音有法之上是他的緣故。第二個因成立，因為他是被執為成立彼的所諍事，而且以量定解他是聲音之後仍處於欲解他是無常的補特伽羅存在的緣故。第一個因容易理解，第二個因成立，因為以所作因成立聲音是無常的真實後諍者即是彼的緣故。

有人說：「聲音有法，應當不是成立聲音是聲音的事因無異而不成立的抉擇詞，因為是成立聲音是聲音的事法無異而不成立的抉擇詞的緣故。」回答不遍。如果說因不成立的話，彼有法，應當如此，因為分別是成立聲音是聲音的事因無異而不成立的抉擇詞、事法無異而不成立的抉擇詞，與因法無異而不成立的抉擇詞三者的緣故。如果說因不成立的話，聲音有法，應當分別是成立他是他的這三者，因為他是補特伽羅無我的緣故。

有人說：「勤作所成有法，應當不是成立聲音是無常的觀待於有法的一面而不成立的抉擇詞，因為是成立聲音是無常的事因無係屬而不成立的抉擇詞的緣故。」回答不遍。如果說因不成立的話，勤作所成有法，應當如此，因為他被敘述為成立聲音是無常的因，而且聲音不是他的緣故。第一個因容易理解。如果說第二個因不成立的話，聲音有法，他應當不是勤作所成，因為是他的話不遍是勤作所成的緣

故。如果說因不成立的話，水聲與風聲一一有法，應當是勤作所成，因為是聲音的緣故。已經承許周遍了。如果承許的話，彼有法，應當不是勤作所成，因為是彼有法的緣故。

有人說：「聲音有法，應當不是成立聲音是無常的事因無異而不成立的抉擇詞，因為是成立聲音是無常的事因無係屬而不成立的抉擇詞的緣故。如果說因不成立的話，彼有法，應當如此，因為聲音是被執為以他因成立聲音是無常的所諍事，而且聲音與他二者係屬不成立的緣故。」回答不遍。第一個因容易理解，如果說第二個因不成立的話，聲音有法，他與他二者係屬應當不成立，因為他是補特伽羅無我的緣故。如果承許前面的宗，聲音有法，應當不是成立聲音是無常的事因無係屬而不成立的抉擇詞，因為聲音是被執為以他因成立聲音是無常的所諍事，而且聲音是他的緣故。

這麼說了之後，有人說：「瓶柱二者有法，應當是成立瓶柱二者是無常的事因無係屬而不成立的抉擇詞，因為瓶柱二者是被執為以他因成立瓶柱二者是無常的所諍事，而且瓶柱二者不是他的緣故。意義上承許周遍。如果承許的話，彼有法，應當是成立瓶柱二者是無常的觀待於意涵而不成立的抉擇詞，因為是成立瓶柱二者是無常的事因無係屬而不成立的抉擇詞的緣故。如果承許的話，彼有法，應當不是成立瓶柱二者是無常的觀待於意涵而不成立的抉擇詞，因為是成立瓶柱二者是無常的觀待於覺知而不成立的抉擇詞的緣故。」回答不遍。如果說因不成立的話，彼有法，應當如此，因為是成立瓶柱二者是無常的無欲解而不成立的抉擇詞的緣故。如果說因不成立的話，彼有法，

應當如此，因為是成立瓶柱二者是無常的事因無異而不成立的抉擇詞的緣故。如果說因不成立的話，彼有法，他應當是以他因成立他是無常的事因無異而不成立的抉擇詞，因為他是補特伽羅無我的緣故。

有人說：「煙有法，應當是成立有煙的山坡上有火的事因無係屬而不成立的抉擇詞，因為他是被敘述為該論式的因，而且有煙的山坡不是他的緣故。」回答不遍。如果就敘述方式為敘述是非、成立方式為成立是非的角度而言，該論式的事因無係屬而不成立的抉擇詞的意涵，要解作彼有法非彼因；如果就敘述方式為敘述有無，成立方式為成立有無的角度而言，該論式的事因無係屬而不成立的抉擇詞的意涵，要解作在彼有法之上彼因不存在的緣故。

「煙有法，他應當是『有煙的山坡上有法，是有火，因為是有煙的緣故』這個論式的事因無係屬而不成立的抉擇詞，因為以他因成立彼的敘述方式為敘述是非，成立方式為成立是非，而且被當作成立彼的有法的事物不是他的緣故。」回答第一個因不成立，因為該論式的敘述方式為敘述有無，成立方式為成立有無的緣故。

有人說：「『聲音有法，存在，因為為量所緣的緣故』這個論式的敘述方式應當是敘述有無，成立方式應當是成立有無，因為『有煙的山上有法，有火，因為有煙的緣故』這個論式的敘述方式為敘述有無，成立方式為成立有無的緣故。」回答不遍，因為該論式的敘述方式為敘述是非，成立方式為成立是非的緣故。應當如此，因為量所緣是成立聲音是有的唯獨成立名言的正因的緣故。周遍，因為敘述該論式時，無論敘述「有」，或是敘述「是有」，都是敘述是非的緣故。

　　有人說：「能作用空有法，應當是成立常法實事二者是無實事的觀待於有法的一面而不成立的抉擇詞，因為清晰且明了是成立『顯現藍色的根識的三緣是心識』的觀待於有法的一面而不成立的抉擇詞，而且這二者相等的緣故。」回答後面的因不成立，因為不可承許顯現藍色的根識的因緣、所緣緣二者是清晰且明了，但是可以承許實事雖然不是能作用空，然而常法實事二者是能作用空，所以能作用空並非該論式的觀待於有法的一面而不成立的抉擇詞的緣故。如果說因不成立的話，彼有法，應當如此，因為是成立彼的宗法的緣故。如果說因不成立的話，彼有法，應當如此，因為是成立彼的三相的緣故。如果說因不成立的話，彼有法，應當是成立常法實事二者是無實事的三相，因為是成立彼的正因的緣故。如果說因不成立的話，彼有法，應當如此，因為是成立彼的唯獨成立名言的正因的緣故。如果說因不成立的話，彼有法，應當如此，因為是成立彼的正因，而且他是無實事的性相的緣故。每個因都容易理解。

　　有人說：「唯所作有法，應當是成立聲音是無常的無因體性而不成立的抉擇詞，因為他被敘述為成立彼的因，而且他不存在的緣故。」回答不遍。如果承許的話，彼有法，應當不是成立聲音是無常的無因體性而不成立的抉擇詞，因為不是成立彼的不成立抉擇詞的緣故。如果說因不成立的話，彼有法，應當如此，因為是與成立彼的無過欲解有法敘法相順而存在性為量所定解的緣故。如果說因不成立的話，彼有法，應當如此，因為聲音是以他因成立聲音是無常的無過欲解有法，而且他是與聲音敘法相順而存在性為量所定解的緣故。第一

個因成立，因為他是被執為以唯所作因成立聲音是無常的所諍事，而且以量定解他是唯所作之後仍處於欲解無常的補特伽羅存在的緣故。如果說第一個因不成立的話，聲音有法，應當如此，因為他是補特伽羅無我的緣故。如果說第二個因不成立的話，聲音有法，以量定解他是唯所作之後，仍處於欲解無常的補特伽羅應當存在，因為以所作因成立聲音是無常的真實後諍者即是彼的緣故。如果說因不成立的話，以所作因成立聲音是無常的真實後諍者有法，他應當是以量定解聲音是唯所作之後仍處於欲解無常的補特伽羅，因為他是以量定解聲音為所作之後，仍處於欲解無常的補特伽羅的緣故。應當如此，因為是以所作因成立聲音是無常的真實後諍者的緣故。如果說第二個根本因不成立的話，唯所作有法，他應當是與聲音敘法相順而存在性為量所定解，因為他具足「與聲音敘法相順而存在」的意涵，具足「性」的意涵，具足「為量所定解」的意涵的緣故。如果說第一個因不成立的話，彼有法，他應當是與聲音敘法相順而存在，因為聲音是他，在聲音有法之上是他的緣故。如果說第二個因不成立的話，彼有法，他應當是與聲音敘法相順而存在性，因為聲音是他，是聲音的話遍是他的緣故。如果說第三個因不成立的話，彼有法，他應當具足「與聲音敘法相順而存在性為量所定解」的意涵，因為趣入他是成立聲音是無常的宗法者的補特伽羅以量定解聲音是他之後，仍處於欲解無常的緣故。

有人說：「能作用空有法，應當是成立『成立聲音是無常的無過欲解有法是無實事』的宗法，因為是成立彼的三相的緣故。如果說因

不成立的話，彼有法，應當如此，因為是成立彼的正因的緣故。每個因都容易理解[260]。如果承許前面的宗，彼有法，應當是與成立『成立聲音是無常的無過欲解有法是無實事』的無過欲解有法敘法相順而存在性為量所定解，因為是成立彼的宗法的緣故。如果承許的話，彼有法，應當是與成立聲音是無常的無過欲解有法敘法相順而存在性為量所定解，因為與成立『成立彼的無過欲解有法是無實事』的敘法相順而存在，而且『成立聲音是無常的無過欲解有法』不會被安立為成立聲音是無常的無過欲解有法的緣故。」回答不遍。「應當如此，因為是與成立聲音是無常的無過欲解有法敘法相順而存在性為量所定解的話，必須是與聲音敘法相順而存在性為量所定解的緣故。」回答二者不同。

第二科、有一道論式的相違因的性相，因為「是成立彼的宗法，而且以他因成立彼的正周遍是決定為顛倒」，為成立彼的相違因的性相。譬如為了成立聲音是常法，而將「所作」敘述為因的緣故。

分為：由於前諍者的欲解與敘述方式而遮破「法的體性」、遮破「有法的體性」、遮破「法的差別」、遮破「有法的差別」四者，這是觀待於論式的差別而有的緣故。

有第一者，因為所作是「聲音有法，是常法，因為是所作的緣故」這個論式的能遮破「法的體性」與該論式的相違因二者的緣故。如果說第一個因不成立的話，所作有法，應當是成立聲音是常法的能

---

260 **每個因都容易理解**　原文如此，然按上下文義推斷，此句以前疑有大段缺文。

遮破「法的體性」，因為他是成立聲音是常法的能遮破「法的體性」
的正因的緣故。應當如此，因為他在聲音之上是能遮破為常法的正
因，而且成立彼的法的體性必須安立為常法的緣故。如果說第一個因
不成立的話，所作有法，他應當在聲音之上是能遮破常法的正因，因
為他是成立聲音是無常的正因的緣故。如果說第二部分的根本因不成
立的話，所作有法，他應當是「聲音有法，是常法，因為是所作的緣
故」這個論式的相違因，因為他是該論式的宗法，而且以他因的該論
式的正周遍必定為顛倒的緣故。

　　或者說：成立聲音是常法的能遮破「法的體性」的相違因可得舉
例，因為所作即是彼的緣故。如果說因不成立的話，所作有法，他應
當是成立聲音是常法的能遮破「法的體性」的相違因，因為他是成立
聲音是常法的相違因的緣故。

　　第二、觀待於前諍者所敘述的論式差別的遮破「有法的體性」可
得舉例，因為能作用空是勝論師對佛教師敘述「實事所屬的虛空有
法，是常法，因為是能作用空的緣故」這個論式的能遮破「有法的體
性」的緣故。應當如此，因為是能遮破實事所屬的虛空，而且勝論師
所敘述的這個論式的有法必須安立為實事所屬的虛空的緣故。後面的
因容易理解，如果說第一個因不成立的話，能作用空有法，他應當是
能遮破實事所屬的虛空，因為他是能遮破以實事作為差別的虛空的正
因的緣故。應當如此，因為他是成立虛空不是實事的正因的緣故。應
當如此，因為他是成立虛空是實事的相違因的緣故。因此勝論師與佛
教師二者是在論辯虛空是不是實事，所以將能作用空安立為勝論師所

敘述的這個論式的能遮破「有法的體性」，因為勝論師承許虛空為實事，而佛教師承許是唯遮斷礙觸的無遮，所以是論辯虛空的體性究竟為何的緣故。

能作用空有法，有他名為勝論師所敘述的這個論式的能遮破「有法的體性」的原因，因為此處的「有法」是指虛空，而其「體性」是指實事，由於是在虛空之上能遮破實事的正因，所以如此稱呼的緣故。

第三、觀待於前諍者所敘述的論式差別的遮破「法的差別」可得舉例，因為積聚是數論師對佛教師敘述「眼等有法，能作其餘非聚合有境的義利，因為是積聚的緣故」這個論式的能遮破「法的差別」的緣故。數論師的這個論式字面的因法義三者的意涵為何？從數論師所說「眼等」的「等」字範圍內，引出了諸根以及其境諸色而作論辯，而且將能獨立的實有補特伽羅安立為非物質與有境的共同事，說為「其餘非聚合的有境」。而能作其義利，是指譬如座墊與衣服等等能為士夫禦寒一般，透過完成我的所需，而做到其餘非聚合的有境的義利，這是該論式的「法」。「積聚」是物質的名稱，所以將之敘述為因，而如此弄虛造假地敘述的緣故。雖然他想要對佛教師成立眼等是能獨立的實有我所而口頭上敘述了如同前面的論式，但是他的意圖是引出「眼等有法，成辦能獨立的實有我的所需，因為是積聚的緣故」或「因為是物質的緣故」。積聚有法，他應當是前述數論師為了成立「眼等是能獨立的實有我所」而敘述的那個論式的能遮破所立法的差別，因為他是能遮破被安立為這樣的論式的所立法的事物──「能作

其餘非聚合的有境的義利」的差別的正因的緣故。應當如此，因為他不是成立眼等諸色成辦能獨立的實有我的所需的緣故。積聚有法，他應當是能遮破眼等五根與色等五色諸境是能成辦能獨立的實有我的所需的正因，因為他是成立眼等諸色不是能成辦能獨立的實有我的所需的正因的緣故。積聚有法，他應當是數論師該論式的成立法的差別的相違因，因為他是「眼等有法，是能作能獨立的實有我的義利，因為是積聚的緣故」這個論式的相違因的緣故。或者說：積聚有法，他應當是成立「成立眼等能作常一自主我的義利」的論式的法的差別的相違因，因為是成立彼法的差別為顛倒的正因的緣故。

第四、觀待於前諍者所敘述的論式差別的遮破「有法的差別」可得舉例，因為積聚是數論師對佛教師敘述「眼等非聚合之事有法，能作餘義，因為是積聚的緣故」這個論式的能遮破「有法的差別」的緣故。此處雖然數論師口頭上如此敘述論式的詞面，但是他的意圖是想要成立「眼等是能獨立的實有我所」，而敘述「眼等能獨立的實有我的境有法，能成辦獨立的實有我的所需，因為是積聚的緣故」，因為數論師口頭上該論式有法當中的「非聚合之事」，是指能獨立的實有我的境；所立法當中的「能作餘義」則是指成辦這樣的我的所需的緣故。因此，積聚有法，他應當是數論師所敘述該論式的能遮破「有法的差別」，因為他是能遮破眼等是能獨立的實有我的境的正因，而且此處「有法的差別」的意涵即是彼的緣故。第一個因成立，因為他是「眼等有法，不是能獨立的實有我的境，因為是積聚的緣故」這個論式的正因的緣故。第二個因成立，因為此處「能遮破有法差別」的

「有法」是指眼等，其有法的差別是指能獨立的實有我的境的緣故。

或者說，積聚有法，他應當是數論師的該論式的成立有法的差別的相違因，因為他是成立這樣的論式的有法的差別為顛倒的正因的緣故。

或者說，積聚有法，他應當是成立常一自主的補特伽羅的境所屬的眼等諸色是能成辦常一自主的補特伽羅的所需的論式的能遮破「有法的差別」的正因，因為他是成立眼等諸色不是常一自主的補特伽羅的境的正因的緣故。周遍，因為說「眼等諸色有法」，並且說「常一自主的補特伽羅的境所屬」是這之上這樣的有法的差別，而彼被安立為能遮破彼的正因的緣故。應當如此，因為僅僅一個「眼等諸色」雖然不是該論式的有法，但是是該有法的一部分，所以說為其有法而作為差別事，並將常一自主的補特伽羅的境所屬說為此有法的差別的緣故。必須了解上述內容。

對此斷除諍論：

有人說：「『眼等十色有法，能作餘義，因為是積聚的緣故，譬如舖蓋與座墊』這個論式，因為是能顛倒成立有法的差別，所以因應當趣入過失，因為數論師想要成立眼等是補特伽羅我所而敘述的『眼等非聚合之事有法，能作餘義，因為是積聚的緣故，譬如舖蓋與座墊』這個論式即如此為過失所趣入的緣故。」回答不遍，因為這是以積聚因成立眼等能作補特伽羅我的義利的緣故。應當如此，因為該論式的字面雖然如此敘述，但是其意圖是想要成立能作補特伽羅我的義利的緣故。周遍，因為諸能詮聲是顯示說者想要詮說的意涵的緣故。

不能承許根本論式的宗，因為「眼等十色有法，能作餘義，因為是積
聚的緣故，譬如舖蓋與座墊」這個論式是正因論式的緣故。應當如
此，因為以積聚因成立眼等能作餘義時，阿闍黎會回答：「這是對我
成立已成立之事」的緣故。

這麼說了之後，有人說：「那麼是積聚的話，應當遍能作餘義，
因為阿闍黎如此回答的緣故。」必定回答承許，因為是物質的話，遍
能作餘義的緣故。應當如此，因為是因的話，遍出生其餘事物的緣
故。應當如此，因為是果的話，遍是他生的緣故。周遍，因為是他生
的話，必須作出生其餘事物的義利的緣故。

又有人說：「所作有法，他應當不是成立聲音是常法的遮破『法
的體性』的正因，因為他是成立彼的遮破『法的體性』的相違因的緣
故。應當如此，因為他是成立聲音是常法的相違因的緣故。」回答相
違周遍，因為是成立彼的相違因的話，遍不是成立彼的遮破「法的體
性」的相違因的緣故。應當如此，因為是彼的話，遍是成立彼的遮破
「法的體性」的正因的緣故。應當如此，因為就廣義的角度而言的
話，成立聲音是常法的相違因與成立聲音是無常的正因二者是同義的
緣故。

這麼說了之後，有人說：「在無常的因的時段存在的所作有法，
他應當是成立聲音是無常的正因，因為他是成立聲音是常法的相違因
的緣故。已經承許周遍了。如果承許的話，在無常的因的時段存在的
所作有法，應當是與無常為同一本性的係屬，因為是成立聲音是無常
的正因的緣故。」這也是必定回答承許，因為在無常的因的時段存在

是與無常為同一本性的係屬，而且是彼的話，在該時段存在必須與無常成立係屬，成立的話，在該時段存在所屬的實事與所作分別都必須與無常成立係屬的緣故。

又有人說：「將積聚安立為數論師對佛教師所敘述成立眼等非聚合之事能作餘義的這個論式的能遮破『有法的差別』，而將能作用空安立為勝論師對佛教師所敘述的成立實事所屬的虛空是常法的這個論式的能遮破『有法的體性』，這應當不合理，因為這二者沒有如此的區別方式的緣故。」回答因不成立，因為數論師與佛教師二者是對於眼達成共識，在這之上論辯是不是補特伽羅我的境；勝論師與佛教師二者對於虛空是實事沒有共識，所以是在論辯虛空的體性是不是實質成立，因此有根本不同的差異的緣故。應當如此，因為佛教師承許虛空的體性為唯遮礙觸，勝論師則承許為實事與實質成立，是就此進行論辯的緣故。

有不懂的人說：「阿闍黎說能作用空是『實事所屬的虛空有法，是常法，因為是能作用空的緣故』這個論式的相違因。」這應當不合理，因為這不是該論式的相違因的緣故。應當如此，因為能作用空是成立實事所屬的虛空是常法的不定因的緣故。如果說因不成立的話，能作用空有法，他應當是成立實事所屬的虛空是常法的不定因，因為他是成立彼的趣入順宗而為能遍，與趣入不順宗而為二相的直接不定因的緣故。

對此有人說：「這應當不合理，因為能作用空是成立實事所屬的虛空是常法的觀待於意涵而不成立的因的緣故。應當如此，因為那是

成立彼的無有法體性而不成立的因的緣故。應當如此，因為實事所屬的虛空是成立彼的欲解有法，而且彼是無的緣故。」回答不遍，因為雖然彼是無，然而是執取彼為欲解有法的論式的因的話，不遍是該論式的不成立因的緣故。因為有許多執取某個非成實為有法的成立彼的具宗法的抉擇詞的緣故。應當如此，因為執取某個非成實的有法的具宗法的相似因存在，而且這樣的正因存在的緣故。第一個因成立，因為以「與蘊為自性一異任何一者都不成立」因，直接成立「與蘊相狀不同的能獨立的實有我不存在」的宗法成立，是《七部莊嚴論》中所說的緣故。第二個因成立，因為無生是成立數論師所許的具足五種特法的我未如外道師所增益般存在的正因，這是《入中論》中所說的緣故。

第三科、解說成立彼的不定因，分為三科：一、性相；二、支分；三、詞義。第一科：他是成立彼的宗法，而且趣入他是成立彼的宗法者的補特伽羅對成立彼的正倒周遍都不定解的抉擇詞，這是他是成立彼的不定抉擇詞的性相。

第二科、其中分為成立彼的不共不定抉擇詞與共通不定抉擇詞二者。

有第一者的性相，因為他是成立彼的宗法，而且趣入他是成立彼的宗法者的補特伽羅不定解他趣入成立彼的順宗，也不定解趣入不順宗，這是他是成立彼的不共不定抉擇詞的性相。

其中可分為：一、他雖然唯於成立彼的順宗中存在，但是趣入他是成立彼的宗法者的補特伽羅不見他趣入成立彼的順宗的不共不定抉

擇詞；二、他雖然唯於成立彼的不順宗中存在，但是趣入他是成立彼的宗法者的補特伽羅不見他趣入成立彼的不順宗的不共不定抉擇詞；三、他雖然於成立彼的順宗與不順宗二者之中都存在，但是趣入他是成立彼的宗法者的當前後諍者，未定解他趣入成立彼的順宗，也未定解其趣入不順宗的成立彼的不共不定抉擇詞三者。

有第一者，因為成立聲音是無常時，像所聞即是彼的緣故。

有第二者，因為成立聲音是常法時，像所聞即是彼的緣故。

有第三者，因為對於趣入從天道過世為隱蔽義的補特伽羅，為了成立天授上一世是從天道過世，像敘述具眼即是彼的緣故。一般而言，這雖然不是不共不定因，但是對於趣入從天道過世為隱蔽義的後諍者而言則是如此，因為這樣的後諍者雖然以量定解具眼是成立天授上一世是從天道過世的宗法，但是未定解其趣入成立彼的順宗與不順宗任何一者的緣故。

詞義：所聞有法，有他名為成立聲音是無常的不共不定抉擇詞的原因，因為趣入他是成立彼的宗法者的後諍者，對於他在成立彼的無過欲解有法、順宗與不順宗三者之中，只定解其趣入成立彼的無過欲解有法，既未定解他在順宗中存在，也未定解他在不順宗中存在，所以說是成立彼的不共不定抉擇詞的緣故。

第二、共通不定抉擇詞分為二科：一、性相；二、支分。第一科：他是成立彼的不定抉擇詞，而且趣入他為成立彼的宗法者的補特伽羅定解其趣入成立彼的順宗或不順宗其中一者，是成立彼的共通不定抉擇詞的性相。

第二科、其中可分為成立彼的共通直接不定抉擇詞與共通有餘不定抉擇詞二者的緣故。

第一科、成立彼的共通直接不定抉擇詞，分為二科：ᅳ˙性相；ᅳ˙支分。第一科：他是成立彼的宗法，而且趣入成立彼的宗法者的補特伽羅定解他趣入成立彼的順宗的抉擇詞，是成立彼的共通直接不定抉擇詞的性相。

第二科、支分：成立彼的共通直接不定抉擇詞有四種：ᅳ˙趣入於順宗不順宗為能遍的直接不定抉擇詞；ᅳ˙趣入於順宗不順宗為二相的直接不定抉擇詞；ᅳ˙趣入於成立彼的順宗為能遍，不順宗為二相的直接不定抉擇詞；ᅳ˙趣入於成立彼的不順宗為能遍，順宗為二相的直接不定抉擇詞，共四者。

第一、兔子角不存在是成立聲音是無常的趣入於順宗不順宗為能遍的直接不定抉擇詞的緣故。

有第二者，根識是成立執藍眼識是現前識的趣入於順宗不順宗為二相的直接不定抉擇詞，因為是成立彼的順宗又是根識者，如執藍根現識與執聲根現識；是成立彼的順宗而不是根識者，如自證分與意現識；是成立彼的不順宗又是根識者，如顯現雪山為藍色的根識與顯現樹木在移動的根識；是成立彼的不順宗而不是根識者，如證達聲音是無常的比量與執取聲音是常法的分別心的緣故。

有第三者，所作是成立螺聲是勤作所成的趣入於成立彼的順宗為能遍，於不順宗為二相的直接不定抉擇詞，因為於成立彼的順宗是能遍，是指成立彼的順宗遍是勤作所成，而勤作所成遍是所作的緣故。

趣入於成立彼的不順宗為二相，是指是不順宗又是所作者，如白色與藍色等顏色，是成立彼的不順宗而不是所作者，如虛空即是彼的緣故。

有第四者，所作是成立螺聲不是勤作所成的趣入於成立彼的不順宗為能遍，於順宗為二相的成立彼的直接不定抉擇詞，因為於其不順宗為能遍，於順宗為二相的緣故。第一個因成立，因為成立彼的不順宗遍是勤作所成，而勤作所成遍是所作的緣故。第二個因成立，因為是成立彼的順宗又是所作者如閃電，是順宗而不是所作者如虛空的緣故。

第二科、共通有餘不定抉擇詞分為二科：一、性相；二、支分。第一科：他是成立彼的共通不定抉擇詞，而且趣入成立彼的宗法者的補特伽羅必定為定解他趣入成立彼的順宗而對從不順宗反退與否存疑，或定解其趣入不順宗而對從順宗反退與否存疑的其中一者，這是成立彼的共通有餘不定抉擇詞的性相。

第二科、分為真實有餘與相違有餘二者。他是成立彼的共通不定抉擇詞，而且趣入成立彼的宗法者的補特伽羅定解他趣入成立彼的順宗，而對從不順宗反退與否存疑的抉擇詞，是真實有餘的不定抉擇詞的性相。有其事相，因為就像在趣入遍智為隱蔽義的補特伽羅那方面，敘述「說話的補特伽羅天授有法，不是遍智，因為說話的緣故」即是彼的緣故。

第二、有相違有餘不定抉擇詞的性相，因為他是成立彼的共通有餘不定抉擇詞，而且趣入成立彼的宗法者的補特伽羅定解彼趣入成立

彼的不順宗，而對從順宗反退與否存疑的抉擇詞，是其性相的緣故。有其事相，因為就像在趣入遍智為隱蔽義的補特伽羅那方面，敘述「說話對象的補特伽羅有法，是遍智，因為說話的緣故」即是彼的緣故。應當如此，因為趣入成立彼的宗法者的補特伽羅，以量觀見說話者趣入大道士夫等成立彼的不順宗，而對於趣不趣入順宗——遍智存疑的緣故。第一個因成立，因為這樣的補特伽羅以量定解成立彼的不順宗——大道士夫是說話者的緣故。第二個因成立，因為對彼而言遍智是隱蔽義的緣故。

> 一切諸佛的真身佛王宗喀巴大師的經續教主——
>
> 妙音笑金剛的教典，
>
> 遍智之主語王吉祥賢文殊上師的殊勝語甘露，
>
> 為令勝師歡喜，我將它寫下。
>
> 由此所生善聚大海之力，
>
> 願以講辯論著佛語的音聲，
>
> 使經論教典深細的日光，
>
> 盡斷二障摧伏魔軍，
>
> 速疾獲得三身的殊勝果位。

這部《顯明釋量論密意自宗》，是第二十八班的複誦師語王善賢與班員們，按照文殊上師大遍智語王吉祥德賢所說而作筆記。願由此力，對教法及一切有情產生廣大利益。

這部《因類學論述‧善說金鬘莊嚴別飾》，是文殊上師赤仁波切語王吉祥德賢作為必背課文傳授而作筆記。

原書雖然數處有少許疑點，然而難以斷定是為令容易理解而作淺說，抑或做筆記之方式使然。且由於書源極其稀貴，因此僅得一部母本，於是仍舊照錄。由蘇尼淵茹之博通者善慧世親出版之善業，願令自他一切眾生速疾獲得遍智佛果位。

大慈恩・月光國際譯經院真如老師總監，如月格西授義，主譯譯師釋如法2017年10月17日於星國奉師敕始譯。2017年10月22日夜初稿譯訖。2019年10月27日與主校譯師釋性忠，審義譯師釋性浩會校訖。參異譯師釋性說。眾校譯師妙音佛學院預一班、預科122班。譯場行政：釋性回。譯場檀越：王成靜闔家。

附錄一

因類學綜述

釋如法

目錄

前言

　　因類學為藏族對於量論——因明學系統性淺釋的學說之一。因類學與攝類學、心類學三者，同為藏族所創立的量論前行學科。有些相關的內容，如因類學的著作目錄等，在拙著的《量論前行論叢：攝類學、心類學、因類學綜述》中已曾略述。另外，在本書各科導讀中也有補充一些關於因類學的專題內容。在此，則總括性地將因類學的內涵及特點作一簡單介紹。

　　撰寫這篇綜述，希望著重於解決一個問題：從攝類學轉升到因類學時，見到因類學中所提及的論式內容、條件，有時難免會有一種不解之感。對於設立這樣條件，發現比起之前所學的應成論式來得更嚴苛時，除了生硬地接受之外，筆者希望學人還能更深入地了解到這些定義、界限背後的深意。對於論式的支分也是一樣，除了了解有這些分類之外，更能知道這些分類背後的意趣，以及實際運用時所解決的問題。因此，前兩科「正因論式極其嚴密的特性」、「正因論式各種分類所主要論述的重點」，可說是本文中的主體。

　　其次，因類學當中，有些涉及古譯的傳承與修正，甚至是未有古譯而須新立的譯法，如果沒有一番說明，恐怕引起一些博雅之士，對照古譯時生起一些疑想。因此，設立了一科「新出譯詞的說明及商榷」。最後，由於本次所譯出的論典：《略顯因類學論述・善說金鬘莊嚴論》（以下簡稱《妙音笑因類學》）與《因類學自宗辨析・明慧智者頸嚴除眾生心闇君陀花開》（以下簡稱《賽倉因類學自宗》）二

書，主要講述因類學的主體內容，有些細科未盡言之。在果芒學派授
課時，也都必須援引其他教典以作補充，因此設立了一科「完整的因
類學科目及應研閱的教典」，令漢地的因明學學人也能夠掌握相關參
閱的內容。這兩科，以附帶兼言的方式納入綜述。最後，結語以圓滿
本文。

壹、正因論式極其嚴密的特性

一、正面敘述：應成論式與正因論式的句式差異

　　一般而言，在藏地正規的聞思經院裡，因類學為學完攝類學之後
才學習的學科。學完攝類學之後，有些經院會先學習因類學，再學心
類學；有些則反之，先接著學心類學，再學因類學。攝類學可以說是
因類學與心類學，乃至其他所有五大論的基礎課程，但是因類學與心
類學兩者之間，則沒有那麼明確的次第關係。

　　攝類學的內容，主要是源自《釋量論》及《俱舍論》這兩部論著
的法相，以及應成論式的應用上衍生出來的論式文法問題。整部攝類
學分成十多至二十多個單元，這些單元之間並沒有非常嚴密的關聯。
而在學習的過程中，一方面是了解法相，一方面則是熟練應成論式的
應用。在學習攝類學的過程中，透過應用應成論式的反覆練習，也可
以說是對因明學的一種學習，但是這與因類學所說的因明學在本質上
還是有很大的差異。

　　同樣是推理之學，應成論式與正因論式可以說是兩個完全別樣的兩大領域。攝類學主要學習的是應成論式，在傳統的藏傳經院的學程中，學習因類學乃至任何五大論的內容，固然也都是以應成論式進行討論，但是單就因類學的內容而言，因類學就是專題地闡述正因論式的定義、分類、應用次第的相關論述。因此，從學習攝類學到學習因類學的過程中，會有一種感受：同樣是學習因明，但是有一種從應成論式的國度，過渡到正因論式的國度的感覺。也可以這麼說，在學習攝類學時，一邊是學習了解種種法相，但也是以這些法相作為例子來練習應成論式，但在學習因類學時，則是運用已經學會的應成論式來專門研習正因論式。

　　應成論式與正因論式，兩者都是因明學中最為重要的論式。這兩者之間，從中文來看，其實只有兩個字的差別：有沒有加上「應當」，應成論式有加，正因論式則無。但是兩者的應用方式、應用範圍、被賦予的含義都有很大的差別。要了解這一切的差別，一開頭最為關鍵的就是要了解這兩種論式的立意。

　　應成論式與正因論式的作用，或者說應用的範圍，不同的宗派有不同的觀點。但是兩種論式的立意不同則是受到共同肯定的。應成論式是一種詰難的句式，而且在詰難句式當中，無法直接顯示出說這個論式的人自己本身的立宗為何；正因論式則是一種肯定的句式，因此從論式當中，就可以明確看出講這個論式的人他自己的立宗為何。而且正因論式的目的，就是要依著這個論式，在內心中生起證達這個論式立宗的比量。

　　舉例來說，如果今天有一個人堅持認為聲音是恆常的，他也知道一個事物如果會壞滅的話就一定不是恆常的，是恆常的就不會壞滅；而他從聽覺的經歷，也知道聽一個聲音會有開始的時候及消失壞滅的時刻；可是因為某些因素，他還是認為聲音是恆常的。這時如果以應成論式來引導他的話，可以說：

　　「聲音有法，應當不是恆常，因為會壞滅的緣故。」

　　也可以說：

　　「聲音有法，應當不會壞滅，因為是恆常的緣故。」

　　這兩種論式，按照正常的認知來看的話，前者可以回答承許，後者不能回答承許，但是無論是講前面這個應成論式的人，還是講後面這個應成論式的人，都是不承許聲音是恆常的人。

　　必須重申的是，應成論式並沒有正面成立一個自己的立宗，而是在詰問別人的想法。所謂的應當，並不是真的一定應該要怎樣，而是在說：「照你的想法來推的話，就應該推出這樣的想法。」在往下推的時候，有可能會推出正確的想法，但與對方本來的立宗相違，也很有可能會推出荒唐的結論，讓對方知道自己立論荒謬。但無論是正確的還是荒謬的，重點只有一點，讓對方看到自己之前那眾多承許當中，一定是哪裡有問題。

　　所以，對於一個宣說真實應成論式的人而言，不會因為他說了「聲音有法，應當不會壞滅，因為是恆常的緣故」，就意味著這個人是承許聲音是不會壞滅的，是恆常的。但是對於一個有上述那種立宗的人而言，無論是正說的應成論式，還是反說的應成論式，都有一樣

的作用：無論答方回答什麼，都會跟自己之前的某一個承許相違。

　　且以上述的兩個論式一一來作分析：

　　先看反向詰問或者說是歸謬型的應成論式：

　　「聲音有法，應當不會壞滅，因為他是恆常的緣故。」

　　如果回答承許：「聲音不會壞滅」，這便與他已經認知的聲音會消失壞滅的事實相違背。

　　如果回答因不成立：「聲音是恆常因不成——聲音不是恆常」，那就與他的立宗——聲音是恆常——相違背了。

　　如果回答不遍：「是恆常不遍不會壞滅」，那就與他認知的另一個立宗，同時也是事實：「是恆常一定不會壞滅」相違。

　　對此論式只有三種標準的回答，而無論怎麼回答都會與自己之前的認知或立宗發生矛盾，這時回答者就會進入窘境而開始想：到底之前的認知與立宗當中，哪裡出了問題？藉此便有機會釐清、修正先前的錯誤認知而建立正確的見解。

　　另一個正面直述的應成論式，表述上大相逕庭，但是作用其實也是一模一樣。

　　「聲音有法，應當是不是恆常，因為會壞滅的緣故。」

　　如果回答承許：「聲音不是恆常」，顯然就與自己的立宗「聲音是恆常」相違背。

　　如果回答因不成立：「聲音會壞滅因不成立——聲音不會壞滅」，就與自己的認知聲音會消失壞滅的事實相違背。

　　如果回答不遍：「會壞滅不遍不是恆常」，就與他認知的另一個

宗，同時也是事實的「會壞滅遍不是恆常」相違背。

　　因此，即使面對不一樣的應成論式，這個回答者都會陷入怎麼回答都與之前自己的某些立宗相違、進退維谷的困境，因而開始思索到底自己的問題出在哪。

　　正由於應成論式這樣一種詰難式的問法，所以有的宗派認為，一個人聽見了真實的應成論式，看到了自己立宗的謬處之後，只會先放棄自己一味執取錯誤立宗的想法，而對原本確定的主題產生疑問。除此之外，並不能直接達到證達那與自己之前錯誤立宗相反的正確事物的效果。

　　但是有的宗派則認為，真實的應成論式不僅能夠讓對方看見自己的錯誤而生起疑情，甚至可以直接產生正確的量，證達原本錯誤執取的反方，也就是一個正確的立宗。

　　正因論式則不如此，相對於應成論式，它直截了當地說出他的立宗，同時也以敘述正因的方式，告訴對方這個立宗是以怎樣的正因來成立的。因此，真實的正因論式，必定都是正面直接敘述的，並且會讓對方直接生起證達這個立宗的比量。

　　在針對凡夫最初證達空性時，是否一定要用正因論式證達，還是可以用應成論式證達，自續派的開派祖師清辨論師，以及應成派的月稱論師，分別提出了相反的論述。清辨論師認為應成論式只能令對方對於諸法諦實的觀點產生懷疑，鬆動執著，但要以比量證達空性，必須用正因論式。而月稱論師則認為，正因論式固然可以生起比量而證達空性，但對於利根者而言，用應成論式同樣可以令其生起比量而證

達空性。雖然這個問題是針對證達空性這點而言，未針對所有比量是否都得用正因論式而作討論，但是從這個觀點上也可見一斑了。

　　量學大師正理自在尊——陳那、法稱父子，在其量學著作當中，雖然沒有明言是否一切的比量都是依著正因論式而生起的，甚至也承認，沒學習過論式的人也會生起比量。但是從總體的內容來看，至少可以看出其量論之學，在正因論式與應成論式二者之間，傾向以正因論式作為推理證成的主體論式，而非傾向於應成論式。作為一部論述完整的量學典籍，一般都認為必須詮釋八個內容，也就是「推理八事」。這八者在陳那論師所著的《正量理門論》中說：「真似現彼量，為自了知故，真似立破語，為令他解故[1]。」也就是說，了解事物，有分成讓自己了解的方法，以及自己了解之後攝受別人的方法二種。其中，用正理而讓自己了解的方法，是真實現前職以及真實比量二者。針對這兩者，為了了解其中的誤區，因而宣說相似現前職、相似比量。其次，要如同自己所了解的那般而攝受他人的方法，那就是真實成立語及真實能破二者；要了解這二者的誤區，於是宣說相似成立語、相似能破。這八者共稱為推理八事。有關成立語與能破的運用方式，在《賈曹傑正量匯道論》中說：「如是自生證達真實義者，當勤精進攝受他人，此復當以遮破之門，令他邪解轉為猶豫體性，故開示云：『如是相似遮破不能破之。』令斷歧途已，次即開示令知真實能破。如是遮破令他立宗轉為猶豫事已，為令生起真實知解故，當陳

1　見《定量論賈曹傑釋》，頁3（鳳山寺內部講義）。

真實成立語。而覺知、意涵有過之成立語，不能令他生起證悟，又言詞有過者，當致諍者自身敗退，是故當陳遠離一切過失之成立語，而攝受他[2]。」也就是說，在令他人了解一個未知的意涵時，可以分成兩個階段，一個是破除對方對於這個事物的錯誤顛倒想法，令錯誤的想法動搖，其次建立正確的想法。前者所用的為遮破語，後者所用的為成立語。

　　所謂的成立語，與正因論式的作用幾乎一樣，有的格西認為二者在建立正確的了知時可以交替使用。而所謂的遮破語，一般的理解，其實就是應成論式。由此可見，應成論式在陳那論師、法稱論師的量學當中，只被認為是建立正確認知的前行而已，並非正行所用的論式。

　　此外，在比量的性相之中，許多藏地的祖師都會提到「依著自己所依的正因而生起」，這樣的定義，是大多數學派都一致認可，由此可見量學系統中，比量與正因論式有著直接相對應的關係。

　　陳那法稱父子皆屬於隨理行的唯識派，其說固然無法含攝所有唯識師的想法，早期的唯識論師如世親，雖然也著有量學因明相關著作，但被視為未經精煉的古因明系統。自陳那、法稱一出，其著作即成為內道量學的標的、準繩。下部宗對於量學更是未有明確的代表著作，其因明學大抵就是依附陳那、法稱之學。對於比量是否都是依著正因論式而生，還是可以依應成論式而生，其立論大概也難出此範

2　見《宗大師父子三尊因明匯編》下冊，頁530（鳳山寺內部講義）。

疇。

正是因為除了應成派之外，極大部分的內道宗義師認為應成論式只能讓人看到自己的錯誤而產生疑惑，無法直接生起真正的量，證達一個新的事物。要讓一個人，對於他的眼等現前根識所無法認知的事物——隱蔽分獲得認知，就必須依靠正因論式來生起比量。因此，**這些派別的宗義師對於正因論式的學說極為重視，因為這幾乎被認定為要了解許多未知事物的唯一途徑**。在藏地，尤其是格魯派，雖然以應成派的宗義作為自宗，但是在因明學上，還是專立為一科而作為極其重要的學習內容。拉卜楞寺的果芒學派更是認為因類學與心類學即已囊括了《釋量論》最為重要的內容，因而在五大論的學程當中，不再設立量論的學程。視學完因類學、心類學，即已學完《釋量論》的主體內涵[3]。

此外，從另一個角度而言，對於應成與自續派所諍論的「證達空性是否必定要用自續正因論式」的諍論，如果跳脫論式的形式來思考，直接將命題立為「比量是否必定依著正確的正理推論而生起」，答案就會非常肯定，必然是需要的。而所謂正確的正理推論，其內涵總括而言不外乎二事，那就是了解「有法」、「所立法／所顯法」、「因」這三者間具有正確的因成立，周遍的關係。相對於西方邏輯而言，就是大前提與小前提。了解這兩點之後，進而推論出所立之宗「有法為此所立法／所顯法」的結論而已。正因論式固然是非常直接

3　此觀點為筆者親從上師至尊哈爾瓦仁波切得聞，拉卜楞寺首席經師亦曾多次如此宣說。

的敘述出因成立與周遍的關係及演示出其推論；而透過應成論式，同樣可以讓一個人藉著被問難而省思到自己之前認知上的錯誤，修改成正確的因成立與周遍的認知，依此再推論出一個正確的新知。因此到頭來，無論是什麼論式，之所以能夠讓一個人透過推理產生一個正確新知──比量，歸根結底，就是落在正確了解有法、所立法／所顯法、因這三者之間具有因成立與周遍的關係，進而推論出所立之宗：「有法為此所立法」的結論而已。

　　否則，許多未學習因明學的人，其心中依舊會有種種經由推理產生的比量，量學典籍也時常舉出村野牧童見到彼山有煙，便可推論而生了知彼山有火的比量，這些人別說不懂應成論式，即使正因論式也不懂，如果一定要由正因論式才能生起比量，那麼絕大多數未習因明的人心中又是如何生起比量的？因此對於比量之所以能生起，可以理解為：是因其依著正確的原因、理由而推出正確的結論。

　　而正確的原因，主要具備的就是因成立，周遍的特點，而這就是因類學闡述的核心重點。

　　從這個角度來看，便可跳出應成、正因論式之諍，進而了解到這個主要闡述正因論式的學說──因類學，其難以取代的重要性。

二、因法相係屬：劃定一個真正有功效的推理範圍

（一）因成立又周遍，卻不能進入正因論式的那道門檻

　　如上所言，一段正確的推理，無論是應成論式，還是正因論式，聽到論式的人之所以能透過論式而證得一個未知的事物，是因為透過

了解周遍以及因成立而達到了解立宗的結果。正因論式是明確地將這一切直白地敘述出來，應成論式則是透過旁敲側擊的方式讓對方自己想出來。總之，真正想通的那個人，不可能免於思考因成立與周遍這兩個大議題。

雖然在這一點上，應成論式與正因論式似乎找到了一個會通的點。但是細看下來，正因論式還是在周遍與因成立的基礎之上，再設立許多嚴格的條件。為何在因已成立，已有周遍之上，還要再設立更多嚴格的條件？而設立了這些嚴格條件，又造成了什麼功效與遺留的問題？

因類學中所設立的特殊條件，大致上可以囊括為兩種類型。一種是觀待於心理的，這一點本文將在下一科再作詳盡的探討。另一大類則是因與所立法沒有相係屬。

法稱論師的《釋量論自釋》當中也直白地說：「沒有係屬的，完全不能隨趣與反遮[4]。」在這樣的前提下，以因推果、以不相關的事物而作推理的正因論式都不存在。即使像「此處有法，有瓶子的果，因為有瓶子的因的緣故」、「此處有法，其東方有馬，因為其西方有牛的緣故」，這些推理，因也成立，也有周遍，但都會因為因與所立法沒有相係屬，而被排除在該論式的正因之外。除此之外，在不成立因當中，也舉出了幾類相似因，即使因成立、周遍成立，但是也被排在正因之外，而推究其原由，也跟因法不相係屬有關。如下舉例：

4　出處參見《妙音笑因類學》，註釋第88。

1. 該論式的因不存在：「聲音有法，是無常，因為非量所緣的緣故。」

2. 該論式的有法不存在：「兔子角有法，是無常，因為所作的緣故。」

3. 因與所立法沒有差別：「聲音有法，是無常，因為是無常的緣故。」

對於剛學完攝類學，習慣以應成論式向立宗者交鋒的初學者，初見到因類學的這般規定，多多少少都會有點驚愕與不解，因為這些內容，換成是應成論式時，在辯論場上總是用得得心應手，不會有人認為有任何問題。但是為何到了正因論式的體系當中就不行？關於這一點，必須從兩種論式的立意中去尋找答案。

在上一節當中有約略提到，應成論式是詰問句式的論式，它被公認的作用是打破堅固的錯誤思路，而其具有爭議性的作用是直接生起認識新知的比量。正由於其主要的作用在於打破堅固的錯誤思路，所以在應用上是觀待於錯誤思路的行相而「客製」訂立的。眾生有種種想法，錯誤的想法自然也什麼樣子都有，因此，應成論式的活用程度，甚至不必顧及真正的因成立與周遍，只要針對對方心中所認定的因與周遍而設立，應成論式就能依此而發揮作用。近代辯論時之所以選擇應成論式作為主要的辯論格式，正是因為在辯論場上，是雙方要經過探討以找出思路的破綻、錯誤之處，所以應成論式的特質正好呼應了這個需求。

到了因類學的正因論式時，這個學科的立意已與應成論式大有不

同。正因論式的訴求只有一個：找出一套最為簡明又準確的論式，用以證成未知的事物而產生比量。

在這樣的立意之下，便產生兩個問題，在純推理的過程中，是否可能產生：道理固然是推得過去，但是卻沒有真實的成立所立以生起比量作用的狀況？在實際的狀況下，可資推理的那條紐帶是什麼？

順著前面所說的正因論式的立意，進而思考這兩個問題時，對於因類學中為何那麼重視「因法相係屬」的答案，幾乎可以說是呼之欲出了。

（二）因法相屬所排除的空無推理

在學習攝類學時，我們熟稔一種推理的思路：「怎麼想都能成立。」例如提到「瓶柱有法，是有亦是無，因為是瓶柱二者的緣故」，或「兔子角有法，是常亦是無常，因為是兔子角的緣故」，這類論式的因固然不成立，但是其周遍卻是成立的。至於周遍成立的原因，並不是在這個世界上真的能找到是瓶柱二者的事物，或者是兔子角的事物，繼而推尋出這些事物所包含的範圍。相反的，這種周遍是建立在「是瓶柱二者」、「是兔子角」，在真實的世界中根本不存在，也找不到任何事例，就因為它沒有任何可包含的範圍，所以其周遍才大到無以復加的地步。所以這種周遍的來源，其實是因為理路的推演下而產生不得不這麼「說」的結果，但是回到真實世間上，這種周遍並沒有真正的證成作用。

上述這兩個論式，還只是合乎周遍而已，因並沒有成立。所以

在是否是正因論式的問題上，這樣的論式還可以用因不成立的角度而加以排除。但是有一些論式，因既成立，也合乎周遍，卻沒有真實證成作用的。如言：「此處有法，其東方有牛，因為其西方有馬的緣故。」這樣的論式，因也成立，也符合周遍，但是用其西方有馬來成立其東方有牛幾乎就是風馬牛不相干，只不過在論式上，不管西方是不是有馬，反正東方就是有牛，只不過西方剛好就是有馬，所以這道論式的因是成立的。在這種因也成立，也符合周遍的狀態下，用什麼理由將這種沒有證成作用的論式排除於正因論之外？

能排除的原因，用俗話說，就是兩件事八竿子打不著，扯不上關係，用量學的語言來說，就是因與所立法不相係屬。

上述的這些論式，就是屬於空無的推理，因是成立了，也周遍了，但是對於幫助一個人推理而致新知沒有什麼真實的作用。

此外，像「聲音有法，是無常，因為是無常的緣故」，這樣的論式，因與所立法是一樣的，一方面可以說因與所立法是一樣的，所以沒有係屬，因此不是正因論式。另一方面，也可以從推理認知的過程來說，這個因對於證成所立法沒有任何作用，因為一旦認知有法是因，就已經認識到有法是所立法。由此也可以看出，訂立出因與所立法相係屬的界限之後，可以排除掉哪些不嚴謹的論式。

不過，也有一些因成立，也符合周遍的論式，對於一般人而言，會認為這應該可以作為正因論式，但卻因為「因與所立法」相係屬的條件而被排除在外的。最典型的例子即因不存在、所立法不存在、有法不存在的論式。

在不成立因當中，直接列舉一種有法不存在的不成立因，當然，這點容或可以再作細緻的抉擇。凡是有法不存在的論式，其因都算是不成立因嗎？例如「兔子角有法，是補特伽羅無我，因為是有無其中一者的緣故」，這樣的論式也是不成立因嗎？還是因為有法不存在以及在宗法不成立的論式中才算是不成立因？例如「兔子角有法，是無常，因為是所作的緣故」，這種論式的因才算是不成立因？

不過，即使先不論有法不存在的不成立因，如果所立法或因是不存在的事物的話，這種論式一定無法是正因論式，這點幾乎沒有疑議，因為只要所立法不存在，或因不存在，「因與所立法相係屬」的條件就會破滅。

此外，雖然一切有無都可以被敘述為因，所以因與補特伽羅無我同義，但是有的學派承許正因與存在的事物同義，而不是與補特伽羅無我同義；有的學派即使不承許正因與存在的事物同義，但承許正因一定是存在的事物，由此可知，不存在的事物必定不是正因。

問題就在於，兔子角雖然不存在，但是兔子角不存在卻是存在的、成立的事實，而要以兔子角作為有法，成立其不存在，則所用以證成的因也必定不存在。既然這樣的論式的因與所立法皆不存在，因與所立法就不可能相係屬。

因此在這樣的規定之下，可以說沒有任何正因可以正面地成立兔子角不存在。那麼針對如何以正因論式證達兔子角不存在的這個問題，或許還是可以說：「一切時處中有法，兔子角不存在，因為兔子角非量所緣的緣故。」換一個方式來成立。但即使如此，還是很難說

服為何「兔子角有法，決定無，因為非量所緣的緣故」，這樣的論式不是正因論式。

　　從後期藏傳因明大家的著述中，可以看出有些大家對於這一點是感到有待商榷的。阿莽班智達在其所著的《因類學建立善說金鬘莊嚴別錄‧金鬘莊嚴飾》中就提到：「遮破正因當中，就算有法非成實也不會有過失，像『獨立補特伽羅有法，是決定無，因為在與自蘊自性一和異任何一者當中都不成立的緣故。』這樣的論式即是彼的緣故。」這種說法其實是打破一般量學常規的。而且更有意思的是，就在這段文之前，阿莽班智達才說了：「是成實的話遍是正因，因為果正因與實事同義，自性正因、不可得正因、成立正因、遮破正因，成立意涵正因，成立名言的正因，事勢正因、極成正因與有同義的緣故。」明明才剛說了遮破正因與「有」同義，下面緊接著說：遮破正因是無也沒關係。這種相違的說法絕非疏忽所致，或者阿莽班智達自有一番解釋可以融會貫通，或者就是阿莽班智達在前文是依著一般的因明學的說法而說的，但是接著還是將自己內心裡覺得不同的聲音說出來。

　　不過法稱論師的量學體系中，為何堅持把不存在的事物排除在正因之外，也必定有其理由。試作推想的話，或許是因為正因的作用在於證成正確的立宗，因此正因又有另一稱呼：能成立。一個不存在的事物，如何做到「能成立」這樣的作用？即使「似乎」能，事實上也是透過像「兔角非量所緣」這樣的理解，才能成立「兔角決定無」的所立，要直接將證成的作用歸於一個不存在的事物，是不可能的。從

這個角度想，似乎又有其非常有力的理由。而這又可以全數歸納在有沒有「因法相係屬」這條界限上。這一切的種種，只能更證明在真正用來證成事理的因類學，將因法相係屬看得那麼重，確有其實實在在的理由。

最後一個因法不相係屬又有可能成為正因論式的是：以因推果。這個問題留到後面的篇章再討論。

（三）大概率與真實周遍的界限

法稱論師的因明學中之所以那麼重視因法相係屬，除了上述的排除空無的推理之外，還有另一個層面的理由：精準地劃定有周遍的界限，切開只是大概率的計算。

思考、判斷、決策，這是每個人都得做的事，甚至是天天都會發生的事。我們必須說，這世上的事情，有時很難料，像因明學中所說的這種「周遍」的狀況，很難全面地發生在我們正在面對的事件上。因此，有時要作判斷，作決策，我們只能靠著夠多的資訊而形成一個大概率，依著大概率去決定要怎麼做。而我們要決定的事，也往往是對於未來的一種估算，而偏偏未來是很難估算的。這就像因明學當中為何屢屢重申，因是不能推果的，因與果之間如果時間上還有一段距離的話，其變化性是不可預測的。

但是，人生在世，還是得做決定。

所以，大概率的思考方式不是不可用，它自然有它的用途；反過來說，大概率的思考方式，也已經充斥於我們的思惟之中，甚有過

者，有人會將大概率與周遍劃上等號。這點，從許多人在決定事情的口吻中便能窺見：「告訴你，這件事這麼做絕對……」，事實上，天底下多的是不絕對，絕對的事少之又少。

學過「不現不可得因」的人都知道，要證明一件事存在容易，要證明一件事不存在卻很難。只要在天底下的任何一個角落，在任何一個時段裡發現這個事物存在，那就能證明他的存在；但是要證明一個事物不存在，卻要翻遍所有的角落，全都找不到，那才能證明該事物不存在。但是我們又能有多麼通天的本領，能夠搜盡所有的時空？所以，在證成某個事物不存在時，往往要加上時空的簡別。你可以很容易地說，這一塊地方的金子都挖完了，但是你很難說這個世界上的金子全都挖完了。你很難說全世界的金子都挖完了，但要說哪個之前別人不知道有金子的地方找到金子了，卻相對容易。就算有一天，科技發達到可以測出這個世界的金子都挖完了，誰敢說宇宙間的金子都挖完了？這就是證成有無的難易之別。再進一步說，與其說是證成「有」易，證成「無」難，還不如說，這個世上讓一種事存在容易，要讓一種事物完全消失難。事實既然本來如此，證成起來也就自然如此。

雖然要證成某事非有不易，但也非無跡可循，辦法就是在概念上劃定不存在的事物。

例如先劃定好，火一定是熱的，那麼今天，無論有什麼東西長得多麼像火，只要它不熱，就可以說這不是火。所以，這個世界上沒有冷的火。

這就是用概念劃出來的某事不存在。

這個道理應用在周遍上也是一樣的。要證成不周遍非常容易，而要證成周遍卻非常困難。因為，只要找得到一個不周遍的例子，周遍就破滅了，而要證成周遍，卻連一個不周遍的例子都不能存在，必須排除任何不周遍的事例，這是在思路上的攻者一點，防者千里。成立不周遍容易，因為證成不周遍的原理就在於找到了不周遍的事例。而成立周遍不容易，是因為證成周遍的原理是要確定找不到不周遍的事物。要找到有，不用翻遍一切，要確定找不到，卻一定要翻遍一切。就像要成立天下的烏鴉都是黑的，必須檢視所有的烏鴉，確保能排除在任何時間點，天下的任何角落裡都不可能有不黑的烏鴉存在；但是相反地，要證明天下的烏鴉不是一般黑，只要找出一隻白烏鴉就夠了。

既然周遍那麼難以成立，那麼到頭來，如何才會有周遍呢？跟證成無的道理是一樣的，主要是以概念切割。相係屬，就是一種周遍上的概念切割。

在我們還不懂相係屬之前，我們依舊會認定許多事情是有周遍的，這種周遍的認定，大多來自經驗的累積。在經驗世界中，如果沒有發生過意外——不周遍的事例，我們便會自然而然地認定有周遍，甚至就算有過一兩次意外，我們還是會認定這是有周遍。原因是，這些過往經驗的認知累積，是提供判斷取捨的依憑，而在作出判斷時，我們本來就不一定要求資訊所提供的內容代表著周遍，只要代表著概率就行了。而反過來，正因為這樣判斷久了，我們才習慣性地反推回

來，認為這事情有周遍。

　　這種推理模式，對於我們判斷如何行動有幫助，但是它不足以作為一個證成未知而存在的推理方法。這就是同樣都是推理，正因論式所要解決的問題與一般的思考方式不一樣的地方。正因論式所要解決的問題，是推出確切存在的事物，不是可能性，不是假設，所要求的是絕對正確，沒有疏漏。正因為如此，在周遍的這個問題上，陳那、法稱論師採取的就是最嚴密的界限——相係屬，一種用概念切割出來的周遍。

　　相係屬本身的定義，就是在描述一種周遍：「某一者消失了，另一者就遮滅了；這一者存在，另一者也就存在。」而在這個描述著周遍的定義之下，法稱論師又確立出這種關係只有兩種形式：同一本性的係屬，與依之而生的係屬。

　　同一本性的係屬，大多數是建立在「是」的概念上[5]。去除掉極少數有因果關係等的特例，（如無常的因與無常，無常的因雖然是無常，但是無常的因不是與無常為同一體性相係屬。）幾乎所有的狀況，只要此是彼法，此與彼法便相係屬[6]。如言聲音是無常，聲音便

5　除此之外，還有一些體性一的事例是從範圍重疊、支分與具支分，或者假立事與假立法的角度而安立。

6　在攝類學的辯論中，還是會找出極少數的特例。如「瓶子和與瓶柱相互為異的實事」，無柱則無與無瓶柱，無瓶則無與瓶柱相互為異者，無與瓶柱相互為異者，則無與瓶柱相互為異的實事。因此，無柱則無與瓶柱相互為異的實事，但是無柱不必無瓶。因此，瓶子是與瓶柱相互為異的實事，但是無與瓶柱相互為異的實事，未必無瓶。此為極少的特例，同一體性，而此是彼法，然此與彼不相係屬。此例見《惹對攝類學》。蓋唯藏傳因明學家能得此例。

與無常相係屬，而沒有無常，便沒有聲音。又如言滅諦是常法，滅諦便與常法相係屬，沒有常法便沒有滅諦。諸如此類，同一本性的係屬，能夠顯示無彼則無此的周遍，而這也是所有不可得因的周遍的依據。

依之而生的係屬描述的是因果關係，也揭示了某一種類型的周遍。當某一種果出現時，必定有其不可或缺的因出現過了。因此，從果的出現，便可推知某種因的存在。如出現了煙，必定要有火；見到苗芽，便知道之前有種子。而且因類學當中，還將這種關係作了精準的細化，如火雖是煙的因，但是一般看到的火的特性：光明、紅焰等等，並非產生煙的必要條件，而且也不是所有的火都一定是光明的紅焰。因此，產生煙真正必不可少的火，就是一種達到可以燃燒的熱度，這才是煙出現時，可以用煙推知出來的火。因此依之而生的係屬，就揭示了這一果出生，必有其必不可缺的因存在的周遍。

嚴格說來，相係屬並不能夠包含所有的周遍關係。當甲是乙並且為同一體性時，除了極少數的例外，這類的係屬固然可以推出「無乙則無甲」。但是當甲是乙並且為同一體性時，這類係屬當中，「非乙未必非甲的例子」就相對比較多了。儘管這種例外，在一般的認知下較少發生，但是對於思辨高度發展的藏傳因明學中，這種例子幾乎是隨手可得。如一是常，非常卻未必非一；瓶子是名相，而不是名相未必不是瓶子；所知是常法，而非常法卻未必不是所知；非常法是常法，而不是常法不代表不是非常法。這些畢竟是因明學家在各類概念切割下找出來的特例，這種特例大多為常人所不熟諳的四句型的關

係，或者涉及到一般人想不到的「自己不是自己本身」的事物。如果放在一般事例的思考中，同一本性的係屬，確實可以揭示出一大部分周遍的關係，只是放在因明學探討出來的各種特例中，還必須加上一重檢查，尤其是在四句型與自非自身的事物出現時。

總之，相係屬提供了一個判定周遍的思考脈絡，而這個脈絡，在同一體性的部分，以「此是彼」的概念抱出了一大部分的周遍，而又在體性異的部分，以此果產生的必不可少的條件，又抱出另一部分的周遍，讓周遍的這個問題，既有脈絡可尋，又有精準的判定。

三、觀待心理：依據認知狀態及推理次第而訂立的論式學說

正因論式注重敘述、聽受論式者的理解狀態而判定是否為正因論式；對於推理過程於人心產生認知是否為有效合理；以各種不同層次的敘述令人一步步達到證知所立的方便，從這些面向可以看得出來，正因論式的學說，完全是貼緊著人心而設立的。

（一）強調講聽論式者對於論式確切理解

正因可分為兩類，一類是他義階段，一類是自義階段，其中正確的他義階段的正因必須有前後諍者二方。前諍者係指對於某個立宗已經獲得認知，而肩負引導未認知者認知該立宗的一方；後諍者則是尚未認知而受到引導，因而將會獲得認知的一方。自義階段的正因則不必倚靠一位獲得認知的他方之力，只要透過自行聞思等而想出正確的正因，以獲得認知即可。

　　雖然正因分成了這兩類，但是整部因類學當中，主要闡述的都是他義階段的正因。因此，在講解的時候，會提到許多前後諍者的「認知狀態」的問題。因此不是論式本身符合了周遍、因成立，甚至符合了相係屬等，就可以稱之為正因論式了。除了以上條件都符合之外，還必具備前後諍者都要了解成立該立宗的正因三相的條件。

　　這一點，在正因三相各自的性相當中說得很明確。另外，在不成立因當中也說得很明白。《定量論》在解釋宗法、隨品遍、反品遍時說到：「被定解於所比度中存在，以及被定解於與彼共通中存在，被定解於與彼沒有共通中不存在。」在每一個點上，都加上了被定解，意味著除了因本身要具足應有的內涵之外，前後諍者也要了解這些內涵才算。在不成立因的分類當中，就將這種因為前後諍者不了解該正因論式的內涵所導致的不成立因，歸類成存疑而不成立因。其中就分為：對於有法存疑而不成立、對於因存疑而不成立、對於事因的係屬存疑而不成立三種。

　　一道正因論式，如果因為聽受的後諍者不了解其內涵，以致合理推理的論式也變成了不是正因論式，這還算容易理解。因為一道他義的正因論式，目的是令聽受者得到理解，如果聽受者無法因為這道論式而得到應當生起的認知，這道論式便沒有機會完成其目標，自然可以說這道論式不是正因論式。但是為何說的人即使講對了，只是他不懂得其中的意涵，這道論式也不能算是正因論式？

　　的確，敘述論式的前諍者懂不懂得這道論式的意涵，或許對於後諍者的理解而言沒有太大的影響。但是在他義階段的論式當中，這麼

立定界限，是有其用意的。

　　《定量論賈曹傑釋》中說：「必須提到『自己所見到』的目的是，對於這些內涵沒有獲得徹底的定解因，是因為看到對於這些經教長時久習的人，還將那些什麼也不懂的愚者當作能賜與解脫果位的上師的緣故[7]。」阿克倉慧海大師接著說：「這是顯示：引導弟子的等起或者說其因的差別[8]，必須是如自己相續中生起的證達的那般，而想要將弟子安置於此的緣故[9]。」一方面，由此強調為人師者，對於所傳授之法必須真實證達，如此教法傳承方有所依，不成空言。一方面，所謂的他義階段的論式，就是指一個真正了知此理的人，為令具器者了知此法所說的論式，如果說者不必了達這道論式的意涵，那麼就如以自義階段的正因了達所立的人，自己也可以靠著沒有心識的文字等等而得證達，這麼一來，他義階段的正因與自義階段的正因的差別又將何在？

　　因此，就他義階段的正因而言，無論是敘述方的前諍者，或者是被引導方的後諍者，都必須對於該正因論式中的三相之義確切了解，這道論式才會真正成為正因論式，這是因類學中注重內心認知的第一重表現。

7　見賈曹傑大師著《定量論賈曹傑釋》，頁622（鳳山寺內部講義），尚無漢譯。

8　**其因的差別**　指要能引導弟子的所該具備的條件特色。

9　見《因類學總集》，頁383（鳳山寺內部講義），尚無漢譯。

（二）嚴密推敲推理過程以立出符合理解次第的論式

正因論式注重內心認知的第二個層面的原因，在於其嚴密地推敲推理過程的理解次第。這一點可以從「無欲解而不成立因」、「不共不決定因」的內涵來了解。

因類學當中所述說的是，用一個正因來推知一個立宗。而要了解一個正因，為何可以證成一個立宗之前，有好幾步前行條件。最主要的就是要了解該論式的三相：宗法、隨品遍、反品遍的內涵。而要了解這些內容，就必定要了解到有法本身為何、因本身為何、有法是這個因、是這個因一定是該所立法。這些內涵全部都掌握好了，再將這些認知集中起來思考，才會引生證達所立的比量。

因此，要成為成立該立宗的正因的話，在了解有法本身為何、因本身為何、有法是這個因、是這個因一定是該所立法等等的內涵時，當下還「不能」證達所立。因為，如果了解這些內涵的當下，就「能夠」證達所立，就意味著所使用的有法，或者所使用的因，可能跟所要證成的內涵一樣難解，甚至比所要證成的內涵更加難解。如果一道論式中的有法、因比所立更加難解，又何必將此法作為正因來證達所立？有法與因，必須是證達所立的階梯，如果有法與因已經跟所立一樣高，甚至更高，那將如何成為證達所立的階梯？

在無欲解而不成立因當中，列舉了事因無異而不成立因、事法無異而不成立因、因法無異而不成立因三者。這三者都是因為有法、所立法、因，這三者之中，有兩者以上是一模一樣的，以至於了解到其中的部分內容之後，自然就會了解立宗，不會再進一步去探索立宗，

因此稱之為無欲解而不成立因。

　　例如「聲音有法，是無常，因為是聲音的緣故。」這樣的論式，以應成論式的角度來看，因成立，有周遍，如果再以因類學中所說的因法相係屬的角度來看，這道論式也是符合因法相係屬的。但是從推理的過程與心理認知的次第來看，要從這道論式了解到聲音是無常之前，他就得了解到該論式因——「聲音」，一定是該論式所立法——「無常」。如果了解了這一點，自然就了解到了「聲音是無常」，而聲音是無常本身就是這個論式的立宗、所立，才了解到這個論式的隨品遍的內涵，就已經得證達所立了，不會想再了解下去了，這就是所謂的無欲解而不成立的論式。從這個角度來說，是了解到一半就不想再了解；但是從另一個角度來說，就代表著這個因立得不夠嚴謹有序，要了解該論式一部分內涵，其所用的力道跟了解該論式所證成的所立所用的力道是一樣的，因此這不是個正確的論式。

　　事因無異是如此，因法無異、事法無異的論式也都是如此。

　　不共不定因所講述的內涵也是在講一個因成立，有周遍，但是不符合推理次第的論式。

　　典型的不共不定因的論式為：「聲音有法，是無常，因為是所聞的緣故。」所聞，是聲音的性相，當一個人了解了聲音與所聞是名相與性相的關係，自然也就知道這兩者完全是同一個東西。這時候，當他以所聞作為因而成立聲音是無常時，他一定要先了解到所聞是無常。由於他已經知道所聞與聲音其實完全是同一個事物，所以一了解所聞是無常的同時，就會理解聲音是無常。所以，這就又犯了之前所

說的問題：當後諍者一了解論式的部分內容，就已經了解到該論式的所立，因此，這些的論式不是正因論式。

除此之外，還有一種未被列入十四種不成立因，但是也算是「無欲解」相似因。如無常為名相，而剎那性為性相，性相是實際的意涵，而名相是在這意涵上賦予的名稱，因此通常性相比較好理解，名相是在了解性相之上，再結合名稱才能夠理解到的。所以不可能有理解到了某個名相，卻還未理解到其對應的性相的情形。因此，如果以名相作為因，而以性相作為所立法，這同樣也會出現「無欲解」的狀態。如言：「聲音有法，是剎那性，因為是無常的緣故。」在理解聲音是無常的時候，早已了解聲音是剎那性了，既然如此，又如何能夠以無常為因，作為了解聲音是剎那性的階梯呢？

由此往下推演，就算立了一個因，這個因並沒有比所立法難以理解，可是在可以證成這個所立法的各種因當中，這個因並不是比較容易令人理解的，那麼這種敘述正因的方式，依舊會被視為不善巧的敘述正因的方式。譬如在證成聲音是無常時，能夠以「所作」為因，直接證達「無常」與無常的性相——「剎那性」的人，屬於利根的人。鈍根的人要先讓他知道剎那性，再以剎那性成立無常。對鈍根的人而言，這種證達的過程較為容易。因此，如果對於一個已經了解剎那性的鈍根者而言，雖然用所作也可以成立無常，但是不如以剎那性成立無常來得直接，因為剎那性就是無常的性相，是直接解釋無常之義的。因此，如果前諍者對於這樣的後諍者在成立聲音是無常時，使用「聲音有法，是無常，因為是所作的緣故」的論式，那這樣的前諍者

就犯下不善巧的過失。透過這些角度，都可以看出正因論式對於推理過程中認知次第的精確掌握。

（三）依講聞者及聽者心態而定義論式所說的實際內涵

因類學當中，雖然在用字遣詞上錙銖必求，但是卻不會拘泥於文字上。量學中明白地說明，文字是為內心服務的，雖然文字具有一般共通性的理解，但也不能據此反駁文字會因為特殊的心理而改變其一般性的詮述內容。這一點，在果正因以及相違因的內容中可以窺見一斑。

在《妙音笑因類學》中有人提出了一個問題：「有煙的山坡上有法，有寒觸消隱之火，因為有煙的緣故」，這樣的論式到底應該將其認定為果正因論式，還是不可得正因論式？妙音笑大師的解答是：表面上來看，這個論式的所立法是「有寒觸消隱之火」，或「寒觸消隱之火」，所成立的內容如果主要是指火的話，那麼應該屬於果正因，因為是以煙這個果來推知火這個因。但是，如果講這個論式與聽這個論式的人，主要想傳遞及想理解的是寒觸消隱，也就是沒有寒觸，那麼表面的所立法是講著一種火——寒觸消隱之火，可是事實上要傳達與理解的是寒觸消隱，只不過是藉著寒觸消隱之火來表達寒觸消隱罷了。因此，該論式真正的主要所立法，就是屬於無遮的「寒觸消隱」，而不是「火」。因此，妙音笑大師總結道：如果該論式真正要成立的是寒觸消隱之火，那麼這個論式便有兩層所立法——表述層面的所立法與歸結層面的所立法。表述層面的所立法為寒觸消隱之火，

而歸結層面的所立法為寒觸消隱。二者當中，歸結層面的所立法，才是該論式真正的主要所立法。可見當實際用意與表述不同時，在因類學中，還是擇取了實際的用意作為判定該論式真實內涵的準則。妙音笑大師最後還引了法稱論師所著的《釋量論》第四品中所說：「聲音是隨趣於所欲詮說的緣故」，以證成即使是嚴密的論式，也要以詮說的欲樂作為最終的依據。

　　在闡述相違因時，也講述了同樣抉擇方向。克主傑大師在其所著作的《七部量論莊嚴除心意闇·相違因》中舉了一個勝論外道所說的相違因的例子：

　　「勝論師承許虛空的體性是實質成立，而佛教徒則承許為唯遮礙觸的無遮，因此該論式並不是在虛空的體性達成共識之上而諍論是否具有實事的特法，而是在諍論差別事虛空的體性是唯遮礙觸還是實事。這時佛教徒問勝論師說：『如果虛空的體性是屬於實事的話，虛空是常法，還是無常？』回答道：『是常法。』接著又問：『是常法的能立為何？』答道：『因為是能作用空。』因此是將承許「能作用空」是成立「實事所屬的虛空是常法」的能立之因。陳那論師對此因論式提出過失而破斥的方式為：論師說：『這是顛倒成立有法體性，因此是相違。』也就是說：『這裡所說的有法，是指虛空，其體性是實事。這不是對虛空的體性達成共識之後，在此之上諍論具不具有實事這個特法。就如不是像雙方都成立聲音的體性是所聞之後，而在差別事之上諍論是否有差別法無常，而是對差別事虛空的體性是唯遮礙觸，還是實事所屬。在尚未達成共識時，便想說這是實事的體

性，而敘述說：『實事所屬的虛空有法，是常法，因為是能作用空的緣故』。這個遮破方式的意涵為：能作用空有法，他應當不是成立實事所屬的虛空為常法的正能立，因為這是成立遮破彼的有法體性的因的緣故。應當如此，因為是成立有法虛空的體性為實事所屬的顛倒正因，所以是成立虛空體性為實事所屬的相違因的緣故。』因此，勝論師在成立實事所屬的虛空為常法時，將能作用空敘述為因，論師在破斥這是成立彼的正能立時說到：『這是顛倒成立有法體性，所以是相違。』這麼說的意涵是：正因為如此，所以觀待於如此遮破勝論師這個因的方式，或者他所引出的相違因是：『虛空有法，他的體性是實事所屬，因為是能作用空的緣故』，因而對於這個因是否真正的相違因無可抵賴[10]。」

　　從這篇文當中可以看出，勝論師面對到佛教徒時，其實是想要對佛教徒成立虛空是實事，但是面對到佛教徒問為什麼虛空是常法時，他就說「實事所屬的虛空有法，是常法，因為是能作用空的緣故。」因此，表面上這個論式是以能作用空來成立常法，算不上是相違因，但是因為其心中真正想要成立的是虛空是實事，因此當他提出實事所屬的虛空是能作用空時，其實推論到最後是以能作用空來成立虛空是實事。以能作用空來成立實事，這就成為相違因了。

　　以講話的人的心理來斷定言語實際的所詮，這才是對語言所詮最精準的判定。量學在這一點上的認定，使得因類學中的正因論式更加

10　見克主傑大師著《七部量論莊嚴除心意闇》，頁332（鳳山寺內部講義），尚無漢譯。

地精準嚴密。

（四）有序建構對事物的逐步理解

因類學當中，不僅在論式裡設定了許多條件，以確保不違背推理次第的合理性，在實際證成的過程當中，也針對了後諍者不同的認知階段，設計了不同的論式，令後諍者能夠逐步理解所要證成的立宗，這也是正因論式極為嚴謹一面。

要引導一個不知道聲音是無常的人證達聲音是無常，依著這個人本身的情況，可以分成很多階段，每個階段所用的論式也都不一樣。粗略區分的話，可以分成鬆動誤解、建立概念、漸次理解、總結回憶四個階段。鬆動誤解時會用到應成論式；建立概念時會使用到成立語或正因論式、漸次理解階段會使用到成立周遍、成立宗法的正因論式。總結回憶階段，對於鈍根者會再使用一次成立語或正因論式。

以成立聲音是無常為例，其各階段所用的論式，以及論式的作用如下：

1.鬆動誤解：應成論式

「應成論式」，其主要的作用在於，當正因論式的受方，對於聲音是無常這個立宗還有太多相關的錯誤認知時，必須先以應成論式加以掃蕩，令其錯誤的知見鬆動。就如俗話說不破不立，在因類學中，應成論式所承擔的作用，就是去破壞建立正確認知的阻礙。而隨著阻礙的不同，也會應用不同的應成論式。如果諍者認為常法、無常二者不是相違的，聲音既是常法

又是無常，就要先以像「聲音有法，應當是永恆聽得到的，因為是常法的緣故」這樣的應成論式將其誤解打破。

2. 建立概念：成立語與正因論式

成立語與正因論式的用法及使用時機是一樣的。正因論式如前已述，而成立語則如：「凡是所作遍是無常，譬如瓶子，而聲音是所作。」成立語又被稱為具足二支的正成立語，因為其中描述了周遍以及宗法這兩部分。其實成立語所表達的內涵與因論式幾乎一樣，只是語序略有差別，並且多了喻。因此，成立語更像是古因明學中的五支論式改革後的精簡版。成立語和因論式會在兩個階段使用到，第一個時間點即這裡所要說的，對於堅固的錯誤認知已被去除，或者本來就沒有這樣的錯誤認知的人，為其敘述因論式或敘述成立語而建立基本概念。這個時候為他敘述因論式或成立語，是有建立概念的作用，但是這個時候的成立語及因論式，絕對不會被視為「正成立語」，及「正因論式」。阿莽班智達也解釋道：「在當時雖然敘述了的成立語，但那並不會成為正成立語，因為當時諍者尚未定解成立彼的三相的緣故。」因論式也是如此，一般而言會說，「敘述」正成立語與正因論式的時間點與「成為」正成立語與正因論式的時間點不一樣。真正成為的時間點在證達立宗之前，同時憶起三相的階段。

3. 漸次認知：各別成立三相的論式

3.1 成立宗法的論式：許多論式的宗法，都可以直接用現量定

解,即使一開始無法用現量定解,經過幾次的論式證成,到最後也一定要由現量定解。如「聲音有法,是無常,因為是所作的緣故」這個論式,對於有些人,可以直接以現量定解聲音是所作,如果有人還不理解,則可以用「聲音有法,是所作,因為是從自因緣所生的緣故」這樣的論式證成。

3.2 成立隨品遍的論式:對「聲音有法,是無常,因為是所作的緣故」這個論式而言,可以用以下論式來成立其隨品遍:「所作有法,從自己剛成立起就是壞滅的體性,因為自己壞滅不觀待於自己之後的因等等,而是從自己的因生為壞滅的緣故。」

3.3 成立反品遍的論式:對「聲音有法,是無常,因為是所作的緣故」這個論式而言,可以用以下的論式來成立其反品遍:例如「常法有法,所作空,因為是能作用空的緣故。」

4. 總結回憶:正成立語或正因論式

當後諍者已經依次了解正因三相之後,利根者可以透過想起之前所聽聞的成立語或者正因論式,總結三相而證達所立。因此對於利根者而言,在這第四階段時,透過他自己的回憶就能完成了,不必再為他敘述一次成立語或正因論式。但是對於鈍根的後諍者,各別定解成立聲音是無常的三相之後,無法將三相自行統合起來思考,以完成對於聲音是無常的認知,這時必須為他再次敘述成立語或正因論式,令

其同時想起三相，而證得聲音是無常。這時候所敘述的成立語或因論式，才會被視為正成立語及正因論式。因為在因類學中，正成立語的性相為「前諍者在自己如實定解三相的狀況下，對於當前的後諍者以無增無減的方式，令其明現的具二支語」。正成立語與正因論式的用途既然一樣，二者之間自然也可以交互使用，如對鈍根者建立概念的時候用成立語，在總結回憶時用正因論式；或在建立概念時用正因論式，在總結回憶時用成立語。而對於利根者而言，在成立三相之前講一次成立語或正因論式就可以了。

在阿莽班智達的著作當中，還將需要為之敘述成立語的對象作了不同的分類，並且提到相應的引導方式。在此依其說法作了陳列，並且加上一些解說而分列如下：

1. 完全顛倒的認知──認為聲音是常法。這之中分兩類：

   1.1 知道常法與無常是直接相違的。這時，為他說明聲音是常法的違害以及成立聲音是無常的能成立，任何一者皆可。這種人，由於他已經知道常法與無常是直接相違，所以雖然他仍堅持聲音是常法，可是只要他看到了聲音是常法的過失，或者給了他成立聲音是無常的理路，他一旦覺得聲音不是常法，就會認為聲音是無常；或者說他一旦覺得聲音是無常，他就會認為聲音不是常法。而不會告訴他聲音是常法的違害之後，他還覺得那麼聲音可能不是常法也不是無常；或者告訴他成立聲音是無常的理由之後，他又覺得聲音可以既是常法又是無常。而給予他聲音是常法的

違害可以是「聲音有法，應當不會壞滅，因為是常法的緣故」等等的應成論式。若要予以成立聲音是無常的能立，可以說：「聲音有法，應當是無常，因為是所作的緣故。」

1.2 不知道常法與無常是直接相違者，先敘述應成，再敘述成立語。這種類型的人，較上一者的認知更為偏差，或者說錯誤認知更多。因此，要先解決他不知道常法與無常是直接相違的問題。對此，可以先敘述應成論式：「聲音有法，應當不是剎那性，因為是常法的緣故」。當他發現常與無常是直接相違，或者不再認為常與無常有共同事之後，再告訴他成立語：「凡是所作遍是無常，譬如瓶子，而聲音是所作。」讓他對於聲音是無常的立宗有一定的概念基礎。

2. 沒那麼堅持地認為聲音是常法，但是對於聲音是常法還是無常的疑惑較大。而這之中又分兩種：

2.1 懷疑常法與無常之外，還有另一種既是常法又是無常的第三類事物，如覺得聲音既是常法又是無常。這時要先為他宣說應成論式：「聲音有法，應當可以恆常地聽到，因為是常法的緣故」，之後再敘述成立語。

2.2 認為常與無常相違，但是對於聲音是常法還是無常仍有疑惑。這類人，可以直接為他敘述成立語。

從以上的內容可以看出，因類學當中，對於論式的受方處於何

種狀態，以及在每一個階段當中，應該以什麼論式而作引導，都有非常細膩的剖析。恩師真如老師在研讀因類學時，便曾據此而興嘆云：**「由此誠然可見量論祖師的大乘利他之心。不是懷抱著這種利他之心，何能闡述出如此關照人心的推理之學？」**這一點，確實是學人可以深細觀擇之處！

四、統一簡練的句式：排除特異論式的無根結論及作繭自縛的多餘條件

　　因類學當中的論式，其另一個特點為：論式的結構完全統一，並且非常簡練。論式統一這一點，可以與應成論式比較而窺見一斑。

　　標準的應成論式，其實也要求具備三個部分：有法、所顯法、因，這相對應於正因論式中的有法、所立法、因。前兩者，在古代漢傳因明註疏當中多作前陳、後陳。不過，由於應成論式就是一種詰問句式，只要這個句式有表達出詰問的語氣而需要對方回答，也就可以算作一種應成論式，所以也有只敘述所顯法與因的應成論式、只敘述有法與所顯法的應成論式，甚至可以有只敘述所顯法、只敘述因的應成論式，只要提出來後，對方足以依著論式而回答因不成、不遍、承許、何以故等等就行了。而只有一個「有法」，就無從回答起，所以沒有只敘述有法的論式。

　　正因論式就不允許有如此多樣化的句式。要解釋這一點，還是可以從兩種論式的立意說起：正因論式正面敘述以讓對方得到確切的認知、應成論式詰問對方令其見到自己的誤失，這是兩種論式各自形成嚴謹與靈活風格的根源所在。除此之外，在長期實踐運用論式之後，

還會發現，這種嚴格統一的正因論式，還會避開一些純粹因為論式推演而產生的無根由的結論。

最典型的例子即是：用應成論式推出，在沒任何有法的狀態下，承許：是常法。

這是攝類學當中的一個承許，在沒有任何有法的狀態下必須承許是常法。在沒有有法的狀態下，為何能夠推出是常法而不是無常法的結論？

攝類學中，雖然承許沒有有法的應成論式是相似應成論式，但卻沒有說不可以使用沒有有法的應成論式。因而在不斷地實踐運用的過程中，總結出一種「單計」（ཅུང་ཟད）的論式應用方式。單計，意指整個論式當中所討論的「立宗」，並非前陳與後陳兩者的組合，而只剩下一個東西。

當沒有有法的時候，別人問是常法嗎？是無常法嗎？無論怎麼問，正常都可以回應說：既然沒有講清楚是在問什麼是常法，什麼是無常法，怎麼回答？可是在辯論過程中，回答者有必須以嚴謹正規的四種答案來回答每一個論式的義務。因此，熟練於應成論式的辯論師，就可以用單計的論式，在問答過程中推演出這種奇特的結論。

這道辯論題完整的推演過程如下：

「應當是常法，因為存在，而且不是實事的緣故。」

「如果說第二個因不成立的話，應當是實事，因為如此回答的緣故。」

「如果承許的話，如果沒有他的因的話，應當是怎麼想都能成

立，因為是實事的緣故。」

「如果承許的話，常法有法，應當是怎麼想都能成立，因為沒有他的因的緣故。」

「如果說因不成立的話，常法有法，應當沒有他的因，因為是常法的緣故。」

至此被問者只能承許是常法。

而如果想要用以子之矛攻子之盾的方式來攻難承許在沒有有法的狀態下是常法，卻攻難不下來，因為找得到漏洞可以免除問難：

「應當是實事，因為是有，而且不是常法的緣故。」

答：「第二個因不成立。」

「應當不是常法，因為有他的因的話，遍是怎麼想都能成立的緣故。」

答：因不成。

「有他的因的話，遍是怎麼想都能成立，因為是常法的緣故。」

答：不遍。

「請舉例。」

答：「他」有法。

「他有法，有他的因的話，不遍是怎麼想都能成立嗎？」

答：「承許。」

「請舉例。」

答：瓶子有法。

「瓶子有法，是有他的因而不是怎麼想都能成立的例子嗎？」

答：承許。

本來，在沒有有法的狀態下，問別人是常法還是無常？這個問題絕對是無解的。但是「單計」的應成論式的推演下，剛好找得出承許是無常的過失，而同樣的邏輯用在常法上卻剛好可以避開過失，以至於最後得出了是常法而不是無常的結論。這道辯論題，首見於現在所能見到的第一部標準的攝類學著作《惹對攝類學》。從此，這個沒有有法的狀態下是常法而不是無常的立論，充遍所有攝類學的典籍當中。在「證有證無」、「承許軌則」等重要的單元，更是以此作為立論而加以開展，成為因明家所奉持的圭臬。

問題是：在現實世界裡，這個立論有什麼依憑？

其實根本沒有依憑。

只是在這樣的論式推演之下，不得不如此承許。

但是在正因論式當中，嚴密規定了論式的規範，分為三段：有法、所立法、因。每個都要說明白，缺了任何一個都不能成為正因論式，不然就無從展開討論。由此就避免了前述這種純由論式的推演而得出的了無現實依據而不得不承許的結論。

不過，有一點必須要加以說明，在印度應成派雖成一宗，但是對於應成論式的運用，卻沒有像藏地的因明學者那般大放異彩，到了登峰造極的地步。法稱論師在著述量學著作的時候，想必應未親眼看見、親耳聽到這麼奇葩的論式推演的結論。只是冥冥之中，他所訂立的嚴密論式，就這麼恰巧的避免了這種問題。法稱論師是有所預見而

這麼訂立論式，還是只是一心追求嚴謹而剛好避免了疏漏，現在不得而知。不過，透過後來的現象反推回去看，也真的能見到正因論式的嚴謹特質。

正因論式除了嚴格訂立統一的句式外，其簡練的程度也為諸多研究因明學者所稱許。法稱論師在陳那論師的因明學之上，更是直接取消了論式中的喻，主張因喻一體[11]，將先前所用的五分論式簡化作有法、所立法、因三者。

藏傳因明學中，對於五支的成立語，也提出其中有多餘及缺少的過失，因此不將這種成立語作為自宗認可的成立語，不過也不否認其存在，或者當作一種解說的方式。阿莽班智達的著作中，就有簡要的說明，茲錄如下：

「像開示『聲音是無常，因為是所作的緣故，譬如瓶子。就像瓶子是所作，聲音也是所作，因此聲音也是無常』之語，雖然有一類人承許這種具有五支的成立語，但是自宗不認為這是正成立語，因為有多餘與缺減的過失的緣故。

有缺減的過失，因為未直接顯示周遍的緣故。

詮說了聲音是無常的立宗，是多餘的過失，因為由此只會生起懷疑，而不能生起證達聲音是無常的比量的緣故。

詮說『就像瓶子是所作，聲音也是所作』，令其專注，這是多餘的過失，因為與詮說宗法重複的緣故。

---

11 **因喻一體** 呂澂語，見其文《佛家邏輯》。

詮說歸結『因此聲音是無常』，這是多餘的過失，因為與立宗重複的緣故。但是在解說的時候，也有承許具有五支的成立語。」

如一些學者所歸結的，法稱論師對於論式的最大改革之一即是將喻去掉，這一點，在後來藏傳因明學長時間運用之下，本文認為這是極為正確之舉。

喻對於論式的受方而言，確實會感到有另一個參照物以協助其理解的幫助。但是從必要性來說的話，則沒有必要。而且反過來說，如果將喻作為論式所必備的一項條件，許多立宗也將會因為找不到喻而無法敘述出完整的論式。舉例來說，如果要成立瓶子是與瓶子為一，如何能舉得出其他喻來？天底下唯獨瓶子才是與瓶子為一，不會再有其他的同喻。同樣的，要成立堪能為色是色法的性相也是如此，沒有第二個事物是色法的性相，那麼在成立的過程當中，如何能夠舉得出喻？藏傳因明學家在長期的運用論式之後，發掘出了大量「僅此一例」的事物，當成立這些事物時，都不可能舉出同喻。而正因論式去除這個不必要的條件之後，對於這樣的立宗，便能沒有負擔地直接立出正因，就能夠證成立宗。從這個角度來看，法稱論師對於論式的改善，真可謂厥功甚偉。

五、小結：推理學上的一座安全島

量，是一種新而不欺誑的覺知，要定解新的事物，必須依賴於量。

一般凡夫的根現量，與生俱來，只要根無損害，無錯亂因緣，自

然會生起，但是所能證達的範圍局限於色聲香味觸相關的事物。而瑜伽現量，則必須依著禪定與道證功德等修持方能生起。對於絕大多數我們所未知的事物，了解它們的唯一途徑即是比量。

比量，必須依靠原因而生起。這是在因明當中，正因論式為何如此嚴謹的原因。雖說諸多因明家最後也承認，並非所有的比量，都得依靠正因論式才能生起，靠著應成論式，甚或不是這些論式，而只是一種沒有嚴密論式的思惟，也可以生起比量。如同妙音笑大師於《釋量論辨析》中說，不是所有的比量都需要依著成立語而生起，並引據了《釋量論》說：「諸無宗派者，由煙不解火。」提到如果所有的觀察，都必須依據教典的話，這是沒道理的。否則那些沒有學過宗義的人，怎麼有辦法以煙為因了解火？由此也可以推斷，比量的生起，也不一定全都要靠正因論式。甚至也有因明家懷疑，是否以因推果等這種不被納為正因論式的推理，其實也能產生比量。更有因明學家直接會提出，有些立宗無法在這樣的正因論式的框架中得到證成。但是，這一切都難以損減量學、因類學的重要性。

容或其他的論式，能夠在證成立宗方面予以其他不同形式的善巧方便，或者補足一些正因論式不足之處，但是如果從兩個角度來看待正因論式的學說，自然就很容易看出其難以取代之處：

哪一種論證推理的體系，專注於真實成立存在的事物，而不包含假設、空無的推想？

哪一種論證推理的體系，能夠涵容絕大多數的推理所需，而又不致出現疏漏？

　　無可置疑的，正因論式的學說堪當此問。

　　正因論式的學說，就像一座安全的島，站在上面，你就登陸了，不再有溺水的危險。而且這座島，幅員也夠遼闊，巨大得像個大洲，即使它尚未連結所有的陸地，但也足資我們完成太多事。

　　在初學因類學的時候，筆者自己生起了上述提及的諸多疑惑。但是法稱論師素有正理之王之稱，對於那些不解之處，只能說獅子的境界非野干所能思量。但跟隨著具量善知識學習，並與同行切磋，日久便漸能見其真諦。

　　此說於印度盛行之時，外道不能與內道爭鋒。其說轉入藏地之後，藏地佛法的義學遂獨秀於世。這如同大海的學說，只能讓我們不斷地深學，以探其難思的底蘊。

貳、正因論式各種分類所主要論述的重點

　　正因論式有多種分類方式，每一種組合都有其背後的理由。有些論式所能成立的範圍很小，但是卻被另外安立為一類論式。這種分類往往也都有一些特殊的用意。

　　阿莽班智達於其著作當中，曾簡明地列出各種分類方法，此依其文節錄如下：

　　「從自性的角度而言共有三種，因為有果、自性、不可得因三種的緣故。

從所立法的角度而言有兩種，因為有遮破正因以及成立正因兩種的緣故。

從所立的角度而言有三種，因為有事勢、共稱、信許三種正因的緣故。

從成立方式的角度而言有兩種，因為有成立意涵以及成立名言兩種正因的緣故。

從諍者的角度而言有兩種，因為有自義階段以及他義階段兩種因的緣故。

從趣入順宗的角度而言有兩種，因為有趣入順宗而為能遍以及趣入而為二相的兩種正因的緣故。」

此節將解釋各種不同的正因分類方式主述的重點。

一、果、自性、不可得正因

（一）總說果、自性、不可得因三分法主要依憑的意趣

果、自性、不可得因三分法，是正因最常見的分類方式。這樣的分類方式被稱為從自性的角度而分出的類別。

所謂從自性的角度而分，是指所立法是成立類的還是遮破類的。另外，在成立類的所立法當中，又可以分出是與因為同一體性，還是因果關係。因此分為三種：所立法為成立類的分為兩種，因與所立法同一本性的相係屬、因與所立法為體性異的依之而生的相係屬。遮破類的只有一種，以無遮作為所立法的不可得因。

量論當中提到，果正因與自性正因必須是成立正因，而不可得因

則必須是遮破正因。據此，有些因明論師認為，凡所立法是遮破法的正因論式，無論是以某個非遮作為所立法，還是以某個無遮作為所立法，其因都屬於遮破正因。而果正因與自性正因是成立正因，所以其所立法必須是成立法才行。

但是妙音笑大師根據印度傳下的量學觀點，認為凡是所立法為成立法或非遮的正因論式，其因都必須是成立正因，而遮破正因或不可得因，其所立法必須是無遮才行。

對於以上兩種說法，雖然各有依據，但是深究二者的結論，筆者認為妙音笑大師的說法較有邏輯上的意義。

其他論師對於遮破正因與成立正因的分判法，單純以所立法為成立法還是遮破法來分，極有可能是基於遮破分別心與成立分別心的分類體系，亦即以其執取相境是遮破法還是成立法而分判的。從這個角度來推論，確實有一定的道理，但是將之置於果、自性、不可得因的分類中，看不出會產生什麼推理上的意義，甚至會產生其他問題。

果、自性正因，同樣都屬於成立正因，但是為什麼還要分成果正因與自性正因，是因為果正因的因法相係屬是屬於依之而生的係屬，而自性正因的因法相係屬是屬於同一本性的係屬。如果同樣都是成立正因，因其因法相係屬的類型不同，就可以分出兩個類別的正因，那麼遮破正因應當也要同理可推，如果其中因法相係屬的類型可分為兩種的話，就應該也分成兩類正因，而不應該只是一種不可得因。

早期的因明學者之所以會主張遮破正因的所立法當中可以包含非遮，是基於法稱論師的《釋量論自釋》中提到：「其中二者是成立

實事，一者則是遮破法的抉擇詞。」解釋其含義時，認為果正因與自性正因都是成立正因，而不可得因才是遮破正因。同時主張凡是直接成立某個遮破法的正因就是遮破正因，而凡是成立正因都要是直接成立某個成立法。顯然是認為成立法、遮破法，與成立正因、遮破正因的成立、遮破意涵完全相同。這在格魯派共同依循的經典論著中，甚至還找得到支持上述觀點的說法。僧成大師在其重要論著《正理莊嚴論》中記錄了一個他宗，對方提到：「無常是非遮，因為透過『由於前二因，亦能立非故』，說明果自二因成立了非遮的緣故[12]。」

接著僧成大師馬上駁斥道：「此不合理！這段教典僅只顯示果自二因直接成立成立法，而且間接成立非遮的緣故。如果不是這樣，果自二因應當是遮破因，因為是直接成立遮破法的緣故。已經承許因了[13]。」不僅在破斥對方時提出這樣的觀點，其後闡述自宗觀點時，更是總結道：「是從直接成立所立法──『遮破法』這分來安立遮破因；從直接成立『成立法』這分來安立成立因。」

按照這樣的觀點，許多自性正因所成立的所立法都是某個遮破法，例如以所作作為因而成立聲音是有、以非別別的法為因而成立瓶子是一、以非所作的法為因而成立虛空是常法等，這些自性正因都將因此成為遮破因。既然是遮破因而不是成立因，就不能是果正因或自性正因，強作歸類的話，就必須是不可得因，但是克主傑大師的《七

---

12 見僧成大師著《正理莊嚴論》，頁352（鳳山寺內部講義）（新版），尚無漢譯。

13 見僧成大師著《正理莊嚴論》，頁353（鳳山寺內部講義）（新版），尚無漢譯。

部量論莊嚴除心意闇》中又明確提出：「不可得因則是自己的所立法的話，遍是直接成立無遮的緣故[14]。」認為不可得因必須以無遮作為所立法，於是前面列舉的這些正因便被摒除在果、自性、不可得因的範圍之外。但是《釋量論》中卻又說到：「是因彼唯三」，明確規定正因只限於這三種，於是陷入無法挽回的自相矛盾。

因此，以所立法為成立法或遮破法來判定屬於成立正因還是遮破正因，將導致有很多原本是自性正因的事例無法正確地歸類於三種正因當中，既不能是自性正因，又不是不可得因。

而如果將成立正因與遮破正因的分際線設為是否以無遮作為所立法的正因，並加以區分成立法、遮破法與成立正因、遮破正因的差別，這些問題就可以迎刃而解。如果遮破正因的所立法僅限於無遮，那麼三種正因之間的界限將非常分明，因與所立法之間為依之而生的係屬者歸屬果正因，為同一本性的係屬者有自性正因與不可得因；後者當中，所立法為無遮以外者歸屬自性正因，所立法為無遮者即不可得因，其分立支分的思路非常簡潔而明確。而對於為何成立正因分成兩種，而遮破正因不分成兩種的解答，很簡單，因為只以無遮作為所立法的時候，不可能出現因法是依之而生的係屬。因為依之而生的係屬必須是因果關係，而無遮必須是常法，常法與任何法都不可能產生因果關係。

同樣也可以理解，為何遮破正因與不可得因被劃上等號，因為遮

14　見克主傑大師著《七部量論莊嚴除心意闇》，頁290（鳳山寺內部講義），尚無漢譯。

破正因所成立的都是無遮：唯遮某事的法。因此稱之為不可得因，實
至名歸。

　　或許有人會問，果、自性、不可得因，這三者的分立方式，其實
是源自於成立正因，與遮破正因這兩者的分立方式。成立正因與遮破
正因是依所立法為成立自性，還是遮破自性而作分類的？如果成立正
因的所立法當中揉雜了非遮，那麼還能稱作成立正因嗎？如果所立法
都已經是非遮了，這樣的正因還不能列入遮破正因，那麼遮破正因的
範圍是否太狹？

　　如果將成立正因與遮破正因的「成立」與「遮破」，與一般的
「成立法」與「遮破法」劃上等號，確實會有這個問題。但是這裡的
成立與遮破並非等同於一般所說的成立法與遮破法。這裡所說的成立
遮破，是指該法本身是否有所成立，還是唯有遮破？無論是否有遮
破，該法若有所立，則仍屬成立的方面，因此將所立法為非遮的正因
歸入成立正因。至於除了遮破之外全無所立的法，則不屬於成立的方
面，而是屬於遮破的方面，因此以某個無遮作為所立法的正因，才能
稱之為遮破正因。

　　除了解決上述立名分類的問題之外，更重要的是，這樣的分類方
式對於推理有非常重大的意義。

　　當成立正因與遮破正因的分際線設在是否以無遮作為所立法時，
成立正因與遮破正因在成立立宗時，就會出現完全相對等的一個狀
態。只要出現一個成立正因論式，就能反推出一個遮破正因論式。

　　如果無論是成立法或非遮，凡是成立方面的法，當它被列於所

立法而用有相係屬的因去成立它時，就會呈現出一對又一對成立方面的相係屬法。如言「是無常，因為是所作」；「是所作，因為是色法」；「有火，因為有煙」。這些相係屬，無論是同一本性的係屬，還是依之而生的係屬，都是屬於成立方面的係屬。而相係屬的特色就是：隨趣反遮。有此則有彼，無彼則無此。**當在成立方面當中，只要確定了多少有此則有彼，便等於確定了多少無彼則無此，而這些無彼則無此的相屬之法，便是遮破正因當中相對應的所立法與正因。**如言是無常，因為是所作。則有所作，遍有無常，這是隨趣。反過來，無無常則無所作，這是反遮。因此成立完「是無常，因為是所作」之後，便可推知：某個事物之上無所作，因為無無常。

正因為在成立因論式當中，涵蓋了所有的成立方面的相係屬，包括以某個非遮作為所立法的正因論式都盡收其中了，所以遮破論式就收盡了與其對應的相反推論，二者完全對等[15]。所以，在成立因當中有多少因法相係屬的類型，在遮破因中，就會有多少相對等的因法相係屬的類型。因此不可得因中的每一種分類，都與成立正因的分類息息相關。如果有一種不可得因的因法相係屬的類型，在成立正因中找不到相對應的因法相係屬的關係，便可推斷這種不可得因是錯誤、不存在的。如成立正因中，沒有以因推果的論式，那麼在不可得因中就不會有相對應的「以有因而推知該因的果所對治之物不存在」的論式類型。從不可得因的支分以及支分之辯當中，同樣可以反推回來，成

---

15 除非反過來的時候，因與所立法是完全不存在的事物。

立因與遮破因的分界線，不在於是否以某個遮破法作為所立法；那條線，確實為「是否以某個無遮作為所立法」。

因此，果、自性、不可得因三者，其主述的重點之一，其實是想告訴學人「相係屬」在推理上的妙用。將諸法切為成立方面與唯遮破方面二大類之後，認識了成立方面的相係屬，即可用以推論出反面的唯遮破方面的相係屬，而立出遮破正因論式。這點，完全巧用了相係屬「隨趣反遮」的特點，而在推理上取得了極大的成功。如果固執地認為以成立法作為所立法的正因才是成立正因，凡是以遮破法作為所立法的正因就是遮破正因，那麼以相係屬作為軸心而得正反兩面推理的特色，便無從彰顯了。

（二）特別解說果正因的成立方式

果正因，是在因法為依之而生的係屬的基礎上，以果而推因。在量論中，設了果正因而不設立「因」正因，同樣在體性相異的諸法當中，只設立果與因相係屬的「依之而生的係屬」，卻沒有設立因與果的相係屬。因此，從果正因的設立，可以看出量論師所要強調的內容：果既然已經出生了，那麼其因就必然存在過。而每一種果，都有其出生時必不可缺的因緣，其不可缺的因緣，便是由這個果所能夠推出的所立法。但是因跟果之間，就不是如此了。因與果之間如果還存在著時間的間隔，那麼這個因是否真的能夠產生這個果，則很難斷定。因為在這段期間之內，是否會出現阻礙，以至於因無法生果，這是未知數。而如果因與果相隔的時間已經剩一剎那，固然不再有阻礙

發生，但是用這樣的因來推果也已經來不及，因為還沒有推理完，事情就已經發生了，可以親眼見到，以現量定解而不必推理了，所以不像果既已生，因自然也就成為既定的事實。因此可以用果推因，但不能用因推知果。

量論當中的果正因表達出這樣的道理，不過，因是否完全無法推出果來？上述由因推果可能出現的誤失是否必不可免？仍有因明學家持保留態度。

依照中觀的論點，因果是相互觀待的，果既觀待於因，因也觀待於果。如果因不決定生果，又如何名之為因？當知道此事是因的時候，便已確定他會生果，即使不能很細緻地知道會出生怎麼樣的果，也一定會知道他會生果。因此，如言：「此處有法，有微塵的果，因為有微塵的緣故。」該論式的因是否也能證成其立宗，而成為以因推果的論式，是很值得思擇之處。

（三）專門列出不現不可得因的目的

在不可得因當中，分成了不現不可得因與可現不可得因兩大類。所謂的不現與可現，固然有其分際點，但是要說明白其實不太容易。而且可現不可得因，幾乎已經包含了所有的不可得因，而不現不可得因，其實從廣義而言，也符合可現不可得的條件。即使硬把它分開了，可現不可得與不現不可得所包含的範圍，也非常的不對等，不禁令人心想，為何要特別設立不現不可得因？其中必然有其特別的因由。

不可得因的所立法，必定是個無遮。無遮，即使在字面上沒有說出是遮什麼，但在意涵上也一定會有所遮的內容。因此無遮有兩種，一種是在名稱上有加上否定詞，一種是沒有加上的。有加上否定詞的，如無為、無瓶、無我。沒有加上的，如法性、虛空[16]。而空性即指唯遮所遮我的那一分，虛空也是指唯遮礙觸的無遮。因此在意涵上，都有著遮除某種事物之義。

可現不可得因的所立法中，所要遮除的那個事物，被稱為該論式或該正因的所遮法。如言：「冰中有法，無煙，因為無火的緣故。」該論式的所立法為無煙，而煙即該論式的所遮法。可現不可得的意思即是，該論式的所遮法如果真的存在，後諍者必定能夠看得到，所以稱為可現。當然，事實上是不存在，所以稱為不可得，合稱可現不可得。

而所謂的不現不可得，都一定要涉及一個內容：隱蔽義。

所謂的隱蔽義，是指由於太遙遠、太久遠、太細微，以至於對某個人而言成為隱蔽義，那個人用現量、事勢比量、信許比量都無法趣入，也就是指這個人用盡什麼方法也沒有了解到這個事物的狀態，因而對於這個事物存不存在、屬於怎樣的存在只能存疑。

當一個人面對某個對他而言是隱蔽義的事物時，他只能確認他的相續中沒有證達這個事物的量、沒有證達這個事物的再決識，他沒有

---

16 「虛空」一詞不含否定詞，這是從藏文的角度而論的。「虛空」在藏文作「ནམ་མཁའ」其中不含否定詞。但是中文的「虛空」，「空」為空無、沒有之義，確實可作為否定詞。

合量地承許這個事物存在的立宗。而成立這樣的人心中沒有證達這樣的隱蔽義的量等等的正因，就叫作不現不可得因。

例如「在前方此處有法，食肉鬼為其隱蔽義的補特伽羅相續中沒有證達食肉鬼的再決識，因為食肉鬼為其隱蔽義的補特伽羅相續之中沒有證達食肉鬼的量的緣故。」在這個論式裡，真正的所遮法是「食肉鬼為其隱蔽義的補特伽羅相續中證達食肉鬼的量」或「食肉鬼為其隱蔽義的補特伽羅相續中有證達食肉鬼的量」，而這個所遮法，同樣也符合可現不可得的可現之義：如果存在的話後諍者必定看得到。但是這樣的論式，不是從這個點來安立不現不可得的。之所以稱之為不現不可得，是這樣的論式裡頭，一定有一個對後諍者而言是隱蔽義的事物，如上述論式中的「在前方此處的食肉鬼」。這個隱蔽義被稱之為「假立為所遮法的事物」，意即這不是真正的遮破法，因為這不是要被破的事物，它只是要被承認為後諍者所不知道的事物，所以被稱作「假立為所遮法的事物」。這個隱蔽義，就算真的存在，也無法被後諍者所現見，因此稱之為不現。而該論式的所遮法不存在，故而稱為不可得，因此合稱不現不可得。

總而言之，不現不可得所要表達的內涵，就是：你沒法知道的事，只能說你不知道其有，不能說沒有；你不知道不代表沒有。

這樣的狀況下，不僅不可以說你知道他存在，一樣也不能說你知道他不存在。你只能說對於他有無存疑。

這對於現在世上常流行的一種觀點，正好有著強力的矯正作用。「如果這事存在，為什麼我看不到？為什麼一般人看不到？為什麼現

在沒人看到？既然觀察不到，顯然就是沒有。」確實，這世上有許多事，如果它存在於眼前的話，就應會被看到，之所以沒看到，就是因為不存在。可現不可得因所指的所破法就是這類事物。但並不是所有事物都是如此，也有許多事物，因為太遙遠、太久遠而無法被觀察得知。甚或本身太精微，以至於在你的眼前你也看不到。而當你看不到的時候，請只說：「我不知道」，而不要再往下說：「我看不到，所以它不存在。」這種因為看不到而立即認定不存在的想法，會毀謗許多存在的事物，令自他受損。

佛陀曾說：「補特伽羅不應估量補特伽羅，因為必然會導致傷損。」對於自己用盡現有力量也不能知道其存不存在的事物，或其為如何如何的事物，只能說自己不知道，不能論斷其有無，也不能斷定其為如何如何。就如身旁每一個人的本地風光，除了像佛陀這樣的遍智者，如何能真正地了知？不能真正地了知，僅就表相而論定的話，必然為自己帶來損害。這就是不現不可得因所要證成的主要內容，對於我們無法證得的事物，應取如何態度，讓我們能不因自己的錯誤認知而損害自他。

二、事勢、信許、共稱正因

正因的第二組分類為事勢正因、信許正因，與共稱正因。

在談到這三個正因時，一般都一定會談到另一個主題：三所量處。

所謂的三所量處，即指我們一般人能夠以「量」量知的事物，

一共分為三類。一類為現前分，即一般的現量可以直接證得的對境，如顏色、形狀、聲音等等。第二類為略隱蔽分，即超出普通現量的能力範圍，必須用事勢比量推斷證達者，例如聲音是無常、五蘊無我等等。第三類為極隱蔽分，即必須用信許比量而證達的事物。例如於何時布施何等物，經過多久能感得何種果報差別等等。

三所量處的內容，令人了解到事勢正因以及信許正因的用途差別之處，一者是可以用一般推理而得知的非現量可知的事物，一者是必須倚靠聖言的信許比量方能證達的事物。

信許正因，即依據聖言而證成極隱蔽分的正因。但是這類正因論式，比我們一般人所想像的論式嚴謹得多。信許比量係指依著像「是經三種觀察而清淨的教典」這樣的信許正因，來推知極隱蔽分的事物。但是所謂的信許正因，並非像一般想像的直接以經論作為依據、原因，而成立所要了知的極隱蔽分。一般人在想到成立極隱蔽分的方式時，大多會這麼想，如：「今天如此布施為例，將來能感得何等財富快樂，因為佛這麼說。」嚴格來說，這不是一種錯誤的想法，因為這樣的想法對於修行人而言，有極大的策勵作用，而在判斷事物的方法上，這也是一個能簡易地讓人找到正確思路的捷徑。更何況，佛語確實是我們探討諦理的依據，只不過在精確嚴密的因明學上，這並非一個準確的正因論式。

第一、這樣的論式，將「佛這麼說」直接立為成立所立的依據，但是為何佛語可以作為依據，並未證成。

第二、佛語之中，本來就有可與不可如言而取之別，直接以「佛

這麼說」作為依據，將出現不周遍的情況。還有，由於佛語字面所說
在表面上屢見相違，也會導致這樣的論式推出的所立相違的過失。

　　同樣對於布施是否能感得財富快樂的問題，信許比量所運用的論
式，如妙音笑大師所著的《釋量論辨析》中說：「彼（『施感受用戒
感樂』的經文）有法，自所詮義無欺誑，以是經三種觀察而清淨的教
典的緣故。」[17]

　　由此論式可見，信許正因論式是直接將開示極隱蔽分的經文作為
有法，而以其所詮義無欺誑作為所立法，並以經三種觀察而清淨的教
典作為正因來證成。透過了解這樣的經文所說的內容，不被現量、事
勢比量、信許比量等所違害，而且前後所說沒有自相矛盾，由此認知
其中所詮的意涵沒有欺誑，再由此確定其中所說的極隱蔽分的內容沒
有問題，由此而證達極隱蔽分。

　　雖然這樣的論式是一個正確的論式，但是要用這樣的論式還是有
一定的前提。凡是用到「信許正因」的論式，其所成立的內涵必須是
「第三所量處極隱蔽分」才行。就如同克主傑大師在《七部量論莊嚴
除心意闇》中所說：「若有信許正因，其相云何？信許正因之性相，
謂是具足三相之正因，且是成立彼的所立的話，必是極隱蔽分[18]。」
所謂的第三所量處極隱蔽分，例如細微的業果、經中所說的遙遠佛國
淨土的情形，這些事物無法透過現量、事勢比量的推理去證知，只能

---

17 見妙音笑大師著《釋量論辨析》，頁414（鳳山寺內部講義），尚無漢譯。

18 見克主傑大師著《七部量論莊嚴除心意闇》，頁308（鳳山寺內部講義），尚無漢譯。

以佛語去了知。也就是說，如果現在要成立的內容是「第一所量處現前分」或「第二所量處略隱蔽分」，是能夠以一般人的現量或事勢比量而得以了知的話，那麼成立的時候就要分別以能引生現量或事勢比量的論式去成立。例如成立色是無常之時，由於色是無常是「略隱蔽分」，因此真正要成立色無常的話，就必須以引生事勢比量的論式去成立，如：「色有法，是無常，因為是所作的緣故。」而不能用引生信許比量的論式作：「開示色是無常的經文有法，自所詮義為無欺誑，因為是經三種觀察而清淨的教典的緣故。」關於這點，第三世貢唐大師所著的《現觀辨析第一品箋註》中說：「空性等略隱蔽分諸法，乃至不以事勢觀察趣入，則未至成立之時，以趣入之時，由經教成立為無義故[19]。」這是說像空性等等的略隱蔽分，如果一個人還沒到可以用正理的推理而去成立、證達它的程度，其實就還沒到能夠成立、證達它的階段。而一旦到了能夠以事勢正理進行觀察的階段，那時還以經論作為成立的正因，就沒有任何意義了。

因為，所謂以經論作為成立的正因，其實是將詮說這個道理的經文直接作為有法，而先成立他是經三種觀察而清淨的教典。在成立他是經三種觀察而清淨的教典時，就必須以現量觀察經文所說的現前分有沒有錯，再以事勢比量觀察其中所說的略隱蔽分有沒有錯誤，最後觀察其前後文有無矛盾、間接相違，以確認其所說的極隱蔽分的事物也無法被信許比量所違害，這才足以成立這樣的經文是經三種觀察而

19　見三世貢唐大師著《現觀辨析第一品箋註》，頁37（鳳山寺內部講義）。

清淨的教典。如果這個內容是略隱蔽分，那麼在證成詮述這個內容的經文是三種觀察而清淨的教典時，這個人就已經有能力用事勢比量來證知這個內涵是正確無誤，既然如此，用事勢正因來證成即可，不必再藉由信許正因。如果這個人無法用事勢正因來證成該事物，那這個人其實也是沒有能力證達詮述這個略隱蔽分的經文是經三種觀察而清淨的教典。因為，要成立詮述略隱蔽分的經文是經三種觀察而清淨的教典，必要的條件之一就是以事勢比量確定其所說的略隱蔽分沒有過失。

　　總結起來，為何信許正因可以令我們證達隱蔽分，是由於對佛語所說的可現見的事、可推理的事，都經過現量與比量觀察而得成立，而說到極隱蔽分的部分，又沒有言詞上前後矛盾，直接間接的矛盾，由此即可成立該經文是經三種觀察而清淨的教典，其中所說內涵自當是正確無誤的。

　　所謂共稱正因的「共稱」，在原典當中，即指「共許」、「公認」之義。共稱正因，是指其直接所立，是只要透過承許就夠成立、能安立的法。例如「懷兔有法，可以用詮說月亮的聲音詮說它，因為在分別心的境中存在的緣故。」意思就是無論什麼事物，你用什麼名字去稱呼他都是可以的，因為有人就是想這麼稱呼，你也不能禁止別人這麼稱呼。就像藍色，普通話叫藍色，英文叫blue、藏文叫恩波、閩南語叫拿些，叫法千差萬別，你能說怎麼叫是不對的？而之所以可以這麼稱呼，就是因為大眾都這麼叫，是眾人共許的。極成正因要成立的就是這件事情，以顯言語根源，來自於人們的分別心，及其虛妄

的本性。

這類極成正因，就像不現不可得因那樣，所要成立的事物範圍非常小，但是卻單立為一類正因，與其他同組正因的所立，範圍完全不相等。或者說，其實這個所立，也可以直接包含在事勢正因當中，就像不現不可得因其實也可以包含在可現不可得因裡，並沒有什麼問題。這種正因類別的設立方式，大有為了彰顯某一種道理而特立一類正因的意味。

歸結起來，這一組的正因論式，闡述了幾個重要的意義：

1. 事物有其了知難易的不同層次，依這樣的層次分為三所量處。對於不同的所量處，必須以不同的量而證達。其中，三所量處的後二者，略隱蔽分以及極隱蔽分，要用這組的事勢正因及信許正因證成。而這二者之間，有著極明確的界限，不能相互混用。由此也可以看出，為何正因論式能夠證成幾乎所有的事物，因為針對不同類型的事物，都有不同相對應的專屬論式可以證成。

2. 所謂的信許比量，聖言的量，並非如常人所想像，只依著一句佛經怎麼說，自己認同了，就算是證達其中所說的內容。佛語當中所說的內容，應該以現量證達的就要以現量證達，應該以事勢比量證達的就以事勢比量證達，現量與事勢比量都無法證達的佛陀所說的極隱蔽分，是透過對於該佛語以各種量而作觀擇都見不到過失之後，才認定其中所說，我們目前尚未能經一般推理得知的極隱蔽分，也是如實存在的。

3. 極成正因告訴了我們，這世上有一種不太有道理，卻也不能否認的事物：一個事物該怎麼稱呼它？亦即語言命名的權限。世俗的語言來自於分別心，分別心與語言有諸多相同之處，分別心能這麼想，自然就會有語言這麼說，令我們了解語言中某些看起來沒有原則的原則的起源。

三、唯獨成立意涵、唯獨成立名言、成立名義二者的正因

正因論式的第三組分類為：唯獨成立意涵，唯獨成立名言，成立名義二者的正因。

這組分類的三種正因，相對而言比較容易理解。這裡的義，主要而言是指性相；這裡的名言，主要是指名相。名相與性相其實是指向同一個事物，但是一個是用他的本質描述來稱呼他，一個是用依此本質所立的名言來稱呼他。二者之間，以本質描述的稱呼——性相，較容易理解；而依此本質所立的名言——名相則較難理解。由於一者是實義的敘述，一者是世人命名的稱呼，因此要知道這個世人命名的稱呼，一定得知道這個實義的敘述，而知道了對此實義的敘述，如果還沒將實義與名稱對起來的話，就不能說這個人了解這個名稱。就像有時候，其實天天都會看到某個人，但不知道他是誰、叫什麼名稱，但是對這個人講話的方式，面相表情、習慣動作都很熟悉。當有一天，有個知道他的名字身分的人問道：「你認識某某嗎？」一開始聽到名字時不認識，等到他繼續說，他就是每天你出門的時候，在哪裡會遇到的那個個子多高，年紀多大，講話怎樣怎樣的那個人。這時，一聽

就明白了，原來之前自己看過的「那個人」，其實就是「這個人」。
了解性相，卻還沒了解名相，其後藉由性相再了解名相的過程就像這
樣。這個過程一般被稱為將名、義連結起來的過程。

　　當該正因的所立法是一個名相，並以其性相作為因的話，那就是
以性相來成立名相，所以在成立所立法時，只成立了名相，所以叫做
唯獨成立名言的正因。如言：「聲音有法，是無常，因為是剎那性的
緣故。」

　　當該正因的所立法是一個名相，後諍者對於名相以及其性相也都
不了解，並以其性相以外的其他正因而證成所立法，在成立該名相時
便會同時成立該名相的意涵，因此這樣的正因稱之為成立名義二者的
正因。如言：「聲音有法，是無常，因為是所作的緣故。」當以所作
成立無常時，同時也會成立其性相——剎那性，因此一次成立了某一
對名相與性相，所以稱之為成立名義二者。

　　當該正因的所立法是一個性相時，成立它的正因就叫作唯獨成立
意涵的正因，如言：「聲音有法，是剎那性，因為是所作的緣故。」
這樣的正因論式的所立法當中，只有性相，而沒有名相，所以稱之為
唯獨成立意涵。

　　這一組正因分類闡釋了名相與性相之間難易證達的次第；了解意
涵之後，有時還得有名義結合的認知過程才會認知到名言；由於名相
性相之間有著難易證達的差別，或者說證達的次第性存在，所以可以
用性相為因來證成名相，而不可以用名相為因來證成性相；在對於名
相與性相都尚未了解的時候，有可能以一個因，一次證得一對名相與

性相。

四、自義階段的正因、他義階段的正因

第四組正因的分類為：自義階段的正因與他義階段的正因。這兩種正因的分界點只在於該正因是自己用來獨自思考，而非對其他諍者敘述的因；還是在自己證達之後，為其他諍者敘述的正因。從上文的論述中可以看到，因類學當中所論述的都是以他義階段的正因為主。而正是因為他義階段的正因，必須觀待於敘述方與受方二者的狀態，因此，才會設立那麼多觀待於前後諍者的各式條件。而自義階段的正因，只要在自己心中形成即可。

五、趣入順宗而為能遍的正因，趣入順宗而為二相的正因

第五組正因的分類為為能遍而趣入順宗的正因，以及為二相而趣入順宗的正因。這組正因的分類在意涵上很單純，該論式的因與所立法之間為同義的話，該論式之因便是為能遍而趣入順宗的正因。如言：「聲音有法，是無常，因為是所作的緣故。」所作遍覆了無常，沒有任何無常不是所作，因此這樣的正因稱之為於順宗能遍趣入的正因。為二相而趣入順宗的正因，指該論式的那個因所涵蓋的範圍小於該論式的那個所立法，二者為三句型關係者。如言：「聲音有法，是無常，因為是色法的緣故。」色法與無常為三句型關係，色法未遍覆無常的範圍，無常之中，有是色法與非色法二相，因此稱作為二相而趣入順宗的正因。此組分類顯明正因與所立法之間，有以同義關係存

在者，也有以三句型關係存在者。

六、小結

　　這五組正因的分類，每一組闡明了不同的意義，有的針對推理之學發闡幽微；有的對於修行正法以及對待人事的態度與以箴誡；有的對於經教所說的內涵，提出全面性的證成之道。正因的分類雖然繁多，但是如果能夠細察其中的分類的原因，所要開闡的意涵，對於學人而言，必然大有裨益。吾人自當深細久研，未可輕易視之。

參、新出譯詞的説明及商榷

　　本次翻譯《妙音笑因類學》，及《賽倉因類學自宗》，由於涉及廣泛的探討，便對於部分古今的譯法、用詞不得不再重新酌斟。漢地的因明之學，自玄奘大師譯出陳那諸論，可謂底定了漢地因明學的根基。可惜的是，後續的法稱之學，未能全面漢譯及流傳，遲至法尊法師才又將《集量論》、《釋量論》等重要的印度量學典籍譯出。而印度的量論傳至藏地之後，大放異彩，許多探討的內容更加深細，印度典籍未遑及之。噶當、薩迦、格魯為主的教派，大興因明之學，重量級的量學著作數以百計。這些教典，譯出者百分之一二而已，許多因明用詞的譯法，還有待一段漫長的路才能確定下來。但是這次的翻譯，已經涉及一些用詞不得不異於古代譯法，為了避免誤解，在此也

簡要地說明。

　　玄奘大師譯《因明入正理論》中云:「因有三相,何等為三?謂遍是宗法性,同品定有性,異品遍無性。」這當中有三個部分的譯詞是要再商榷的。第一是「定有性」的「定」字,二是「同品」、「異品」的「品」字,三是同品的「同」字的理解。

　　《因明入正理論》作者為商羯羅主,正因的這三相,一直到法稱論師時期都沒有太大的改變。至於於同品定有性的定字,藏文中本來也有二義,一義是決定、必定之義,一義是定解、證達之義,二義都可以用「ངེས」字來表達。

　　筆者未諳梵語,未知梵文當中,是否此字也如藏文一般,這個定字也有定解及決定二解,但是在藏文的量論典籍中,明確地將這個「定」字解為定解之義,並在後面的論述中,特別提及,這個定字所要排除的就是前諍者或後諍者對於因相的不定解。而這句話應該呈現的決定、必定之義,在藏文中以「性」字表達,漢譯可用唯字意譯之。以漢文譯出的話,這句話即作:「被定解唯於同品中存在。」因此,唯字已表達出此因一定存在於同品之中,定字也就不必疊床架屋地再重申一次「一定」的意涵。但是在玄奘大師的譯文中,「同品定有性,異品遍無性」,定字與遍字對應,可見此「定」字所表達的意思與遍是一樣的,即一定的意思。且就語序上而言,此定字也無法表達為定解之義。況若要表達成定解,則只用一個定字也難以表達。可見此定字,在玄奘大師的理解當中,就是「一定」的意思。這與藏地論典所解的「定解」之意,全然不同。

由於這段文是商羯羅主所撰,而藏地所譯的《量理門論》,其實是將商羯羅主的《入量理門論》,誤作陳那所著的《因明入正理論》而藏譯的,因此二文是否本意就已不同,容可再考。但是,藏地的論著之中,確實較玄奘大師譯文多出了定解之意,因此未可以玄奘大師的譯文攻難此「定解」譯法。

第二、同品異品的「品」:此字藏文作「ཕྱོགས」,一般作方向之義,也可以作方面之意。玄奘大師在此譯為品,就是取方面之義。但是這個詞,在量論中又被譯作「宗」。玄奘大師自己也曾將之譯為「宗」,亦即宗法的「宗」字。藏地量學由於大量地翻譯了印度後期的量學著作,或許因此而看到了量學著作當中,對這個字的大量探討,於是堅持將這個字統一譯名。而相對於藏地,由於時代關係,玄奘大師未取來大量的印度後期量學教典,當時翻譯大德容或未慮及將此統一,而更多地考慮到漢文的通順性,因而在宗法時譯之為宗,而在同品異品時譯之為品。但是,印度後期的量學著作,對於此字都有專述,藏地甚至將之發展為一個專門的單元「宗字」。而在此單元中,著重地討論了真正的宗必須是有法與所立法的合體,而宗法的宗是指有法,順宗的宗,是指所立法,為何有法與所立法可以用「宗」這個字來命名?如藏譯的陳那所著《集量論自釋》中便說:「所謂的宗,是指有法。」又說:「所比度的名言有三種」,意指宗、所比度,可指真正的宗,亦即所立,也可指所立法,也可指有法。又法稱論師所著的《釋量論自釋》中說:「宗指有法」。這些印度的量學著作,都一再地提到「宗字三指」的主題。雖然法尊法師依舊將其譯為

品，如云「皆名品故，彼所立法。」但是如此一來，便無法顯出「宗字三指」的意涵，對於未來大量的量學翻譯，將造成諸多理解上的不便，甚至無法表達其義。因此，此次翻譯，決定將漢地行之已久的同品、異品的品字，改作宗字，而譯作「順宗」、「不順宗」。非敢妄議先賢之作，實有不得已而不得不為之。願得諸大德之宥，令後續譯事無礙也。

第三、近來或見因類學方面的新譯之作，將「隨品遍」一詞譯作「同品遍」。筆者私揣，這樣的譯法或許參照了玄奘大師此段「同品定有性」的同品。但是，必須要說明的是，「同品定有性」的「同品」，藏文中為「མཐུན་ཕྱོགས」，亦即此次新譯之「順宗」；而三相之一的「隨品遍」，藏文則作「རྗེས་ཁྱབ」，二詞所指實不相同。若是倚古而譯作「同品遍」，於義不合，未可相混。可以確定的是，玄奘大師的因明譯著當中，凡言及同品者，都是指此處所譯的順宗，與隨品的「隨」用字不同。而本譯場則決定將藏文中的རྗེས，盡量統一為「隨」，令不至於混淆。

另外，此次翻譯，未使用古代因明用詞當中的前陳、後陳，一則因為與藏文中的用詞無法對應，二則因為漢地的古因明譯著中，也未見此詞。此詞似乎是漢地祖師註釋因明時所創之詞，而非翻譯用詞，目前所見最早是出自窺基大師的《因明入正理論疏》中，既然不是從印度典籍中翻譯過來的詞，印度論典中沒有對應字詞也是正常的。本譯場所使用的譯詞，即如藏文之意，而作有法、所立法等等。這點，與漢地長時沿用的詞語未能一致，特此說明。

肆、完整的因類學科目及應研閱的教典

　　本次所譯出的《妙音笑因類學》，從其所開列的科判來看，應是一本未完成的論著。也因此《賽倉因類學自宗》才以補充的角度，與妙音笑大師的因類學合璧成全。但是，因類學的內容，其內容主體出自《釋量論》的第一品，其中還有許多篇幅較小的單元，雖然也屬於因類學的內容，但是未見上述二書之中。

　　《妙音笑因類學》與《賽倉因類學自宗》，屬於果芒學派學習因類學時最主要的必讀教材，但是由於其內容並不完整，再加上果芒學派對於五部大論中的量論，除了攝類學、因類學、心類學之外，不再另設課程，因此果芒學派直接將攝類學、因類學、心類學視為學習量學的正科，而在上述兩部論著之外，補入《釋量論》中論述的其餘單元，而形成其完整的教學內容。這部分由於其他的量學著作尚未完整譯出，因此對於現在以漢文學習果芒因類學的學人而言，無法了知其完整的學程。因此，在此略作補充，說明果芒學派在學習因類學時完整的學習科目及應當參閱的教典。

　　果芒學派因類學完整科目及相對應必讀教典：

　　【所作因】《妙音笑因類學》

　　【欲解有法】《妙音笑因類學》

　　【宗法】《妙音笑因類學》

　　【隨品遍】《妙音笑因類學》

　　【定解隨品遍的量】《妙音笑釋量論辨析》

【宗聲】《妙音笑釋量論辨析》

【果正因】《妙音笑因類學》

【自性正因】《妙音笑因類學》

【不現不可得因】《妙音笑因類學》

【可現不可得因】《妙音笑因類學》

【不成立因】《賽倉因類學自宗》

【不決定因】《賽倉因類學自宗》

【相違因】《賽倉因類學自宗》、《七部量論莊嚴除心意闇》

【六違經教】《妙音笑釋量論辨析》

【執因心】《七部量論莊嚴除心意闇》

【三支數量決定】《妙音笑釋量論辨析》

【三所量處】《妙音笑釋量論辨析》

【所立】《七部量論莊嚴除心意闇》

【成立語】《七部量論莊嚴除心意闇》

【因喻宗過】《七部量論莊嚴除心意闇》

　　以上為果芒學派完整的因類學科目及相對應教學時所用的教本。格魯各大學派各有自己的教本論主，如色拉傑僧院的因類學以普久慈海大師所著《理路幻鑰》為教本；甘丹北頂僧院以克主施興所作《因類學莊嚴》作為教本；果芒僧院則以《妙音笑因類學》、《賽倉因類學自宗》作為教本；洛色林僧院以米雅戒勝格西所著《因類學建立》作為教本。各學派之間雖然不會相互承許對方的教本，但只要是格魯的學派，都會共同依循宗喀巴父子三尊的著述，而因類學中最主要依

據的即克主傑大師所著的《七部量論莊嚴除心意闇》及僧成大師所著
的《正理莊嚴論》。若有心深造者，還會重點參考賈曹傑大師所著
的《釋量論顯明解脫道》、《定量論賈曹傑釋》、克主傑大師所著的
《釋量論廣釋・正理大海》等印度量學著述的註釋。

　　果芒學派中，依據妙音笑大師、賽倉大師的著作，繼而往下開展
的註釋有哈朗巴語王教興所著的《成立導師為正量士夫之譚》、《有
益於因類學之難點筆記》、《略攝不可得因之義》、《開顯陳那所著
宗法論之寶炬》、阿莽班智達寶幢所著《因類學建立善說》、阿克倉
慧海大師所著的《略解因類學釋辨析等難點》、巴朗格西所著的《妙
音笑因類學辨析箋註》等等，果芒派的後學也可以依著這些著作，趣
入妙音笑大師著作的密意。

伍、結語

　　聖域月邦，雖是賢劫諸佛出世之地，導師世尊弘化之方，但同
樣也是諸多外道異說紛起之處。佛陀以二諦說法，道盡一切諸法實
相，縱然後世弟子深具信心，悟入其中，然而因明之學未興之前，無
論在論證、詮述、辯論方面，依然時有疏漏不足之處，以致內外二道
在法義的論辯上，時有勝負，乃至如馬鳴出世，竟有欲以論戰一滅內
道之意。當是時也，非龍樹聖天不足以鎮伏。中觀之學，雖然亦重推
理論證，然終未見體系完備的因明巨著。至於世親，稍作發揚；其徒

陳那，集量成論；再傳至於法稱，嚴密梳剔，而七部量論之出，終使內道因明之學如日中天，此師竟得成就制伏一切方隅之悉地，後來千年，無人更出其右。即使如此，量論之學精密幽微，法稱著作方問於世，世人不解，竟至繫之狗尾以辱之，論主如何不興嘆云：「眾生多著庸俗論，由其無有般若力，非但不求諸善說，反由嫉妒起瞋恚。故我無意謂此論，真能利益於他人。」

漢地義學以及譯事第一之人玄奘大師，當年赴印求笈，未遑得見法稱論著，即其譯傳陳那諸論，未過三代，亦淹然無人更繼其學。義淨隨踵奘師，留學天竺，雖曾譯出陳那《集量論》，旋又散失，無力再振因明之學。遲至明代，方見死灰重興，然亦未成氣候，只可謂此學未喪斯文而已。再五百年，又有法尊法師譯出《集量論》、《釋量論》、《定量論》、《釋量論略解》諸書，而時運不濟，未遑發揚，書藏名山以待來者。反觀藏地，於有宋一世，俄氏叔姪二大譯師，志在弘揚量論之學，譯論授徒，高足輩出。後至薩迦、乃至格魯，非但譯事近於完全，弘揚之功至偉，更有歷代教內泰斗著述立說，蔚成大觀，不讓先賢。遂使因明之學，成一切研習佛法之基礎，一切高僧大德能解經義者，無不通達此說，其學至顯，一至於此。藏傳佛法一現跡於世，便驚懾眾人，豈非與此大有因緣？反觀漢地此學流傳之坎坷，如何不感欷歔！雖然，天下學佛之人，猶當共慶藏學之中有此瑰寶傳世不絕。

筆者二位恩師，願將此學弘揚於世，三十年來，而今有幸得與譯事，親見此學漸得弘揚，真見諸師願力不虛。千百年來，佛教內部

以此學說一再檢視自之教義，越檢越明，依據正理而生正信。唯諸多信徒不識此學，竟令佛法蒙上迷信之羞。將來此學若漸弘傳，便足以令世人了知，佛法雖被歸為宗教，實與真理同生同存。世人之智越發明了，將來對於佛法之信，必更易於趣入。隨著時世科學之興，人民自具觀擇之力，諸佛菩薩反如安坐遠處，看著千百年來人類的進步長跑，最後還是奔到了自己的眼前。遙想法稱論師著論之時，雖以自身論戰之功，證明其說之堅牢莫摧，然猶經歷如此長久之時，方有機緣遍傳諸方，今得親逢如是盛世，寧非大幸！於是及此譯事完竣之際，不揣淺陋，隨力所及為此綜述，願以紀具恩諸師教導之恩，願以盡綿薄之力，闡發聖學。

2019年10月9日釋如法書於愛德華王子島大覺傳燈寺譯場

附錄二

《妙音笑因類學》
校勘表

［１］**彼分所遍**　印度果芒本、拉寺本作「彼法所遍」；青海本、妙音笑大師全集本作「彼分所遍」。此處「彼」字亦即前述具有「宗」名之欲解有法；「分」意指欲解有法其特法，亦即該論式之所立法。因此，「彼分所遍」意指被所立法所涵蓋之事物——該論式之因。由此顯示「隨品遍」與「異品遍」之意涵。又考賈曹傑大師所著《顯明解脫道》及克主傑大師所著《釋量論廣註理海》皆作「彼分所遍」。故印度果芒本、拉寺本將「分」作「法」，應誤。

［２］**又有就「敘述是非」而言**　青海本作「又有就『是非』而言」，漏「敘述」二字，應誤。

［３］**而於成立彼的順宗的詞句解釋中存在**　印度果芒本作「而於成立彼的順宗的解釋中存在」，漏「詞句」二字，應誤。

［４］**與成立彼的所立法的緣故**　青海本作「彼成立彼的所立法的緣故」，多一「彼」字，前後文義無不通，應誤。

［５］**回答不遍**　青海本漏此一句，前後文義不通，應誤。

［６］**除遣不成立**　青海本作「除遣不成立等」；印度果芒本、拉寺本、妙音笑大師全集本皆作「除遣不成立」。

［７］**除遣於一面**　青海本作「除遣觀待於一面」；印度果芒本、拉寺本、妙音笑大師全集本皆作「除遣於一面」。

［８］**是合理的緣故**　青海本作「的合理的緣故」，多一「的」字，應誤。

［９］**而除遣觀待於有法的一面而不成立等**　青海本作「而是除遣觀待於有法的一面而不成立等」；印度果芒本、拉寺本、妙音笑大師全集本皆作「而除遣觀待於有法的一面而不成立等」。青海本多一「是」字，應誤。

［10］**《釋量論自釋》**　青海本作「《量經自釋》」；印度果芒本、拉寺本、妙音笑大師全集本皆作「《釋量論自釋》」。此段引文未見於《量經自釋》，青海本應誤。

［11］**其對字有三種**　青海本作「其對有三種」，漏一「字」字，應誤。

［12］**是正詮說覺知所假立**　青海本作「是正詮說藍色所假立」，前後文義不通，應誤。

［13］**另外，是將非遮執為成立彼的直接所立法的正因的話**　青海本作「是將非遮執為成立彼的直接所立法的正因的話」；印度果芒本、拉寺本、妙音笑

大師全集本皆作「另外，是將非遮執為成立彼的直接所立法的正因的話」。青海本漏「另外」二字，應誤。

[14] **因為諸能詮聲是顯示隨趣於說者所想要詮說的意涵的緣故**　印度果芒本、妙音笑大師全集本作「因為與諸能詮聲是顯示隨趣於說者所想要詮說的意涵的緣故」，多一「與」字，前後文義不通，應誤。

[15] **則為數甚多**　青海本作「則為數無量」；印度果芒本、妙音笑大師全集本皆作「則為數甚多」。

[16] **彼有法，應當是成立彼的正因，因為是成立彼的不可得正因的緣故。應當如此，因為是成立彼的自性不可得正因的緣故**　印度果芒本、拉寺本、妙音笑大師全集本、青海本皆作「彼有法，應當不是成立彼的自性正因，因為是成立彼的不可得正因的緣故。應當如此，因為是成立彼的自性不可得正因的緣故」。然一道論式的不可得因與自性正因相違，無法以「是不可得正因」成立「是自性正因」。據此判斷，「自性正因」之「自性」二字應衍，今改之。

[17] **差別盡淨的自性正因**　拉寺本、印度果芒本、妙音笑大師全集本、青海本皆作「周遍盡淨的自性正因」。今考妙音笑大師所著《釋量論辨析》，並無提及此自性正因，且周遍亦不應被盡淨，懷疑版本有誤，故依原意改正。

[18] **未遮除妄分別所作趣入某些成立聲音是無常的不順宗的增益**　拉寺本、印度果芒本、妙音笑大師全集本、青海本皆作「未遮除妄分別所作趣入某些成立聲音是無常的順宗的增益」。然分別「所作趣入某些成立聲音是無常的順宗」的覺知並非妄分別的增益，因為所作是能趣入某些成立聲音是無常的順宗。懷疑版本有誤，故依原意改正。

[19] **要新遮除的增益應當不存在**　青海本作「要新能遮除的增益應當不存在」；印度果芒本、拉寺本、妙音笑大師全集本皆作「要新遮除的增益應當不存在」。青海本將「要新遮除」作「要新能遮除」，然增益應當是所遮除，而不是能遮除，青海本應誤。

[20] **因為諸智者皆承許見知成立彼的隨品遍的量未遮除此增益**　拉寺本、青海本、印度果芒本、妙音笑大師全集本皆作「因為諸智者皆承許見知成立彼的隨品遍的量，方才遮除此增益」。然見知成立彼的隨品遍的量，並未遮除此——執聲為常之增益。如果有，證達聲音是無常的比量要新遮除之增

益即不存在。懷疑版本有誤，故依原意改正。

[21] **也能以推理而成為義為壞滅的覺知** 拉寺本、青海本、妙音笑大師全集本皆作「也能以推理而成為義為壞滅的覺知」；印度果芒本則作「也能以推理而成為彼為壞滅的覺知」。此處「義」即該論式之有法。印度本雖作「彼」，不排除意指其有法，難說有誤。今出校供讀者參考。

[22] **顯示以正理的力量斷除增益** 印度果芒本作「顯示以正理的力量斷除增益」；拉寺本、青海本、妙音笑大師全集本皆作「顯示以正理的力量斷除彼增益」。

[23] **疑惑是依著二分** 青海本作「疑惑是與依著二分」；印度果芒本、拉寺本、妙音笑大師全集本皆作「疑惑是依著二分」。青海本多一「與」字，前後文義不通，應誤。

[24] **「但是」以下，顯示……** 印度果芒本、拉寺本、妙音笑大師全集本皆作「『但是』以上，顯示……」。前後文義不通，應誤。

[25] **因為非理疑惑即是彼的緣故** 印度果芒本、妙音笑大師全集本作「因為非理疑惑即是其意涵的緣故」；青海本、拉寺本作「因為非理疑惑即是彼的緣故」。此處「彼」於藏文中並非作「意涵」解。故印度果芒本、妙音笑大師全集本應誤。

[26] **又《應理論》中也說** 青海本作「又《應理論》中說」；印度果芒本、拉寺本、妙音笑大師全集本皆作「又《應理論》中也說」。按前後文義青海本漏一「也」字，應誤。

[27] **能夠定解為無，與定解為無二者的差別** 青海本作「能夠定解為無，與為無二者的周遍」；印度果芒本、拉寺本、妙音笑大師全集本皆作「能夠定解為無，與定解為無二者的差別」。青海本將「差別」作「周遍」，且漏「定解」二字，應誤。

[28] **總之，應當對於……** 印度果芒本、拉寺本、妙音笑大師全集本皆作「總之，應當對於……」；青海本作「承許的話，應當對於……」。前後文義不通，應誤。

[29] **未以量定解天人的中陰** 印度果芒本作「以量定解天人的中陰」，漏一「未」字，應誤。

[30] **從今以後我……** 青海本、妙音笑大師全集本作「從我的今以後」；印度

果芒本、拉寺本皆作「從今以後我……」。

[31] **補特伽羅的緣故**　印度果芒本、妙音笑大師全集本作「補特伽羅的後面」，應誤。

[32] **因為其存在的話其遍存在的緣故**　印度果芒本、拉寺本作「因為其存在的話，遍其存在的緣故」；青海本、妙音笑大師全集本作「『因為其存在的話其遍存在』存在的緣故」。二者文義皆通，僅出校以供讀者參考。

[33] **「成立相違與果」乃至……**　青海本作「『成立相違與果』以及……」；印度果芒本、拉寺本、妙音笑大師全集本皆作「『成立相違與果』乃至……」。青海本將「乃至」作「以及」，應誤。

[34] **並非就論式各各決定而言**　拉寺本、印度果芒本、妙音笑大師全集本、青海本皆作「並非就論式各各決定而言」；參考妙音笑大師著《釋量論辨析》中引文作「並非就論式各各對應而言」。

[35] **分為相違自性可得四者**　青海本、拉寺本作「分為相違的自性可得四者」；印度果芒本、妙音笑大師全集本皆作「分為相違、自性可得四者」。就義理而言，以前者為佳，故依前者改之。

[36] **遮破因應當沒有二十一種**　拉寺本、印度果芒本、妙音笑大師全集本、青海本皆作「遮破因應當沒有二十四種」。但按後文「共二十一種」，懷疑版本有誤，今依原意改正。

[37] **《正理滴論》所說的果不可得等其餘的十種遮破因**　印度果芒本、妙音笑大師全集本作「《正理滴論》所說的果可得正因」；拉寺本、青海本作「《正理滴論》所說的果不可得等其餘的十種遮破因」。按後文，印度果芒本及妙音笑大師全集本皆漏一「不」字，應誤。

[38] **因為自性不可得是相屬方不可得**　印度果芒本、妙音笑大師全集本作「因為自性可得是相屬方不可得」；拉寺本、青海本作「因為自性不可得是相屬方不可得」。在相屬方不可得因之四種支分當中，僅作自性不可得、能遍不可得、因不可得、果不可得四者，並無自性可得。故印度果芒本、妙音笑大師全集本皆漏一「不」字，應誤。

大慈恩譯經基金會簡介
與榮董名單

AMRITA
TRANSLATION FOUNDATION

大慈恩譯經基金會

AMRITA TRANSLATION FOUNDATION

創設緣起

真如老師為弘揚清淨傳承教法，匯聚僧團中修學五部大論法要之僧人，於 2013 年底成立「月光國際譯經院」，參照古代漢、藏兩地之譯場，因應現況，制定譯場制度，對藏傳佛典進行全面性的漢譯與校註。

譯經院經過數年的運行，陸續翻譯出版道次第及五部大論相關譯著。同時也收集了大量漢、藏、梵文語系實體經典以及檔案，以資譯經。2018 年，真如老師宣布籌備譯經基金會，以贊助僧伽教育、譯師培訓、接續傳承、譯場運作、典藏經像、經典推廣。

2019 年，於加拿大正式成立非營利組織，命名為「大慈恩譯經基金會」，一以表志隨蹤大慈恩三藏玄奘大師譯經之遺業；一以上日下常老和尚之藏文法名為大慈，基金會以大慈恩為名，永銘今後一切譯經事業，皆源自老和尚大慈之恩。英文名稱為「AMRITA TRANSLATION FOUNDATION」，意為不死甘露譯經基金會，以表佛語釋論等經典，是療吾等一切眾生生死重病的甘露妙藥。本會一切僧俗，將以種種轉譯的方式令諸眾生同沾甘露，以此作為永恆的使命。

就是現在，您與我們因緣際會。我們相信，您將與我們把臂共行，一同走向這段美妙的譯師之旅！

AMRITA
TRANSLATION FOUNDATION

創始榮董名單

真如老師 楊哲優闔家 蕭丞莛 王名誼 釋如法 賴春長 江秀琴 張燈技
李麗雲 鄭鳳珠 鄭周 江合原 GWBI 蔡鴻儒 朱延均闔家 朱崴國際 康義輝
釋徹浩 釋如旭 陳悌錦 盧淑惠 陳麗瑛 劉美爵 邱國清 李月珠 劉鈴珠
楊林金寶 楊雪芬 施玉鈴 吳芬霞 徐金水 福泉資產管理顧問 王麒銘
王藝臻 王嘉賓 王建誠 陳秀仁 李榮芳 陳侯君 盧嬾竹 陳麗雲 張金平
楊炳南 宋淑雅 王淑均 陳玫圭 蔡欣儒 林素鐶 鄭芬芳 陳弘昌闔家
黃致文 蘇淑慧 魏榮展 何克澧 崔德霞 黃錦霞 楊淑涼 賴秋進 陳美貞
蕭仲凱 黃芷芸 陳劉鳳 楊耀陳 沈揚 曾月慧 吳紫蔚 張育銘 蘇國棟
闞月雲 蘇秀婷 劉素音 李凌娟 陶汶 周陳柳 林崑山閣家 韓麗鳳 蔡瑞鳳
陳銀雪 張秀雲 游陳溪闔家 蘇秀文 羅云彤 余順興 Huang,Yu Chi 闔家
林美伶 廖美子闔家 林珍珍 蕭陳麗宏 邱素敏 李翊民 李季翰 水陸法會
弟子 朱善本 顏明霞闔家 劉珈含闔家 蔡少華 李賽雲闔家 張航語闔家
詹益忠闔家 姚欣耿闔家 羅劍平闔家 李東明 釋性修 釋性祈 釋法謹
吳宜軒 陳美華 林郭喬鈴 洪麗玉 吳嬌娥 陳維金 陳秋惠 翁靖賀 邱重銘
李承慧 蕭誠佑 蔣岳樺 包雅軍 陳姿佑 陳宣廷 蕭麗芳 周麗芳 詹尤莉
陳淑媛 李永智 程莉闔家 蘇玉杰闔家 孫文利闔家 巴勇闔家 程紅林
闔家 黃榕闔家 劉予非闔家 章昶 王成靜 丁欽闔家 洪燕君 崔品寬闔家
鄭榆莉 彭卓 德鳴闔家 周圓海 鄒靜 劉紅君 潘紘 翁梅玉闔家 慧妙闔家
蔡金鑫闔家 慧祥闔家 駱國海 王文添闔家 翁春蘭 林廷諭 黃允聰
羅陳碧雪 黃水圳 黃裕民 羅兆鈐 黃彥傑 俞秋梅 黃美娥 蘇博聖 練雪溱

創始榮董名單

高麗玲 彭劉帶妹 彭鈺茹 吳松柏 彭金蘭 吳海勇 陳瑞秀 傅卓祥 王鵬翔 張曜楜闔家 鄧恩潮 蔡榮瑞 蔡佩君 陳碧鳳 吳曜宗 陳耀輝 李銘洲 鄭天爵 鄭充閭 鐘俊益 邱秋俐 鄭淑文 黃彥傑闔家 任碧玉 任碧霞 廖紫岑 唐松章 陳贊鴻 張秋燕 釋清達 華月琴 鄭金指 林丕燦 張德義 闔家 高麗玲闔家 嚴淑華闔家 郭甜闔家 賴春長闔家 馮精華闔家 簡李選闔家 黃麗卿闔家 劉美宏闔家 鄭志峯闔家 紀素華 紀素玲 潘頻余 潘錫謀闔家 莊鎮光 鍾淳淵闔家 林碧惠闔家 陳依涵 蔡淑筠 陳吳月 香陳伯榮 褚麗鳳 釋性覽 釋法邦 林春發 張健均 吳秀楢 葉坤土闔家 釋法將 林立茱闔家 黃美燕 黃俊傑闔家 張俊梧 楊淑伶 邱金鳳 邱碧雲闔 家 詹明雅 陳奕君 舒子正 李玉瑩 楊淑瑜 張陳芳梅 徐不愛闔家 林江桂 簡素雲闔家 花春雄闔家 陳財發 王潘香闔家 鍾瑞月 謝錫祺 張桂香闔家 李回源 沈佛生 薛佩璋闔家 地涌景觀團隊 張景男闔家 張阿幼 古賴義裕 闔家 蘇新任 廖明科闔家 鍾乙彤闔家 張克勤 羅麗鴻 唐蜀蓉闔家 蔡明亨 闔家 陳卉羚 楊智瑤闔家 林茂榮闔家 艾美廚衛有限公司 郭聰田 曾炎州 林猪闔家 張幸敏闔家 呂素惠闔家 林登財 李明珠 釋清暢 歐又中闔家 李文雄闔家 吳信孝闔家 何庚燁 任玉明 游秀錦闔家 陳曉輝闔家 楊任 徵闔家 洪桂枝 福智台南分苑 張修晟 陳仲全 陳玉珠闔家 黃霓華闔家 釋聞矚 林淑美 陳清木 張桂珠 張相平闔家 杜翠玉闔家 潘榮進闔家 立長企業有限公司 李明霞闔家 林翠平闔家 張米闔家 林祚雄 陳懷谷闔 家 曾毓芬 陳昌裕闔家 釋清慈闔家 楊勝次闔家 蕭毅闔家

AMRITA
TRANSLATION FOUNDATION

AMRITA
TRANSLATION FOUNDATION

國家圖書館出版品預行編目(CIP)資料

妙音笑因類學 / 妙音笑.語王精進大師造論；
釋如法主譯. -- 初版. -- 臺北市：福智文化,
2019.12
　面；　公分
ISBN 978-986-97215-8-5(平裝)

1.藏傳佛教　2.注釋　3.佛教修持

226.962　　　　　　　　　　　108018604

 妙音笑因類學

造　　　論　妙音笑·語王精進大師
總　　　監　真　如
主　　　譯　釋如法
主　　　校　釋性忠

責 任 編 輯　李依霖
文 字 協 力　王淑均、沈平川、黃瑞美
美 術 設 計　張福海
排　　　版　華漢電腦排版有限公司
印　　　刷　科樂印刷事業股份有限公司

出　版　者　福智文化股份有限公司
地　　　址　105407 台北市松山區八德路三段 212 號 9 樓
電　　　話　(02) 2577-0637
客服 Email　serve@bwpublish.com
官 方 網 站　https://www.bwpublish.com/
FB 粉絲專頁　https://www.facebook.com/BWpublish/

總 經 銷　時報文化出版企業股份有限公司
地　　　址　333019 桃園市龜山區萬壽路二段 351 號
電　　　話　(02) 2306-6600

出 版 日 期　2024 年 1 月　初版八刷
定　　　價　新台幣 350 元
I S B N　978-986-97215-8-5